続・善と悪の経済学

Lilith und die Dämonen des Kapitals

資本主義の精神分析

トーマス・セドラチェク / オリヴァー・タンツァー〔著〕

森内薫 / 長谷川早苗〔訳〕

東洋経済新報社

Original Title:
Lilith und die Dämonen des Kapitals.
Die Ökonomie auf Freuds Couch
by Tomáš Sedláček and Oliver Tanzer

Published by arrangement through Meike Marx Literary Agency, Japan

まえがき

リリスのことを初めて聞いたのがいつだったかは、はっきり覚えていない。絶えず子を産み、すぐにそれを殺さなければならない、奇妙で暗いリリス。気がつけば私の想像の世界にリリスは大きな場所を占め、さまざまな文脈やさまざまな意味合いで、思考の中に繰り返し浮かび上がるようになっていた。

だが、そうした神秘的な出会いをしたものごとについて、人はそう簡単に公には話さない。私も、リリスのことを最初はごく限られた人々にしか話さなかった。オリヴァー・タンツァーはその一人だ。

初めてタンツァーと会ったのは、ウィーンの伝統あるカフェ、ブロイナーホーフだった。それは本来、オーストリアの週刊新聞『ディー・フルヒェ』の取材だった。私たちはさっそく話を始めたが、インタビューの本題にはなかなか行きつかなかった。少なくとも私は、インタビューだということを忘れきっていた。なぜなら話しはじめてすぐ、タンツァーと私の考えが驚くほど呼応することに気づいたからだ。私たちは新しいアイデアに目を奪われながら、象徴や過去やディテールの世界に入り込んでいった。ふつうのインタビューではそんなことはまず起こらない。でもその日のインタビューには、新しくて非凡で、ワクワクする何かがあった。

それから今まで長い時間がたった。私が旅をしていた数カ月のあいだは、インターネット上で一つ二つの考えを共有し、少々発展させただけだった。このころからタンツァーはジークムント・フロイトについての知識を議論に熱心に持ち込むようになった。私自身はカール・グスタフ・ユングをしばしば引き合いに出した。心理学的な手法で経済全体を分析する可能性を私たちは当時から予感していた。最初、それはただの遊びだった。

その後、オーストリアのニーダーエスターライヒ州にあるクレムスという町でタンツァーに再会した。ここでは毎年、グローブアート・アカデミーという知識人フォーラムが開催される。フォーラムに参加した私たちは、心理学を糸口にして神話や芸術や経済を読み解くことについて、今回は聴衆のいる前で議論した。それがいわば起爆剤になった。

私はその後ふたたび、経済の世界を会議から会議へと渡り歩き、ニューヨークへ、北京へ、パリへ、ロンドンへと飛んだ。だが、その間もタンツァーとは、ひと昔前のような手紙のやりとりによって——むろん紙の手紙ではなく電子メールで——密な連絡を取り続けた（この電子メールというコミュニケーションの形も、今はすでに消えゆこうとしている）。ひとつの考えが別の考えを生み、気がつけば、いくらでも会議を開けそうなほどたくさんのアイデアが生まれていることがたびたびあった。

それらをひとつにまとめようとするうち、全体のテーマが徐々に浮き彫りになった。それは、経済の精神疾患的な側面を明らかにすることだ。最初私たちは、このテーマに最適の表現形式はおそらく対談だと考えていた。だが、作業が進み、経済がどう病んでいるかの全体像が明らかになったとき、すべてを包括した本を作るべきだと決断した。二人でひとつの本を作る。二人の作者はプラハとウィーンという二つの都市でそれぞれ書くことになる。かつて同じ帝国に——自発的か否かはともかく——属していたこれら二つの都市には、現状よりずっと多くの文化的・知的交流が可能であるはずだ。

私たちはどちらも心理学が専門ではないので、この本を作る際には専門家や研究室の助けを借り、専門家の目から本書の主張を検証したり訂正したりしてもらえるように手はずを整えた。これはたいへん有益かつ重要なことだった。それによって私たちは、知識と信頼を得たからだ。それがなければ、経済学の人間からあまりに長いあいだ顧みられなかった分野を論じることはできない。

作業を進めるうち、ヨーロッパは重要な変化と試練を経験した——そしてそれは今も続いている。私たちは二人とも、当時欧州委員会委員長だったジョゼ・マヌエル・バローゾのプロジェクトに招かれ、「欧州のための新しい物語」を起草した。私とタンツァーはマドリードやローマやベルリンでの会議で、草案の構築と解体を繰り返した。だが日が暮れるといつも、リリスについての話が始まり、そしてついにプラハやウィーンでそれらのアイデアを紙に移す作業が始まった。私たちは書きに書いた。そして気がつけば、本のページは三〇〇を超えていた。原稿を送ったさまざまな分野の心理学者や研究者からは、私たちを支持する前向きな反応が寄せられた。

『リリスと資本主義の悪魔（原題）』という、経済書にしてはふつうでないタイトルを掲げた本書はこのようにして生まれた。ふつうでない時代の、ふつうでない出来事を明らかにするため、この題を選んだ。もっとわかりやすく言おう。この本は童話ではない。現代のシステムを経済と心理の両方の論理で理解しようとした本だ。それが本書の使命であり、読者がそれにより、社会のつながりについての認識を新たにできれば嬉しい。

リリスの神話は当初私たちが思っていたよりもずっと強い力を、経済の解釈において発揮した。読んでいただければそれはおのずとわかるだろう。リリスはこの世に生きたことはないし、存在したこともない。けれど、神話というものがそうであるように、リリスは今も私たちのそばに、私たちの中に、そして何より成長資本主義の苦悩の中に存在している。

目次

続・善と悪の経済学　資本主義の精神分析

第2部　豊かさの代価——経済学の精神的欠陥

序章

フロイトのソファに経済学をのせる

自分のことを理性的で真面目で大人だと思っている（そしてそれを鼻にかけている）人に精神分析を受けさせるのは、なかなか愉快なものだ。そして人間にこの手法を用いるのが正当であり、かつ有益な可能性があるのなら、人間を取り囲み、人間を形成している社会構造などの「システム」にも、それを行わない手はないだろう。

前々から私はこの思いを抱き、自分の愛する経済学という学問にそれを試みたいと考えていた。好奇心のせいだけではない。経済学的な視点は今、人々の思考の中でより重要なものになりつつある。政治も地球社会も、経済的な視点によって形成される。祖先の時代に比べて現代では、お金があろうとなかろうと基本的な生存手段は等しく手に入れられるようになっているが（収穫、身の安全、健康、教育など）、人間の思考のあり方には経済的な論理がずっと大きな影響を与えている。

遠い祖先の時代には、神話の不可思議な言葉が人々の思考やものごとの進め方に影響を与えた。古代ギリシャの人々は論理的思考を追求し、中世の学者は神学的思考を追求し、私たちの祖父は民族国家を崇拝した。それと同じように現代では経済が崇拝されている。現代人にとって経済とは社会の生み出した、幸福と自由の頼もしい代理人に等しい。

精神分析の古典的な図は、患者がソファに横になり、話をするというものだ。精神分析家はそれに耳を傾け、メモをとり、患者の言葉を熟考する。それと同じことを、本書では社会に対して行ってみようと思う。経済学をソファの上にのせ、相手の語ることに単純に耳を澄ますというのが、本書の一部分における基本的な手法だ。

さて、どんな言葉が口にされるだろうか？　希望は、夢は、何なのだろう？　何を恐れるのだろう？　何をどのように正当化するのだろう？　何について語るのが好きで、どんなテーマをタブー視し、どんなテーマには口をつぐむのだろう？　自分自身のことを、どのように見ているのだろう？　自分の感情を、どんなふうに処理しているのだろう？　他者との関係はどうなのだろう？　誰を尊敬し、誰を見下しているのだろう？　自分自身を、そして世界の中での役割を、どんなふうに認識しているのだろう？　自分にとって価値のあるものを、どのように扱っているだろう？　それについて表現したり、語ったりするだろうか？　何を信じているのだろう？　その（学問的な）思考には、どんな神話や、どんな先入観が影響を与えているのだろう？　現実のどの部分に意識を集中しているのだろう？　どんな基盤をもとに現実を解釈するのだろう？　どんなものごとを見るのを拒むのだろう？

経済学の精神病質

もちろん、軽い症状ならば笑ってすますこともできる。たとえば、ナルシシズムと無骨なメサイアコンプレックス（救いたがり症候群）が混ざったような経済学のアプローチがそうだ[1]。だが、経済学の精神病質には重大なものもいくつかある。明らかに認められるのは一種の双極性障害、つまりは躁うつ病であり、その結果、躁うつの両極においてひどい混乱が生じている。哲学的・倫理的な視点から見ると、現代の経済学はエゴイズムという全能の力を信じ、まるでエゴイズムこそが地球を導く力であるかのように、エゴイズムの「ゴスペル」を説いている（ゴスペルは本来「良い知らせ（福音）」を意味する）。経済学的な思考は個人的功利主義の子孫であり、他のすべての価値を冷笑とともに非難する。

経済学の身勝手さは、次の面でも表れている。何か問題が起きるたび、国家や社会など、いつも は蔑んでいる父親のもとにすぐに身を潜めてしまうことだ。記憶に新しいところでは、二〇〇八年の経済危機の際にそれが起きた。

経済学はまたあくまで、相手について学ぶためではなく支配するために、他の分野とのつながりを築こうとする（これがいわゆる経済学の帝国主義だ。一部の経済学者はそれを誇りにすらしている）。これに明らかにかかわりがあるのが、コンプレックスの中でももっとも有名な「エディプス・コンプレックス」だ。経済学と社会との関係は、一種のエディプス・コンプレックスとも言える。経済学はそもそも社会から生まれたものなのに、社会から独立しようともがきあがいている。だからこそ経済学は、人文科学として位置づけられるのを嫌い、自然科学に近い存在を志向する。(2)(3) こうして経済学は物理学からも学び、他の社会科学の分野にも同じことを期待する。

わざわざ強調するまでもないが、精神分析が教えるように、抑圧されたものはより強い力でどこかに表出する。だが、抑圧されたものは、外から見つけられないように何かの背後に隠れてしまうことも多い。まるで、独立した力や論理が、あるいは一種の生存本能が陰で働いているのではないかと思うほどだ。心理学について無知同然だった人間の先祖に対して、この無意識というものは悪魔のような暗い力をふるっただろう。歴史上もっとも古いいくつかの書物にも、それは表れている。そうした力について、本書では論じていく。

私たち著者はこの本の中で——そうした問いがもし許されるのなら——こんな問いかけをしてみたい。現代の経済学および全体としての経済システムにおいて、精神病質と診断されうるような側面はあるのだろうか？　あるとしたら、それはどんなものなのだろう？　経済学は社会の病をどの程度明らかにできるのだろうか？　経済学は社会のどんな病を強め、どんな病を弱めるのだろうか？

精神分析は伝統的にミクロのレベルに焦点をあて、個人や個人の生活、夢、希望、不安、愛憎関係、崇拝の対象などに向きあってきた。この本ではそうした分析をマクロの領域に適用し、人間の集合的社会の中に、個人に存在するような病的な行動パターンが見つかるかどうかを追究しようと思う。

そのために用いた手法は、精神分析にかなり依拠している。手本に従って私たち著者は、神話を用いながら分析をした。神話は病状の整理や分類に役立つ。神話は人々が思っているより、ずっと〝生きて〟いる。心理学の分野だけではない。現代人が今、科学や数学のモデルで符号化しようとしていることを、私たちの先祖は神話によって行っている。そして人々の思っている以上に科学と神話の関係は近い。

物理学者と心理学者の手紙のやりとりとしてもっとも有名なアルバート・アインシュタインとジークムント・フロイトの往復書簡の中で、フロイトはこの点について、非常に具体的に言及している。「おそらくあなたは、精神分析の理論は一種の神話、しかも喜ばしからぬ神話のようなものだという印象をおもちだと思います。しかし自然科学というものはすべて、結局は一種の神話にたどり着くのではないでしょうか。物理学はそうではないと、あなたはお感じになりますか?」[4]。古い神話と現代との比較からはまた、現在の市場資本主義に対する批判が、人間そのものに対する古来の批判といかに重なりあっているかも浮き彫りになる。それら二つは厳密に切り離さなくてはなるまい。

きちんと手順を踏めば、今の経済学が求めているいわば〝心の処方箋〟はおのずと明らかになるはずだ[5]。これから行うのは、精神療法医ルイージ・ゾーヤが「文明のセラピー」と呼んだ一種の集合的セラピーであり、それにより、「親切で決断力も善意もある個人が多数集まると、なぜその総体から奇妙な野獣が生まれるのか」という昔ながらの問題を考えていく。ラテン語の格言にもこう言う。「元老院議員は良い人々だ。だが元老院は人でなしだ[6]」。

経済の肉体と魂と精神とは

経済の「肉体」面を分析する試みはこれまでに実体経済や、原料、機能、会計、産業、生産と消費など「リアル」な分野で多数行われてきた。いっぽう、経済の「魂《ソウル》」や「精神《スピリット》」の研究はあまりなされてこなかった。経済の「魂」とはいうなれば学問としての経済の研究で、人間が何を知っているか、システムとして経済をどう包括できるかなどの知的で抽象的な話だ。かたや経済の「精神」とは、人間が何を希求し何に引きつけられるのか、経済学という分野はそもそもなぜ存在するのか、その究極の目的は何か、そして、こう表現するのが許されるなら、人間にひそむ神的な部分は何かというような話だ。

人々の信条や希望や不安、政治的行動、そして自由や規制についての考えが存在するのは、実体経済ではなく経済学という学問、つまり「魂」の部分だ。経済学は経済の構造を研究する分野であり、経済学と経済の関係は、社会学（分野）と社会（現象）の関係に似ている。経済学という「魂」の領域において経済は自身の像を作り、自己を認識する。そしてこの領域には、経済に高い意味を与える物語が宿る。精神的失調がしばしば始まるのもまた、この領域だ。だが、その症状はまず実体経済、つまり「肉体」に表れる。そして「肉体」すなわち経済はまるで、心から体に伝わる心因性の病気にかかったようなふるまいを見せる。心と体は別々のものだが、たがいに強く結びついているのだ。

例を挙げよう。数学的モデルは厳格な信条と非常によく似ている。もっと正確に言えば、「厳格になるべく」鍛えられた信条と数学的モデルは、よく似ている。数学的モデルは魂（＝学問）の領域に根ざし、体（＝実体経済）の働きを記述し、整理する。数学的モデルがシステムの中で病むことはない。病むのは私たちの信条であり、欲望だ。

現在の経済システムにおいて「精神」の話を、とくに経済学者がするのは奇妙に思えるかもしれない。「精神」という言葉は、宗教的な抽象概念を想起させがちだ。だが、よく観察すれば、経済学者が「精神」の話をすることは意外に多い。たとえばケインズの有名な「アニマルスピリット」だ[7]。何十年ものあいだ、この概念のキーワードである「動物《アニマル》」という部分については論争や省察が行われてきた。しかし、それが結局「精神《スピリット》」についての話であることを、人々はほぼ完全に見落としてきた。

この「精神」は、時には上から鳴り響き、時には前から、あるいは後ろから私たちを突き動かす。だがそれはいつも、私たち自身の中から生じている。ケインズはそれを、「無為から行動への湧き上がるような衝動であり、数量的な利益に数量的な確率を掛け算した加重平均の結果ではない」と表現した[8]。

これはいわば「生命感」であり、おそらく「生きていること」そのものでもある（生物学的にいえば生命とは、自己の存在の理由や根拠を知らず、ただ生き、自己を継続することだ）。芸術家は作品を作り上げるとき、どこかからその力が湧いてくるのを感じ、科学者は何かを発見したり発明したりするときに、その力を感じる。人によっては（ケインズの言葉を借りれば）南極探検をしたいという衝動がそれにあたる。子どもが欲しいとか、道路を渡っている高齢の女性に手を貸そうという心の動きもそうだ。

これらの行動はみな、経済や賃金や利益にはほぼ無関係な欲求に従って行われる。たとえば、他人を助けたいという思いや未来の世代のために力を尽くしたいという衝動。あるいは世界精神や歴史が、そして人生の意味の探求が私たちに突きつけてくる使命感。あるいは、ただ冒険のために冒険をしたいという心の呼び声。だが、暗闇もまた私たちに呼びかけ、ケインズのいう「数量的な利益に数量的な確率を掛け算した加重平均の結果」とは別の場所から破壊的な圧力をもたらす。本書で扱う神話や物語もそこから生まれている。だが、それについてはまた後で具体的に語ろう。

経済を「肉体」「魂」「精神」に分けて考えるのがうまくいけば、それらの乖離している場所を探すのに役立つはずだ。乖離しているのは肉体と魂だろうか？　魂と精神だろうか？　今日の経済は「精神」ばかりが活発で、「肉体」は弱くなっているのだろうか？　それとも肉体（実体経済）は強いのに、魂（経済学の分野）は混乱しているのだろうか？

肉体、魂、そして精神。このまとまりに従って、私たちは執筆を分担した。トーマス・セドラチェクはおもに「精神」の分析にかかわる部分を担当し、人々の意欲や欲望や願望の原因および形成を軸に、人間の内面と経済の探究を行った。そこで扱ったのは究極的にいえば、人類の文明および西洋文明における経済行為の発展とそれらの特徴だ。これらのテーマを第1部の第1章と第2章で論じた。オリヴァー・タンツァーが担当したのは現在の経済における「肉体と魂」にまつわる章、つまり実体経済と経済学を論じた章の大部分だ。これは本書の第2部に該当するが、その中で、経済における躁うつ病の分析（第8章）のみはセドラチェクが担当した。

ミダス王から国内総生産まで

経済の精神分析の深い部分まで潜るために、本書では神話の助けを借りた。神話とは、社会を映し出す鏡のようなものだ。とても古くて曇った鏡だし、ところどころヒビが入っていたりもするが、それは現代の私たちの姿をそのまま映し出している。神話は古代における暗号や思考の柱であり、のちには古代の論理になった。[9] それは古代の「モーダス・オペランディ（やり方）」でもあった。神話は容易に理解が可能で、登場人物が想像の産物にすぎないにもかかわらず、のちに出てくる宗教や物理や数学と同じほど力をもった。

そして神話には、ほかと比べて際立った特徴がひとつある。それは、神話が矛盾をはらんでいることだ。一見、神話はとんでもなく単純に見える。勇者と神々が争い、戦闘を繰り広げ、子どもが生まれ、人が死んだり、殺されたり、追放されたり、復讐に燃えた亡霊に追い回されたりする。だがこの単純な物語に解釈を試みると、それは奇妙に今日的に、多層的に、そして普遍的になる。

こうした物語の魅力は、心をとらえる教訓が書かれていることと、人間の行動を的確に把握していることだ。神話はまた、経済についても多くを語っている。たとえば所有者と所有物との関係。人がものを手に入れ、それを守るために何を与えなければならないかという問題。征服や略奪や防御、権力と敗北、そして富や宝がどんな力をもつかという問題だ。

神話のエピソードの中には非常に単純で理解しやすいものもある。たとえば、触れたものすべてが黄金になるよう望んだ結果、飢え死にしかけるミダス王の話だ。いっぽうで、幾度も読み直さなければいけないものもある。そのひとつが僭主ポリュクラテスを襲った幸運についての物語だ。ポリュクラテスの運命については、好況と不況、あるいは投資バブルとその崩壊というテーマで、また改めて語ることにする。傲慢な王子エリュシクトンが自然を破壊した報いとして、底なしの飢えに苛まれる物語もある。

これらの、そしてその他多数の神話は、経済の本来の姿を解明するうえで助けになる。そのためには、経済学がまとっている合理性と数学でできたマントをはぎ取る必要がある。経済学は一見、すばらしい論理と、合理的に選択された行動と、ブラック＝ショールズ方程式の算出可能性のみで形成されているように見える。[10] だが、それは人間が被せた魅惑の上着のおかげにすぎない。

本書の主張はこうだ。経済学は最高にすばらしい学問になりうる。だがそのためには、片足で立っていては――つまり数学のみに依拠していては――いけない。古い時代の賢明な経済学者らは、未来の経済学において精神分析が重要な位置を占めるだろうと予言していた。[11] それは、精神分析が非合理的なものを扱う唯一の科学だからだ。

精神分析という学問は伝統的に、神話に積極的に取り組み、神話を活用してきた。だから、経済畑から来た私たち著者も精神分析と神話の両方に出会うことになった。つまり、精神分析というメソッドのために、神話という道具を用いたわけだ。その際、二人の偉大な学者に多くを負った。二人は生前敵対していたが、こうした象徴を読み解いてくれた点で、私たちにとってはどちらも同じほど、計り知れない価値をもっている。一人はジークムント・フロイト。もう一人は、カール・グスタフ・ユングだ。フロイトは、自身の精神病理学を説明したり整理したりするのに神話を用いた。ユングは神話にさらに大きな意義を認め、人間の経験の原型や集団的無意識を神話の中に発見した。

フロイトのソファの上に

本書ではフロイトとユングの両方の知識を用いた。そのほかに、彼らの学問上の後継者や人類学者、社会心理学者、精神医学者、哲学者、民族学者らの知識も参考にした。こうした多様な分野のたくさんの仲間が専門家として所見を述べてくれなかったら、おそらくこの本が世に出ることはなかっただろう。この点について深く礼を述べたい。彼らと交わした議論、建設的な指摘、そして警告的な批評にいたるまで、すべてに感謝する。本書が暗礁に乗りあげかけた困難な時期には、彼らからの言葉がとりわけ大きな助けになった。

経済学には精神分析が必要だろうか？　本書の考えによれば、少なくとも精神療法的な評価は必要だろう。それは、長い省察が必要な作業だ。現在の経済システムが大きな進歩をもたらしたのは否定しようもないことだし、そのシステムに付随する学問のおかげで人々が巨大な富を手にできたのも事実だ。だが、それでも私たちが指摘したいのは、過去数年のあいだに経済システムに病気のような症状が生まれ、それがもはや見過ごせない域まで進んでしまったことだ。体系的に見ると、そこにはサディズム、ナルシシズム、そしてサドマゾヒズム的な要素が認められる。臨床的な手がかりをもとにすると、大きく分けて次の五つの精神疾患が認められるだろう。それらは現在の経済の一部であるだけにとどまらず、もはや経済を動かしているのだ。(12)

現実認識障害：快楽原則のいわば病的な子孫。現代の欲望産業および消費財産業の売り上げのますます多くの部分は、これらによって生み出されている。

不安障害：現実を極度に否定的な形にゆがめて見せ、人に異常な行動をとらせる。不安はつねに、ビジネスにおける非常に重要な一分野だ。危機の時代にはとくにそれが顕著になる。

気分障害／情動障害：本書でとくに扱うのは、躁とうつを行き来する双極性障害だ。景気の変動や、好況と恐慌の急速な変転などにこの症状が認められる。

衝動制御障害：本書では二つの行動パターンを扱う。ひとつは病的な賭博癖で、とくに投資銀行に関連する市場行動にそれが認められる。もうひとつは窃盗癖（クレプトマニア）で、いささか驚きかもしれないが、現在主流のシステムの奇妙な性質によって説明される。それは「もっとも成功する人は、何も引き換えにせずに仕事や財産や資本を獲得している」ことだ。この失調は、経済的商取引の根底にあるメカニズムから力を奪う。本来なら全構成員がフェアだと感じる富や仕事の交換によってのみ、システムは保持されるはずだ。

人格障害：攻撃や競争を特徴とするシステムを維持するためには、構成員をふさわしく教育しなければならない。経営者はエゴイズムや野蛮な競争に適合するよう訓練され、システムのための道具と化す。利他主義や思いやりや良識は二の次にされる。だが、人間が作ったそのシステムはもはや創造主に仕えるのをやめ、自身が支配者の座につき、その結果、労働世界はすべての構成員にとってハムスターの回し車に限りなく近づいている。

おおげさにいえば、現代の経営者は職場に足を踏み入れるや無慈悲なハイド氏に変身し、仕事を終えて帰宅すると心優しいジキル氏に戻る。モラルの低下にも経営者の非道にも、システムは知らぬ顔だ。経営者は本来ひどい人間でなくても、システムによって病的な役割を押しつけられてしまうのだ。

偏見から信条へ

もし非難したい相手が必要なら

空に向かって石を投げろ。
ぶつかったやつが有罪だ。

U2「ダーティ・デイ」より

精神分析の方法と同じように、本書のつとめは相手の話を聞くことであって、誰かに責任を負わせたり告発したりすることではない。だから、資本主義によって形づくられた市場経済や銀行や金融市場を否定はしない。もろもろの批判にもかかわらず、私たち著者は現在の経済秩序を、世界や人々をより豊かにするだけでなく、より良くしてきたシステムだと考えている。だからといって、その誤った展開を批判的に分析するのをやめるつもりはない。システムの病質を全般的に説明し、可能ならば、治療法も紹介したいと考えている。

システムを率いてきた人々の中に、あるいはシステムの舵取りをした個人の中に、責められるべき要素があることを否定はできない。だが、それらの要素と無縁と言い切れる領域がはたして社会に存在するのだろうか？　現在の問題全般はそう単純ではない。史上最大の巨額詐欺といわれるマドフ事件のように、法を犯した者が法的機関を通じて社会から追われ、失脚するだけでは現在の問題は終わらない。本当の問題はまったく逆のところにある。問題は、社会や法が「自分が何をしているか気づかない[13]」まま、何かを許可したり望んだりしていることだ。経済システムの病は、意図的で悪質な行為よりもむしろ、誤った思い込みのほうにある。人々はよく、論理的な考えと希望的観測を混同するし、もっと深いレベルでは、理論と祈りをすら取りちがえている。[14]

願望を打ち砕かれると人間はすぐ、それを誰かのせいにしようとしたり、心理学でいう「投影」をしようとしたりする。歴史的に見ても、私たち人間はじつに見事にスケープゴートを作り上げてきた。経済が絶えまなく失敗を繰り返しているのとは、まったく対照的だ。一六三七年のオランダで起きたチューリップ・バブルから二〇〇八年の金融危機に至るまで、人々は失敗を誰かのせいにしてきた。相場師や投資家は一六三七年には「サル」と呼ばれ、二〇〇八年には「イナゴ」と呼ばれ、戯画化された。[15]

危機の責任を誰かに押しつけるのは、人々の心持ちや精神衛生のうえでは役に立つかもしれない。なぜなら、投影の対象は必ず、銀行や政治家やEUやギリシャなどの他者であるからだ。だが経済とは大昔からそもそも、好況と不況の繰り返しによって揺さぶられてきたのだ（旧約聖書のヨセフのたとえ話や、七年の豊作の後に七年の凶作が来るというファラオの夢を思い出してほしい）。投影ばかりに気を取られ、スケープゴートを罰するのを楽しんでいると、次の危機が迫っていても、それに気づかない可能性もある。もし危機から何も重大なものを学ばず、以前と同じ行動を繰り返していたら、次に起こる危機は前よりさらにひどい打撃をもたらすかもしれない。唯一の望みは、そうした事態が現実に起きる前に、十分な準備を整えておくことだ。

この点について、ふたたび神話に立ち返ろう。基本的傾向としてまず言えるのは、繰り返すようだが、古代の神話と現代の経済理論の隔たりは人々が考えているほど大きくはないことだ。私たち現代人は学問とその理解によって（そしてその力を信じることによって）、いくつかの分野では利益を得たり、望んだ成果を手に入れたりした。だが、古代の神話はおそらく、私たちの個人的・集団的性質の中に潜む杓子定規でないものや非合理的なものを統合するのに適している。そして古代の神話はまた、現代のシステムが患っている病の内因を言葉で表したり、私たちの行動の理由を理解したりするのにも適している。

本書で取り上げる神話はメソポタミアや古代エジプトの神話、ユダヤ教の神話、ギリシャ神話などだが、これら最古の神話には、人間の原初の状態について、ある共通の原型が存在する。それは、男女の特徴が象徴的に融合した状態だ。ヤヌスのように、男の顔と女の顔をもつアダムもその一例だ。性格の特徴の全般性を象徴するものとしてこれを解釈すると、それらの物語の中では柔らかい原則（自意識、直感、忍耐など）と硬い原則（攻撃や競争など）が同じほど重きを置かれていることがわかる。それらの神話によるならば、当時の人々は自分自身と平和的な関係にあった最後の人間ということになる。

リリス——生産と破壊という呪い

リリスの伝説はこの本（原書）のタイトルでもある物語だ。そこには、現代の資本主義におけるドラマが象徴的に描かれている。ヘブライ語の伝承によれば、リリスはアダムの最初の妻であり、イブの先駆的存在だ。リリスはアダムと同じように土から作られ、すべての点においてアダムと同様であったという。それゆえリリスはアダムと対等であることを強く求め、アダムと激しい諍いをした。リリスは、自由を希求した原初の存在ともいえる。リリスはアダムからの抑圧を感じ、そこから逃れるためにエデンの園を去った（アダムはエデンにとどまって幸福だったようだ）。

リリスはそのために、神から激しい呪いをかけられた。毎夜亡霊として人間の家の扉の前で待ち伏せ、生まれたばかりの赤子を殺して血と魂を吸い出し、死者のエネルギーを糧に毎日、百匹の悪魔を生み、生まれるや否や、それらをすべて殺さなければならない業だ。いったいそもそもの原因は何だったのだろう？ それは、性交の形をリリスが屈辱的だと感じ、抑圧の象徴と受け止めたためだとされる。

夜を呪うリリスは、自身も呪われている。それはいわば自分に原因のある、すすんで引き受けた呪いといえなくもない。リリスの物語は、露骨だが非常にわかりやすい形で消費と破壊の円環を表現している。経済の領域にリリスのたとえ話をもちこむとしたら、それが表すのは破壊型の経済の始まり《アルファ》と終わり《オメガ》だ。リリスの自由に象徴される市場経済の理想的な誕生は、結局、消費と成長の果てしない円環に帰結する。リリスは、生み出すと同時に破壊しなければならない消費マシンの原型だ。

メソポタミアの神話に登場するリリスのエピソードからは、経済の原則が自然の原則を凌駕する瞬間を読み取ることもできる。ここでもうひとつ重要なのが、先に述べた「柔らかい原則」が「硬い原則」に優位を奪われることだ。それは、攻撃や野心の勝利であり、主導権をめぐる戦いの始まりでもある。

この攻撃の衝動をコントロールするために——言い換えれば自身をコントロールするために——文明は何千年もかけて、有効な鍛錬の手段を作り上げてきた。神や法や司祭。罰による威嚇。軍隊は義務を教え、英雄は手本を示した。人々は、他者の命を奪ったり自らの命を捧げたりするのは自分の種族や民族や宗教のためだと教えられた。

そうしたコントロールをつかさどってきた機関は、自由の宣言によって弱体化したり、完全消滅したりした。戦争は、聖なる義務という化けの皮をはがされ、現実的で殺意に満ちた憎悪そのものになった。もちろん思考の自由は巨大な利益をもたらしたが、いっぽうで攻撃的な行動パターンや破壊衝動をも自由にした。私たちをとりまくシステムは今、徐々に安定を欠いてきている。社会はまるで、自身を食いつぶすことでしか成長できないように見える。天然資源はすでに、現代の経済戦争の戦場と化している。「成長しなければならない」という強迫は躁的な経済危機へとつながり、人々の価値観を変え、すでに手に入れた進歩を粉々に破壊しかねない。

今日の私たちは、分かれ道に立っている。踏み固められた破壊の道をこのまま進むか否か、決めるのは私たちだ。もし新しい道を行こうと望むなら、己の属性の一部を再発見することが必要だ。経済的行為や思考によって生活からしめ出されていた、共感や創造性や忍耐、自分を信頼する能力、独自の直感などを蘇らせなければならない。そのためには羞恥心と恐怖心の克服が、そして自己の認識が必要になる。

　自己の認識のたとえとして、オイディプスの物語を用いよう。ただしそれは、フロイト的なエディプス・コンプレックス、つまり父親への憎悪や母親への愛情とは無関係だ。自分の母イオカステと知らずに結婚し、近親相姦を犯したオイディプスはテーバイの門の前でスフィンクスに呼びとめられる。ライオンと蛇と鷲が合体したこの恐ろしい生き物は、オイディプスに生死をかけた謎かけをする。「一つの声をもち、時には二つの足、時には三つの足、時には四つの足をもち、もっとも多くの足に支えられて歩くとき、体の力がもっとも弱い生き物とは何か?」。何千人もの旅人が答えに窮し、神々や想像上の生き物をでっちあげ、スフィンクスに食い殺されてきた。だが、オイディプスは謎を解くことができた。答えは、「人間」だ。自分自身を認識し、自分にできることとできないことを理解する「人間」だ。経済に対する答えもまた、私たちが自己を認識することから始まる。

第1部

成長の誕生

――経済学のもうひとつの文化史

第1章

リリス——願望の統合失調症

神話とは、古い出来事をただ伝えているのではない。一般性をもち、つねに若返りを繰り返す出来事だけが神話として伝えられていく。

カール・グスタフ・ユング(1)

リリスは神話の世界の、じつに魅力的な人物だ。輝いていながら同時に暗く、生と死の両方を象徴する存在。人間的であり、崇高でもあるのに、卑俗な性質ももち、原始的でもある。経済的な観点から解釈すると、リリスは永遠の飢餓と永遠の消費を——さらにいえば、己自身の生産物の永遠の消費を象徴している。だが、早急に話を進めるのはやめて、まずはリリスの物語を、次にその経済的な意味を論じよう。

神話の伝承の例にもれず、リリスの物語もさまざまな起源から発生し、形成されてきた。そのうちの主に二つを本書で論じる。ひとつは古代バビロニアの神話で、女神イナンナと生命の木についての詩の中にリリスが登場する。もうひとつはユダヤの民話で、何百年ものあいだ口頭伝承として伝えられてきたが、紀元七〇〇年ごろ文字に書き起こされた。だが、それよりもっと前、時間の始まりのころから話を始めることにしよう。

創造の暗闇で

いま私たちは、人類の記憶の最初のころにいる。それぞれの文化には、それぞれの宇宙進化の物語や世界創造の物語がある。次に紹介するのは、他のどんな物語の影響も受けず、続く多くの創造神話にインスピレーションを与えた最古の物語だ。

初めの日々、いちばん初めの日々に、
初めの夜々、いちばん初めの夜々に、
初めの年々、いちばん初めの年々に……(2)

西洋が「ヨーロッパ」と呼ばれるようになるよりはるか昔、その種《たね》はヨーロッパとは違う場所で芽を吹いた。「二つの川のあいだの土地」を意味するメソポタミア、そしてエジプトから、知識と知恵は大河のように地中海の人々へと注がれた。ヨーロッパ文明の起源はこれらの地に見つかる。

空が大地から離れたとき、
そして大地が空から分かれたとき、
そして人間の名がつけられたとき……

この時代は、今のような思考形態が誕生した時代からは遠く隔たっている。ここに表れている精神は、シュメールやバビロニア、エジプト、ヒッタイトなどで築かれた。これらの文化を基礎にヨーロッパの哲学[3]や文化は発展し、さらにそれを土台にしてずっと後で科学や経済学が生まれた。先に語ったような、歴史のまだ存在しない古い神話の時代には、超自然的な力や影響力によって世界は動いていた。大地は二つの極をつなぐように存在しており、善と悪の戦いの場になった。だが当時、悪にネガティブな兆しはあったものの、善と悪は哲学的には同じレベルにあった[4]。生を創造する善き神と、死や破滅をもたらす神に、それほど大きな力の差はなかった[5]。こうした古い時代に人間の祖先は、神や霊に敬意を表す詩を読み、歌をうたった。次に紹介するのは、強大な一本の木と、一人の女神と、一人の女の悪霊にまつわる詩だ。

　そのころ、一本の木が、たった一本の木が、
　フルップの木が
　ユーフラテス川の岸辺に生えていた。
　一人の女（イナンナ）が……
　水辺からそれを引きちぎり、こう言った。
　この木をウルクまで持ち帰り、
　この木を私の聖なる庭に植えることにしよう。
　イナンナは手ずからその木を世話し、
　足で、まわりの土を踏み固めた。

イナンナは、ひとりごちた。

輝く王座を手にできるまでに、

どれだけ長い時間がかかるだろう？

輝く寝台に横たわるまでに、

どれだけ長い時間がかかるのだろう？

これらの物語は夜、火を囲んで座った人々の前で、口ずさまれ、詠われてきたのだろう。その当時、突然襲いかかる暗闇はとても恐ろしい存在だった。人々の想像の世界では、大地の暗い深淵から影のない亡霊が這い出し、光を殺し、地平線の下にある死の帝国に太陽神を引きずっていった。悪霊も夜に現れた。イナンナのもとにもそれは来た。

飼いならされない蛇はその木の根元に巣を作り、

アンズー鳥は若鳥をこずえで育て、

そして、闇の娘リリスは幹の中に住処を作った。

笑うことの好きだった若い女は泣いた。

イナンナは激しく泣いた。

こうして「イナンナとフルップの木」の物語に初めてリリスの記述が現れる。リリスは古代メソポタミアに伝わる強力な女の悪霊だ。空の女神にして太陽神ウトゥ(6)の妹であるイナンナとは敵対関係にある。イナンナは自分の庭に、生命の木であるフルップの木を植えた。育った木は当然イナンンナのものだ。それはいわば「投資収益」であり、木の世話をしたことへの報酬だ。木を植えたイナンナは輝く王座と寝台を得られるはずだった。その美しい計画に、リリスと蛇と鳥が横やりを入れた。太陽神ウトゥが助けの手を貸さなかったため、イナンナは結局、人間の英雄に、それもいちばん偉大な英雄であるギルガメシュに助けを求めた。ギルガメシュはイナンナを助けた。彼のやり方はこうだった。

男は青銅の斧を振り回した。
七タレントと七ミナの重さがあるその斧を、肩の上で振り回した。
そして彼はイナンナの聖なる庭に足を踏み入れた。
飼いならすことのできない蛇を、彼は打った。
アンズー鳥は若鳥とともに、山へと飛んだ。
リリスは自分の住処をこわし、人の住まない荒野に逃げた。
ギルガメシュは木の根を引き抜いた。
ともに来た町の若者たちが、枝を切り離した。
木の幹からギルガメシュは、聖なる妹のために王座を彫った。
木の幹からギルガメシュは、イナンナのための寝台を切った。(7)

敵対的買収

「ハゲタカ」や「ヘッジファンド」と呼ばれる敵対的買収を思わせる、奇妙な物語だ。問題の木はイナンナに属していた。(8) だがリリスはあっさりそれを占領し、住処を作った。多くの評論家はその木を「生命の木」と表現する。「生命の木」といえば、旧約聖書の創世記の「神は、園の中央に生命の木を生えさせられた」(9) というくだりを思い出す読者も、おそらくいることだろう。

聖書には、人生や歴史の流れを変える「木の中の木」が二つ登場する。だが、聖書の話の中心にあるのは「善悪の知識の木」のほうで、「生命の木」にはあまり光があたらない。いっぽうバビロニアの創造神話には、生命の木についてもう少し詳しい記述がある。リリスは、木の中に住んでいた。その木は神々にささげられ、人間だけでなく神々にとっても聖なる樹木だった。そこに、一匹の蛇と一羽の鳥とリリスが住みついた。そして、その生命の木からリリスらを追い払うために、勇者ギルガメシュと大斧が必要になった。

生命の木は、原初の文明の神話における強大なシンボルだ。他の多くの文明にも生命の木が登場する。(10)

この生命の木が寝台すなわち家具を作る板として切られるとすれば、それは穏やかならぬ話だろう。

こうした角度から見ると、リリスは生命および永遠の秩序という原則を守っていたともいえる。今日では、おそらくリリスは持続可能性の象徴として、そして資源を思いやる象徴的存在として見ることもできる。私たちの目には、リリスは善きものにさえ見える。だが、メソポタミアの人々もまたリリスを善きものと考えていたのだろうか？

答えを知るために、リリスと敵対するイナンナにもう一度目を向けてみよう。イナンナは空の女神であるだけでなく、豊穣や愛の神でもあり、メソポタミア最古の都市国家ウルクの守護神でもあった。そう考えると、生命の木が豊穣の神の寝台に加工されるのは、一見するほど場違いではないのかもしれない。それどころか、生命の木が表す「生命」は本来以上に大きくなるかもしれない。そして王座は、ウルクの守護神かつ女主君であるイナンナのシンボルだ。守護神は、人々に必要なものだった。

実際、古代メソポタミアの人々にとって重要なのは、自然の掟に支配されるのではなく自然を支配することだった。だからこそ都市とその建設の重要性は、一本の木の重要性より——たとえそれが生命の木であっても——はるかに大きかった。イナンナはこの新しい視点を表徴している。イナンナの視点は原材料よりもその洗練をはるかに重視し、初期的な利益主義に従って経済的に思考する。生命の力を文明化し、整え、改良する。いっぽうのリリスが体現するのは、原始的な形の「インサイダー」だ。リリスは文字どおり自然の中に、木の中に、住んでいた。そして洗練を拒否した。

両者の対立は、青銅の斧という当時最先端の武器で解決された。青銅の斧は、力と進歩の象徴だ。

斧はリリスを怯えさせ、荒野へと追い払った。だが、彼女は単に消えたり忘れられたりしたわけではなかった。斧が木だけを切り倒し、悪霊リリスを生きたまま残したつけはきちんとあった。リリスは虚しい荒野から出てきて、人間を追った。リリスは自分を迫害した相手を探し回り、人々の家に忍び込み、赤子の魂と生命力を吸った。リリスは、豊穣、愛、生命などイナンナに属するすべてのものを攻撃することで、イナンナに復讐した。

こうした伝説とともに、リリスの物語は世代から世代へと伝えられ、最後はユダヤの神話に吸収された。ここでリリスの悪の性質はさらに増大した。生まれたての赤子の命を奪うだけでなく、大人の男をそそのかし、夢の中で同衾《どうきん》し、そして男の精子を吸い出して、生殖能力を奪うのだ。アメリカの著述家にして、ユダヤ神話の研究者でもあるハワード・シュワルツは次のように書いている。

「聖書に起源をもつ伝説や、ユダヤ教あるいはユダヤ民族の伝承において、子殺しの魔女と欲望の具現という二つの役割を担うリリスほど大きな影響力をもつものはほかにいない。リリスの伝説は、中世のユダヤの民族伝承における一連の悪魔譚の土台になっている(11)」。

アダムの最初の妻、リリス

だが、リリスの物語は単なる悪魔の伝説にはとどまらない。リリスのドラマは、いわゆる「ラビ的な奥行き」を獲得する。ユダヤの文書学者や説教者はリリスという人物を、聖書の奇妙な矛盾を解決するために用いたのだ。その矛盾とは、聖書の最初の数ページ——つまり創世記の中で引き起こされる混乱だ。じつは聖書には、人間の誕生について二通りの説明がある。そしてその二つの説明の仕方に相互矛盾がある。

時系列で並べると、最初に来るのは次の説明だ。「神は自分のかたちに人を創造された。すなわち、神のかたちに創造し、男と女とに創造された」[12]。字義どおりに解釈すれば、男と女は同時に創造されたことになる。

しかし、第二章に登場する天地創造のくだりでは、まったくちがう説明が行われている。ここでは神は人間を助けるものとしてまず、土くれからすべての獣と、空のすべての鳥を作り、それらに名前をつける仕事をアダムに託した。だが、「人にはふさわしい助け手が見つからなかった」[13]。欠乏を補うために神はここで、二番目の方法で女を創造した。これがイブだ。だが、第一の方法で作られた女は——アダムと同時に、アダムと同じ物質から創造された女は、どうなってしまったのだろう?

ここでヘブライ流の聖書の解釈が始まる。ユダヤ教のラビはこの第一の女を、神の手によるまったくの失敗作だと説明した。イブの先駆者であるリリスは、イブとは異なる特質をもちあわせていたからだ。アダムの肋骨からではなく、アダムと同じ物質から作られたリリスは、アダムに隷属もせず、アダムに従順でもなく、後で説明するようにアダムに服従もしなかった。いっぽうのイブは蛇のいいなりにすらなるほど、従順な性格だった[14]。

次に紹介するのはヘブライ版リリスにまつわるいちばん有名なエピソードだ。ミドラーシュ[15]という旧約聖書の解釈書の一種、「ベン・シラのアルファベット」[16]にそれが認められる。伝承によればベン・シラとは、バビロニアのネブカドネザル王のラビであり、王宮付きの治療師でもあった。ある日、王の息子が重い病気になり、父親である王はベン・シラを呼び寄せた。ベン・シラは祈祷を行い、幼い患者の体に謎の護符をかけた。王は驚き、いったいそれは何なのかとたずねた。ベン・シラは王に、誰も聞いたことのない物語を語った。

人間を作ったとき、神はこう言われた。「人間を一人にしておくのは良くない」。こうして神は女を——男と同じく——塵からこしらえ、リリスと名づけた。だが、彼らはじきに諍いを始めた。リリスはアダムに言った。「私は下に横たわりたくない」。アダムは言った。「私は君の下に横たわらない。君の上になる。君は下になるのがふさわしく、私は上になるのがふさわしいからだ」。リリスはアダムにこう返した。「私たちは同じ塵から作られたのだから、どちらも同等だ」。二人はたがいに耳を傾けようとしなかった。

リリスは聖なる神の名を叫び、空へと飛んだ。アダムは創造主を呼び、こう語った。「神様、あなたが与えてくれた女は、去ってしまいました」。祝福された全能の神はすぐに、リリスを連れ戻すために三人の天使を差し向けた。そしてアダムに向かい、こう言った。「もし女が戻れば、それは良し。戻らなければ、女は咎をその身に引き受けなければならない。毎日、自分が生んだ百人の男児を死なせなければならない」。天使はリリスを追いかけ、海の上で追いついた。いつの日かエジプト人を溺れさせる強大な水を湛《たた》えた海だ。

天使らはリリスに神の意志を伝えた。だが、リリスは戻ろうとしなかった。天使は言った。「あなたを海で溺れさせる」。リリスは言った。「さわるな。私には、人間の赤子を男なら生まれて八日間、女なら二〇日間苦しめる力がある」。天使はこの言葉を聞いて、なおもリリスをとらえようとした。（するとリリスは言った）「生きる者、存在する者に神かけて誓う。これら天使の名と顔を記した護符を目にしたときは、赤子に手は出さぬ」

さらにリリスは、自分が生んだ百の悪魔を毎日殺されるのに甘んじた。そして人々は、三人の天使の名を記した護符を小さな子どもの身につけるようになった。それを目にすればリリスは約束を思い出し、子どもは守られるというわけだ。[17]

ベン・シラの話はここで終わる。この逸話は数百年も語り継がれることになるが、じつは聖書そのものにはリリスについての記述はほとんどない。イスラエルの敵に対する神の裁きを語ったイザヤ書[18]に、一度だけリリスが登場する。それは次のくだりだ。「野の獣はハイエナと出会い、鬼神はその友を呼び、リリスもそこに降りてきて、休みどころを得る」。聖書のたいていの翻訳では、リリスの名前はまったく出てこない。前述のイザヤ書の一節でも、多くはリリスのかわりに「夜の生き物」「夜の鳥」「夜の怪物」「叫ぶフクロウ」「ラミア」などの言葉が用いられている。先の引用をした「国際標準版」および「ダービー聖書翻訳」のみにリリスの名が登場する。[19]

これがすべてだとすれば、リリスの登場はきわめて少ない。しかしリリスの名は、昔から伝わる無数の断片的なテキストや民間伝承の中にも現れる。実際、ユダヤの伝統には、リリスから子どもを守るための魔除けもある。「魔除けに書かれた文章は、リリスをはじめすべての悪魔を追い払う。そこには、ある賛歌が引用される。『腰に刀を差した六〇人の強いイスラエルの戦士に取り囲まれ、夜の恐怖と戦え[20]』」。

おそらく読者の中には、悪魔や恐怖や迷信と経済および経済学に、何の関係があるのかといぶかる人もいることだろう。まずは、リリスのいちばん重要な経験の分析について、そしてリリスがもっとも反発した抑圧についての分析から話を始めよう。

分析——抑圧の性質

抑圧という言葉は、人間を取り囲むシステム——たとえば資本主義[21]や経済[22]や家父長的社会——を描写するときに、しばしば用いられる。抑圧の歴史は長く、そして多彩だ。人間はまず自然から抑圧され、宗教に抑圧され、学校に抑圧され、そしてマルクス主義的な視点によると、システムに抑圧されてきた。

どの抑圧の時代にも興味深いことに、人々は、生命を与えてくれる存在を同時にもっとも恐れてきた。最初は自然の力を恐れ、自然と戦った。次には神の怒りを恐れ、宗教の戦争が起きた。そして今、私たちはシステムを恐れている。具体的にいえば、自分たちを抑圧する——と感じている

——経済のシステムを、人々は恐れている。

リリスは神話に出てくる中で、「抑圧されている」という感情をもった最初の人物だ。抑圧にまつわる描写は、もうひとつの古い文献にも登場する。メソポタミア地方で生まれた世界最古のギルガメシュ叙事詩がそれだ。ウルクの民は、専制君主ギルガメシュからの抑圧を感じていた。ギルガメシュが民に、町を囲む壁を築くよう強制したからだ。大がかりな防衛工事のためにギルガメシュは、労働者を人の形をした道具のように使った[23]。このように、抑圧には長い伝統があった。

だがリリスについて不可解なのは、なぜ彼女が抑圧を感じたかの理由だ。ユダヤ教のラビはなぜよりによって、性交のかたちを抑圧の根拠としたのだろう？　何がそれほど屈辱的なのだろう？　よしんばそれが屈辱的で、リリスがそれを拒んだとしても、それが原因で楽園を去り、殺人者になったりするものだろうか？　自分の子と他人の子を殺す殺人者に？　リリスは、自分とともに創造された夫と縁を切っただけではない。それは同時に、世界でただ一人の男と決別することでもあった。リリスは人生のパートナーと別れただけでなく、自分を創造してくれた神とも決別した。自分をとりまくすべてと決別してリリスは、陸と海をさまよう呪わしい生き物になった。光にあふれる世界に創造された彼女は、夜の生き物になった。それらすべての原因が、性交時の体位が「苦痛だから」でも「子どもに危険だから」でもなく「抑圧を感じるから」、そして「屈辱的だから」だというのだ。

これは一見、不可思議に思える。それを解くカギは、問題の性質にある。神がここで果たしている役割を考えよう。世界とすべての存在をわずかな言葉で創造した全能の神は、創造した二つの存在がどんな形でつながうかという「些細な問題」にはうまく対処しなかった。なぜか？　答えは、それが象徴的なものごとだからだ。ジャック・ラカンによれば、象徴は現実よりも現実的だという。それを前提に、先の問題をさらに考えよう。重要なのは、神がアダムに向けた「誰があなたに教えたのか」[24]という問いだ。誰がリリスに、アダムの下に横たわるのは屈辱的だと言ったのか？　その象徴性をもたらしたのは誰か？　誰がリリスにそれを吹き込んだのか？　そんなことを吹き込める人間は誰もいないのに？　天と楽園を震撼させたこの象徴は、どこから生まれてきたのか？

私たちの神々は、異なる性質を奇妙にあわせもつ存在だ。しばしば巨大な力と創造性を発揮するいっぽうで、別の瞬間には力も想像力ももたないように見える[25]。

リリスとアダムの問題は、夫婦問題のセラピストならすぐに解決していたかもしれない。あるセラピストは「位置を交換すれば？」と言うかもしれないし、別のセラピストは「横に並んでみたら？」と助言するかもしれない。土の上に横たわるのが不快なら、「土の上に何か敷けばいい」というかもしれない。でも、リリスにとって本当の問題が、敷物があろうがなかろうが塵の近くに身を置くことであり、塵で体が汚れることなら、その何が嫌なのだろう？　どこかに出るための盛装でいるわけでもなし。洗わなければいけない衣服があるわけでもないのに。だが象徴的に考えれば、リリスが不満を唱えているのは創造と死に近づくことだ（お前は塵から作られ、塵に帰る。お前は塵の中で交わり、塵の中で子どもを作る）。それが不満だというなら、生きるしかない――あるいは、生を楽しむしかないのだ。

平等は可能か?

平等の実現を合理的に追求しても、なかなかうまくはいかない。その原因は、象徴性にある。神が作ったこのうえなく平等な状態、つまりは楽園においてさえ、すぐに不平等と支配の象徴が生まれた。エリアーデのいう「原初の時」あるいは黄金の時代においても[26]、精神的に完全に健康な二人の人間を黄金の檻に閉じ込めると、彼らはすぐに支配的・抑圧的なふるまいをし、たがいに対立するようになった。そこからはどんな教えを引き出せるだろう? それは、エデンの園という理想的な状態においてさえ、人間はすぐにヒエラルキーを築こうとすることだ。

この解釈によれば平等とは現実的に不可能であり、確立できない。平等が永遠に存在する楽園のような状態は、そもそも存在しえないのだ。これは経済学において興味深い話だ。ジョン・メイナード・ケインズを含む多くの古典経済学者や現代の経済学者は、いわば「静止した」楽園的な状態を模索してきたのだから。彼らの〝ファンタジー〟は、すべて同じ視点をもっている。市場参加者の物質的必要がすべて満たされると、組織の支配を廃止するため、そして平等を確立するために「新しい」道徳的な人間が現れるというのがそれだ[27]。

ケインズはこの状態について、宗教的な用語に近い表現できわめて象徴的に語った。彼が用いた手法は、新しいアダムの口を借りて黄金の時代の象徴性を思い起こさせ、記憶をかきたてるというものだ。ユングならそれを「集団的記憶」と表現しただろう。だが、経済を通じた平和というこの構図に、リリスの物語は強烈な打撃を与える。エデンの園という幻想上の完璧な場所を、彼女は自発的意思で見捨てたのだから。(28)

注目すべきは、抑圧を与えるような「システム」が存在しないのに、リリスが抑圧を「感じて」いることだ（アダムのことはシステムではなく、個人と評価することにしよう）。楽園には資本も銀行も、王も存在しない。ならば、私たちが追求に値すると考えている「平等」をめぐる議論は、欺瞞の上にあるのではないだろうか。問題は、抑圧のシステムにではなく、人間の自然の性向にこそあるのかもしれない。言い換えれば、抑圧を感じるのは「人間の条件」すなわち人間の基本的感情の一部なのではないかということだ。

資本主義への批判か、「人間の本質」への批判か

現存のシステムへの批判はたいてい、個人への抑圧の指摘で成り立っている。カール・マルクスは、システムをまさにそうして糾弾した。だが、共産主義と社会主義のイコンであるマルクスの——そして、スラヴォイ・ジジェクに至る後継者らの——こうした批判が、もしも的外れであったとしたら？　これらの批判の矛先にあるのが、じつは資本主義というシステムではなく、人間の本

質だったとしたら？

システムに対する批判は、マルクスから始まるわけではない。たとえば新約聖書のような古い書物にも、社会の「システム」への厳しい批判がある。[29]資本主義が矛盾や逆説に満ちているのなら、他のすべてのシステムも同じだ。人間の性質は、そして人間の存在は、矛盾と逆説だらけだ。聖書には「この世の知恵は、愚かなものだ」というもっともな記述がある。[30]

人類は遅くとも、書く技術を身につけ自身の歴史を書き留めるようになるころには、そうしたことを理解していたようだ。[31]イエス・キリストも、逆説を用いて神の国を描いた。イエスやパウロの批判は、マルクスのよりさらに激しい。二人は、悪魔や悪それ自体を世界というシステムの支配者として描いている。[32]この点マルクスは宗教という「民衆のアヘン」を駆逐せず、増量さえした。マルクスは、人間存在の問題を解決するためには、ただ資本主義というシステムを変えればよいと考えていたのだ。

マルクスが資本主義について強く批判した、労働者と労働生産物との乖離について考えよう。マルクスによればそれは、資本の不平等な分配が原因で起きる。だが、生産物との乖離という感覚はじつは、個人の財産という概念が生まれるずっと前から存在していた。極端な例を挙げれば、神ですら自分が作ったものとの乖離を感じていた。神は人間を作ったが、人間はすぐに神から離れた。いっぽうのアダムも、神の前で孤独を感じていた（孤独は聖書の中で最初に言及される感情だ）。聖書が全体として語るのは乖離の歴史であり、言い換えれば神と人間の双方がその乖離を埋めようと試行錯誤を繰り返す歴史だ。隔たりが埋まり、両者が結びつくには神の死が必要であり、人間と折り合う聖なる霊魂が永遠に存在することが必要だった[33]。

人間存在の問題と言えば、ハンナ・アーレントは著作『人間の条件[34]』で、次のように述べている。人間の存在とは消耗と再生の連続から成り立っており、上昇は下降の後でしか訪れない。そして、つねに「上に」とどまろうとする試みは必ず失敗する。

肉体の消耗と回復という定められた自然の循環、そして労働の苦難の後に喜びが訪れ、疲労の後に安寧が訪れるという自然の循環の外に、ずっととどまる幸福はない。そして、こうした円環運動のバランスを崩すものは――たとえば、消耗の後に回復が訪れず、そのまま悲惨な状態が続く貧困と困窮の生活や、逆に、肉体がもはや消耗することがなく、それゆえ回復の代わりに単なる倦怠が訪れ、豊穣の代わりに不毛が訪れるという巨万の富の生活……それらは、生きていることがもたらす基本的な幸福感を台無しにしてしまう[35]。

おまえが作り出したものを、すべて食べろ

まったく同じようにリリスも、自分が世に送り出したものを殺し、破壊しなければならない。子どもと離れたリリスは、皮肉にも、自分が生んだ子を自分で食べてしまうのだ。異常な方法ではあるが、こうしてリリスは自分が生み出したものとふたたびひとつになる。ミラン・クンデラは、画

家のサルバドール・ダリ夫妻について次のようなエピソードを紹介している。長い旅行に出ることになったダリとその妻は、ペットのウサギを残していくのが忍びなく、結局そのウサギを料理して食べてしまったのだ。

経済的観点から見るとリリスは、奇妙な均衡状態にある経済の象徴ともいえる。それは、リリス自身の作り出した需要が、リリス自身（の供給的側面）によって作られたすべてを欲するという構図だ。[36] 経済学者がものごとを見るとき基本的に用いるのは、需要と供給の観点だ。経済がバランスを崩すときには、需要を満たす十分な生産ができなくなっているか、あるいは、需要が少なすぎたり生産が過多になっている可能性がある。今日、私たちがしばしば対処しなければならないのは、これら二つの不均衡が溶けあった異常な状態だ。

『最後の晩餐』と題するフランス映画（一九七三年）がある。ご馳走を山と与えられた主人公たちはもう、どんなにおいしそうな料理でも、それ以上は食べられなくなっている。すると彼らはアフリカの飢えた子どもの話をし、哀れな子どもらを救済することを想像する。それはすべて、自分の食欲をふたたびかき立てるためだ。

これを経済的に翻訳すると、飢餓の輸入（もしくは貸借）ということになる。映画のこの場面はありえないほど退廃的で、ありえないほど不品行だ。[37] だがこの構図を、ただ単に退廃的だといって片づけることは、私たちにはできないはずだ。それは私たちが思っている以上に、日常的に起きている出来事だ。たとえば子どもが食事を残してしまったとき、両親や祖父母が「その食べ物はどこから来たと思う?」「アフリカの子どものことを考えてごらんなさい」などと言って、なんとか子どもに食べさせようとすることはしばしばある。それは先に述べたのと、同じやり方だ。そこには、空腹でなくても罪悪感から食べろというメッセージが潜んでいる。

私たちの時代の原則は、飢えた人にではなく満腹の人に食べ物をやるというものだ。飢えた人に食物を与えて幸福にするのは簡単だが、満腹の人にさらに食べさせるという問題はどんどん巨大化しつつあり、その克服のために新しい心理学の分野が必要なまでになった。広告宣伝、販売、マーケティングなどがそれだ。広告宣伝が行っているのは、存在もしない空腹をリビドー(心的なエネルギー)を刺激することで呼び覚ましているのと同じだ。

これは個人だけでなく、もっと大きなレベルでも当てはまる。たとえば、経済危機が起きた直後、まったく同じ状況が起きてはいなかっただろうか。経済の根本的問題は人々が十分に消費しないことだと、多くの人々が当たり前のように考えていなかっただろうか。政府や経済学者はそのために、消費を高める方法ばかりを考えていなかっただろうか。永遠の消費的飢餓という問題が疑問視されたことはあっただろうか。「欲望は善だ」「貪欲万歳」といういかがわしいモットーに異を唱える人がいただろうか。私たちはただ、空腹が足りない、消費が足りない、欲望が足りないとだけ、言い続けてこなかっただろうか。そして、発生した空腹に対処するのではなく、欲望を人工的に発生させるために産業を考え出し、確立してはこなかっただろうか。

利益に焦点を合わせた結果、意図的な現実認識障害が生み出され、私たちの経済および私たち自身は非合理的なふるまいをするようになった。そして「あえて需要を作る」ためのさまざまな学問は人々の目に、一見完全に合理的で公正なものに見えている。

マルクスと需要

東欧が共産主義に支配されていた最悪の政権時代にも、経済危機は存在した。だがそれは、先とはまったく別のタイプの危機だった。人々は砂糖や車や剃刀の刃を渇望しており、需要は確実にあった。問題は供給がないことだった。今日起きている危機はそれとまったく逆だ。いま人々が戦っているのは、砂糖も、車も、剃刀の刃も、すべてが十分に存在し、供給は潤沢にあるのに、それに見合う需要が存在しないことだ。だが、現在の経済は、自らが作り出した「すべてを食べる」ことを目ざしてはいない。経済の力が弱まれば、当局の経済政策が助け舟を出し、人工的に需要を促進してくれるからだ。

だが、それには一種の犠牲が必要になる。これが財政赤字の原因であり、政府が借金に借金を重ねる理由でもある。さらにいえばそれは、一部の国で借金の穴を埋めるために実体経済が窒息しかかっている原因でもある。今、私たちは事態をようやく正しく認識し、不安を感じ始めている。問題は経済が、助けの手を差し伸べてもらうのをつねに期待していることにある。

経済に関する会議は無数に行われている。議論のテーマは多少の変化はあれ、いつもほぼ同じ、

「どうすれば経済を助けることができるか？」だ。テーマからして、経済には助けが必要だと、あるいは助けの手が足りないと人々が認めていることがわかる。だが、何年もそうして議論してきた今もなお、経済に自助の兆しはない。未来において解決策が見つかりそうな徴候も見受けられない。

私たちはみな学校で、経済の役割は社会を助け、社会を支えることだと習ったはずだ。貧困者や芸術家やクリエイターのほか、経済的に自分で自分を支えられないすべての人を経済が支えなければならないと私たちは考えてきた。だが、こうしたいちばんの弱者より今の経済はさらに非力な状態にあることを、私たちは自覚すべきだろう。そうした人々と同じように今の経済は、金銭的・財政的な援助を、そして心理的援助をつねに必要としているのだ。

抑圧の方向——閉じ込められた「エス」

「抑圧」の概念に話を戻そう。私たちはつねに、抑圧されることに不安を抱いている。アダムはリリスを抑圧したし、経済のシステムは人間を抑圧する。政治は経済を抑圧するし、システムやモラルは鋳型として人間を抑圧する。このように、搾取したり自由を奪ったりするものを、そして自分が自分であることを許さないものを、人々は恐れている。では、これらの抑圧がどこから私たちに作用しているのかを、考えてみよう。

ふつう私たちは、抑圧は上から来るものだと思っている。絵で表現したらおそらく、体をまっすぐにして歩きたいのに、重い荷物を背負っているように背をかがめて歩くという図になるだろう。私たちはいつも、システムの圧力を上から受けているように感じている。

だが、抑圧は上からだけでなく横から来ている可能性もある。まっすぐに進もうとしているのに、システムの圧力が横からかかれば、本来の目標から逸れてしまう。あるいはシステムは前方から圧力をかけてきて——ちょうど水中を歩いているときのように——歩みのスピードを遅らせたり、足を止めさせたりすることもある。官僚機構の抑圧はちょうどこのイメージにあう。人々は走りたいと望んでおり、自然に任せれば経済はおのずと走るはずなのに、そして競争者や消費者は新しい創造の波に乗れるはずなのに、税金や法律や官僚機構が圧力をかけるせいでそれができなくなっているのだ。

システムは背後から圧力をかけてくることもある。そうすると人はまるで後ろから強風に煽られているように、前へ前へと押し出されてしまう。本当はゆっくり歩きたいのに、そして友人や趣味や家族のために時間と空間をもちたいのに、走らなければならないように感じてしまう。こうして人は技術を駆使して世界を、本来望んでいる以上にモバイルでデジタルな場所に変え、その結果、生きるスピード自体を重荷に感じるようになってしまう。

ここまでに提示した思考実験の意味と目的は、既成概念を壊すことにある。じつは抑圧の力はたいてい、内側から作用している。よく見るとこの図式は、上から圧力がかかる図よりずっと興味深い。まず、人が「高次の」己に——つまり道徳的に良い人間に——なることをシステムがどれだけ阻んでいるかを考えよう。稼ぎの良い仕事をやめて貧者のために尽くしたり、田舎に移り住んで有機野菜を栽培したりすることを、止めろという者はいない。仮に全財産を貧しい人々のために投げうっても、システムからは処罰も処分もない。「高次の」己の出現をシステムが抑圧することは、ほぼない。高次の己の出現を阻む大きな圧力は内側から作用している。その力は、意識下にある自我から、無意識から、そして(フロイトのいうところの)「エス」から来ている。それは、制御も抑制もできない願望を通じて私たちを圧迫している。

だが、この「エス」を私たちは見ることができない。それは、閉ざされたところにあるからだ。あるいは、ふたをかぶせられていると言ってもいい。そして、この閉ざされた何かは無意識の中にとどまっている。次のように想像してみよう、私たちが「エス」のふたをとると、突然、自分の「エス」とのあいだに――言い換えれば生《なま》の、検閲も洗練もされていないありのままの欲望や渇望とのあいだに――直通の通路が出現してしまうのだ。内部のすべての門は開かれ、そして、恐ろしい映画や伝説で語られていることが、意識の中にあふれ出てくる。ある意味、私たちの自発的・創造的な自我でもある「エス」が解き放たれると、人はそれまでとまったく違う存在になる。それが意味するのが幸福ではなくむしろ恐怖そのものであることは、芸術作品や神話から示唆されている。

封じ込められた中には何が？

ここで読者の何人かはおそらく、映画『スフィア』（バリー・レヴィンソン監督、ダスティン・ホフマン主演、一九九八年）のことを思い出すのではないだろうか。[38] この作品は一種心理学的なSFスリラーだ。主人公をはじめとする科学者はチームを組み、海に沈んだ異星人のものとみられる宇宙船探索のため、深海を目ざす。ところが海底で突如、奇妙な出来事が起こり出す。「スフィア（球体）」が隊員たち一人ひとりの夢想を具現し、恐ろしい事態がつぎつぎに発生していくのだ。この映画はまるで、人間の「エス」のふたが開いたら起こる出来事を垣間見せようとでもしているかのようだ。

ちなみに、スフィアが人々の願望を叶《かな》えるという着想のもとになったのは、アルカジイ&ボリスのストルガツキー兄弟が書いた小説『路傍のピクニック』だ。[39] この小説では、「スフィア」は「黄金球」と名づけられている（アンドレイ・タルコフスキーが一九七九年に発表した映画『ストーカー』は、この小説を土台にしている）。

全体のストーリーは、次のように展開する。「ゾーン」と呼ばれる地域に、訪問者の内なる願いを叶えるといわれる謎に満ちた部屋がある。主人公の男性には、重い病を患う家族がいる。その回復を願って主人公は命がけの旅をし、ついに「ゾーン」にたどり着く。彼はこれで願いが叶うと信じた。だが家に帰り着いた主人公は、回復を望んでいた家族が死んだことを、そして自分が宝くじで大金を引き当てたことを知らされる。さて、問題はどこにあるのだろう？　「ゾーン」は約束を守らなかったのだろうか？　いや、そうではない。「ゾーン」はきっちりと約束を果たした。だが、「ゾーン」が叶えてやったのは男の「エス」の巨大な願望であって、エスの「ふた」のことなど頓着しなかった。「ゾーン」が実現してやったのは、男が本当に望んでいることであって、「望みたい」と望んでいることではなかったのだ。

「エス」に直接語りかける「ゾーン」的なものを、哲学者のスラヴォイ・ジジェクはエス・マシーンと呼ぶ。結局、主人公の心の奥底では、家族の治癒よりも宝くじに当たることのほうが重要だったというわけだ。教養があり、倫理的な思考をするこの男性は、「正しいこと」を望みたいと望んでいた。ある意味、男は自分の真の願望にそれ以上はまったく迫れずにいた。そして、自分の真の願望――つまりは富――が引き起こした結果を知った男は、みずから命を絶ってしまう。

この男性について判断を下すより前に、私たちは自分に向かって問いかけるべきだろう。もし、望みが何でも叶う「ゾーン」のような場所につながる道があったら、自分はどうするだろう？　ゾーンに足を踏み入れるだろうか？　そこで私たちは、「世界中から永遠に飢餓がなくなるように」とか「戦争が二度と起こらないように」とか「人類が救われるように」と願うだろうか？(40)

それが本当に自分の願いなのだと、どうすれば確実にわかるだろう？　倫理的に正しいことをするのが、自分の本当の望みなのか、どうすれば確証できるのだろう？　これについてジジェクは次のように述べる。「『エス』とは完全な無意識であり、衝動的で、子どもじみていて、欲望原則に従って働く心理の一部だ。そして『エス』は、根元的な衝動や欲望の源泉でもある。それは、刹那的な欲望と報酬を追い求める」。彼のいうエス・マシーンとは、「われわれが責任をとることのできない夢想を、そのまま具現してしまうメカニズム」だ。[41] 言葉を替えれば、それは「ふた」をかぶせたり「錠」をおろしたりする必要があるものなのだ。こうした願望や欲望、そして衝動は、私たち自身によって抑圧されている。それにはそれだけの理由があるのだ。

もうひとつの願望

ここで問題なのは願望や渇望そのものではない（それ自体、非常に複雑で、経済的に大きな課題ではあるが）。それより重要なのは、人々が「真の」願望のおおかたの実現をまるで望んでいないことだ。人々が実現させたいと願うのは、社会的に構築された願望のほうだ。私たちを苦しめるのは、自分の生物としての願望や無意識の願望が経済的に叶わないことよりも、むしろ、「自然に目ざしているもの」と「あえて目ざしているもの」とのあつれきであり、それらの乖離だ。望ましい目標は私たちの行動の表層に位置するため、日々目にすることができる。だが、無意識の底を支配しているのは、もうひとつの願望のほうだ。これは、現代の心理経済的な統合失調症を引き起こす巨大な温床でもある。

私たちの日々の願望は大半が、習得された嗜好や慣例や流行や、高く評価すべきだと学んだ感情にもとづいている。私たちは、何をどう楽しみ、何を希求すべきかを教えられてきた。いっぽうで私たちは、己の願望のすべてを詳しく知っているわけではない。ここで、ひとつの疑問が浮かび上がる。いったいどんな力がそれらをつかさどっているのだろう？

先ほどエス・マシーンという概念を使ったが、そうした巨大で超越的な性質をもつマシーンのようなものが本人以上に本人の願望を把握しているのは、困ったことに思えないだろうか。このマシーンはたとえていえば、停止してはいるが、人間の内なる願望を掌握している機械だ。意識することも制御することもできない願望の現実化が迫害や罰をもたらすという概念から読者はおそらく、超自然的な力をすぐに連想するだろう。旧約聖書には、自分の知らない願望を明らかにするために神の力を頼みにする場面がいくつもある。「神よ、どうか、わたしを探って、わが心を知り、わたしを試みて、わがもろもろの思いを知ってください」（詩編：一三九―二三）。「神はこれを見あらわされないのでしょうか。神は心の秘密をも知っておられるからです」（詩編：四四―二一）。「主であるわたしは心を探り、思いを試みる」（エレミヤ書：一七―一〇）。

この心理学的かつ宗教的な直観はおそらく、自身の願望とその背後に隠れている本当の力強い願望との食い違いから生じている。私たちが直面するのは「永遠に飢えた悪魔」などではなく、意識の別の層にある奇妙な、それでいて私たちを引きつける感情だ。それは心の奥深くに潜む強く恐ろしい存在だが、まぎれもなく己の一部であるがゆえ、私たちに恐怖を感じさせる。人間の自我をより多く形成しているのは、おそらく生のままの願望よりも、それとは別の文化社会的な願望のほうなのだ。

リリスが決断したのは、社会から、そして自分と同質のものから別れて生きることだ。それは、あらゆる抑圧から自由になる代価だった。そしてついに「ふた」が外れると、リリスは自身の願望によって打たれた。呪いとはたいていこんなふうに働く。呪いは願望を制御不可能にする。己の奥深くに押し込められていた願望は、こうして突如現実になる。

内側からの抑圧をこのように解釈するのが正しいとすれば、システムには存在意義が生まれる。文化や文明の全体的な意味とは、「エス」を密封し、その状態を保つこと、そして性や暴力の爆発が起こらないようにすることにあるのだ。フロイトはそこから、ひとつの重要な考えを表した。文明とはつまるところ、低次の衝動を抑圧するための機械であり、その目的は文明をより高いレベルに到達させ、高いレベルに保つことだとフロイトは考えたのだ。[42] もちろん、そうした〝機械〟は人間を自分自身から遠ざけ、真の自我の邪魔だてをするが、低次の自我からも、ともかく距離を置かせてくれる。このシステムは、矛盾とノイローゼ的要素に満ち満ちているはずだ。

こうして総合的に見ると、「抑圧」という言葉に対する評価や理解が変わるだけでなく、本書で扱うテーマが明確に浮かび上がるはずだ。科学的信念や観念とともに神話がいかに強く喜ばしく生きているか、というのがそれだ。抑圧が「上から」来ているというイメージは非常に神話的だ。それは私たちの頭を支配しており、私たちはふつう疑念を抱いたり根拠をただしたりしない。そのイメージは私たちの生き方や社会の認識に、そして社会の中の自分をいかに認識するかに大きな影響を及ぼす。神話は数学的・科学的な秩序と必ずしも相争わず、むしろ、たがいを補い合っている。哲学者のメアリー・ミッジリーも自著の序文で次のように述べている。「私たちは、神話を科学の対極にあるものとして見ることに慣れてしまっている。だが、ほんとうは、神話は科学の中心的な部分だ[43]」。

内部からの圧力の一形態として見れば、「抑圧」の認識はこれまでよりずっと前向きなものになるかもしれない。ここでふたたびリリスの話に戻ろう。リリスはアダム（とその肉体）から抑圧を感じ、それに従って行動した。そしてその結果、自身の「エス」の封印を失った[44]。それによって彼女は再生と死の[45]、そして性と暴力の[46]象徴に変容した。リリスは自身の原初の飢えを、自分の子を食べることによって満たす。リリスと同じく私たち人間は、こうした（抑圧の）シンボリズムがどのように自身の頭の中に据えられたかは知らず、しかしそれによって行動を左右されている。リリスの場合、それは彼女からエデンの園を奪うことになった。

似たようなことがもしも私たち人間に起こったら？　救済を求めたはずが地獄に来てしまったとき、逃げ道は存在するのだろうか？　そして今日の私たちは、どちらの側にいるのだろうか？「ここは天国か、それとも地獄か」とイーグルスは有名な「ホテル・カリフォルニア」で歌ったが、私たちにもときおりそれらの違いがわからなくなることがある。人の心のいちばん奥にある願望が実現したら、この世は地獄と化す可能性がある。スラブ地方のおとぎ話『金の魚』は、先のストルガツキー兄弟の『路傍のピクニック』をかすかに想起させる内容だ。ある貧乏な漁師の夫婦が、何でも願いを叶えてもらえる幸運を手にする。漁師の妻は際限なく富を願い、とうとう最後、もとのあばら家に戻されて、ようやく欲望から解放される。妻はそもそも、その古い家を修理したいと思っていただけだった。だが、大きくなった家は、「今度は宮殿が欲しい」という欲望を即座に生んだだけで、漁師の妻を幸福にはしなかった。

これは、現代の西欧社会を、そして触れたものすべてが金に変わるよう望んで飢え死にしかけたミダス王の伝説をほうふつとさせる話ではないだろうか? 「お前が触れたものすべてをうまくいかせよう」「お前の夢をすべて現実にしよう」。元来呪いを含んでいるこうした願望は、良い願望とはいえないのではないだろうか?

リリスの物語を市場経済の比喩として見ると、そこに表されているのは市場経済の良き始まりと悲惨な終わりということもできるし、経済の最初《アルファ》と最後《オメガ》だともいえる。

リリスのアルファ――自由

リリスの物語の始めにあるのは、自由を望む絶対的な意志だ(47)。自由とは、市場経済のいちばんの原則でもある。アダム・スミスやその後継者らは自由を、有益な経済行動の基本的条件として見ていた。市場参加者の自由および、彼らの決断の自由があればこそ、経済は万人の利益のために十分に機能することができる。実際、私たちが過去数十年間でかつてないほどの豊かさを経験することができたのは、市場に自由があればこそだ。だがそれは同時に、たくさんの危機を引き起こす原因にもなった。

こうした自由の対価についての話は聖書の中にも登場する。モーセがユダヤ人を率いてエジプトを脱出する「出エジプト」だ。ユダヤの人々はそれによって自由を得たが、そのかわり、彼らの経済的幸福度の評価は低下した。[48]出エジプト記によれば、ユダヤの人々は四〇年ものあいだ荒野にとどまり続けた。そしてエジプトを脱した者のうち一人も、約束の地を目にすることはなかった。彼らの投資はたしかに、自分の子どもたちには役立っただろうが、自由へと向かった当の世代は何ひとつ得るものがなかった。

出エジプト記には、人類史上もっとも古くもっとも巨大な経済的契約が登場する。世代間の契約は非常に影響力の大きな取り決めで、文明を左右する力をさえもつ。ここでとくに論じたいのは、親子間の経済的な契約だ。親から子へと贈られたものが、同じだけ親に戻ることはけっしてない。しかし、子どものさらに子どもにまで利益はおよぶ。こうした世代間の契約がなかったら、そして当事者が可能なかぎりそれを遵守しなければ、人間という種が一世代以上生き延びることはおそらくなかっただろう。[49]

家族はこれまで見たのとは別のきまりで支配される。親が子に、あるいは子が親に与えるのは「見返り」ではない。そこにあるのは、贈り物の授受による経済だ。この場合の通貨は金銭ではなく、心づかいや尊敬、喜びや協力関係や援助だ。自分の近親者が足を折ったら、人はすべてを放り出して立ち上がり、費用便益の分析抜きに助けの手を差し伸べるだろう。だがもし足を折ったのがパン屋だったら、ただ別のパン屋を探すだけだ。それはそれで問題はない。パン屋とのかかわりは商取引であって、個人的なものではないのだから。家族や友人とのかかわりは逆に、商取引ではなく個人的なものだ。親は子どものために膨大な額の支出をするが、見返りに何を得ているのだろう？いくつかのしるしとしての見返りはある。たとえば、子どもの愛らしさや笑顔（子どもの価値は、その笑顔にこそあるのかもしれない）、そして親が子どもに費やした金銭の一部を親が老いたときにきっと還元するという、文字にされない暗黙の約束などだ。だが、そうした金銭の大部分が次世代へ流れていくのは言うまでもないことだ。

今日の私たちの社会は多くの経済的自由を叶えてくれる。銀行のおかげで人々は、本来なら何十年もの倹約の末にやっと手に入れられるマイホームで暮らすことができる。何世代もかけて設立の資金を貯めなくても、会社を興すことができる。こうした現象は、社会の細分化にともなって起きる。現代では、資金がわずかしかなくても良いアイデアさえあれば、親族の助けを借りずに自身の会社を作ることができる。家族への依存が減った分は、社会経済的な機構やシステムへの依存が高まったことで補われているのだ。

社会が全体として裕福になればなるほど、個人も家族も、社会に頼らずに生きる能力は低くなる。人生がもっと単純に構成されていたころ、大きな家族や一族はもっと自分で自分たちを世話していた。今日私たちはスマートフォンやコンピュータを自在に使えるし、車を買うこともできる。いつでもどこでも使えるインターネットもあるし、それに、往々にして大卒以上の教養もある。だが、私たちの知り合いのうち誰が、水の湧く場所を見つける方法を知っているだろう？　自分の手で食べ物を集めたり仕留めたりできる人がいるだろうか？　何をどう縫い合わせれば衣類や靴ができるのか、電気の力なしで冬を生き延びるにはどうすればいいのか、知っている人がいるのだろうか？　ふつう自主独立や自由の象徴として見られているお金はその実、社会への依存の象徴であり、グローバル化した現代においては、世界全体に対する依存の象徴でもある。親子間の言葉にされない最大の経済契約がなくなることはこの先もないだろうが、それに加えて個人と社会の債務関係はますます強くなっていくだろう。

リリスの例からわかるのは、自由を過剰に求めた結果、何が起こるかだ。その答えは、孤独だ。現代に生きる多くの人々は、無数のものごとに依存しながら日常生活を送っている。それゆえ、「自由」の概念はこの先ますます不確かになっていくだろう。たとえば白熱電球を点けるという行為ひとつをとっても、人は間接的に――法律家やエンジニア、建築家、宣伝担当者、銀行家、政治家、清掃業者、デザイナーなど――何千人もの人々に依存している。社会は、発展して豊かになればなるほど、社会内部の構成員の機能に依存するようになる。現代人の私たちは自然の力に依存しているのではなく、人間同士がたがいに依存しあっているのだ。

リリスのオメガ――破壊的創造

リリスのオメガ（帰結）とは、自由から発生する強制だ。リリスは無限に生命を生み出し、その命をすぐに死なせることを運命づけられている。リリスが貪った幼子の生命力は、リリスがさらに生きるための資源として役に立つ[50]。まるで、希望のない血まみれのメリーゴーラウンドのように。

市場経済は、ゆがんだ自己理解をしているとき、リリスと同じ原理で機能する。つまり、破壊するために生み出し、生み出すために破壊してしまう。私たちの場合、「生み出す」とはつまり働くことだが、それが自己目的のための労働になってしまうのだ。そうして自己目的のための労働をしながら人々は人生の時間を費やし、未来の資源を使い果たしていく。

一九九九年公開のハリウッド映画『マトリックス』には、その種の自滅を描いた印象的な場面がある。タイトルの「マトリックス」とは仮想現実の機械であり、破壊された世界に住む人々に、現実がきちんと機能しているように巧みに信じ込ませている。この仮想現実の機械を動かす油は、赤子から獲得される。現在の幸福という幻想の維持のため、未来の資本を奪い取るという図式が、ここにはきわめて印象的に表されている。

カオスが支配する

この破壊と創造の円環から抜け出す解決策はどこにあるのだろう？　どうすれば変化が起きるのだろう？　どうすれば変化が可能になるのだろう？　それを知るためにここで、一般的には疎ましく思われているが、その一部から恵みを得ることも可能な、ある現象に注目しよう。その現象とは、カオスだ。

「カオスによる支配」は可能だろうか？　しばらくのあいだならともかく、永久には無理だろう。賛否両論を引き起こした映画『アンチクライスト』（二〇〇九年、ラース・フォン・トリアー監督）には「カオスが支配する」というセリフが繰り返し登場する。私たちの世界はこのように、「あるシステムが向上するためには、混沌と危機の段階を乗り越えなければならない」という高次の原則に支配されているらしい。

いったん始めた部屋の片づけを途中で中断したら、目の前の状況は最初よりも混乱を極めているものだ。部屋をもっと快適に使おうと改装を始めたら、塗り替え作業をしているあいだは部屋を使用することはできない。しばらくの期間、その部屋は役に立たなくなる。カオスの増大は――少なくともおおかたの場合は――（より良い）秩序の誕生につきものの現象といえそうだ。

すべてのものごとにはそれぞれの時がある。秩序が増す時もあれば、減退する時もある。旧約聖書のコヘレトの言葉（伝道の書）にはすでに、次に紹介するポストモダン的な内容の詩が登場している。この詩は、時間こそがものごとの相違を生む唯一の要因だと告げている。ある行為の成否は時が決めるということだ。

何事にも時があり
天の下の出来事にはすべて定められた時がある。
生まれる時、死ぬ時
植える時、植えたものを抜く時
殺す時、癒す時
破壊する時、建てる時
泣く時、笑う時
嘆く時、踊る時
石を放つ時、石を集める時
抱擁の時、抱擁を遠ざける時
求める時、失う時
保つ時、放つ時
裂く時、縫う時
黙する時、語る時

愛する時、憎む時
戦いの時、平和の時。[51]

〝良き〟破壊

これまでに述べてきたことから、次の疑問が浮かんでくる。それは、「すべてが保たれ、何も破壊されないのは、経済活動にとって理想の形なのか?」という問いだ。生成から破滅へ、そして生から死へという循環はたしかに、有機的かつ動的な秩序を支える原則のひとつであり、経済は、そうした動的な秩序のシステムとしても理解できる。[52] それはちょうど、伝説に登場する〝世界蛇〟ウロボロスのようなイメージだ。永遠に自分自身を食らい、それを自身の原動力にする円環状の生き物のウロボロスは、さまざまな民族の神話に「死からの再生」の象徴として登場する。[53] ウロボロスに体現される原則に、プラトンは宇宙の真の性質を見出し、[54] ユングはウロボロスを不死のシンボルの原型だと考えた。中国文化では、陰陽の象徴としてウロボロスのイメージが用いられた。

フリードリヒ・ニーチェも『ツァラトゥストラ』の「自己の克服について」の章で次のように述べている。「善においてであれ悪においてであれ、創造者たろうとする者は、まず破壊を行わなければならない。価値を壊さなければならない[55]」。

これとよく似た現象は数年前に欧州でも繰り広げられた。かつてのチェコスロヴァキアが共産主義から資本主義のシステムへと移行するときも、国内総生産や国民の生活の豊かさが最初落ち込み、数年後にようやく回復したのは周知のとおりだ。これは神話ではなく実際に起きたことだ。もちろん経済的な問題と、エジプトを去ったユダヤの民の窮乏を単純に引き比べることはできない。だが限定的ではあれ、二つの話の結末には関連性がある。私たちの道の行く手にある〝市場経済〟が本当に「約束された地」であるかどうかは、決定事項ではないのだ。

ニーチェの「自己の克服」の根本思想に話を戻そう。これに関連して、死の水と生命の水という話がある。伝説によるならば、人は誰かを助けようとするとき、相手にまず死の水を注ぎ、その次に生命の水を注がなければならない。生命の水だけでは、生命をもたらすことはできない。低いところから高いところへ向かう道は一直線の上昇ではなく、「U」字のカーブのように、いったん下降してから上昇へと向かうのだ。体系的な変化は一般的に、このパターンに沿って起こる。もしも何かのシステムが、より高次な秩序へと変化を望むなら、まずは当初の状態よりさらに無秩序な時期をくぐり抜けなければならない。

ヨーゼフ・アロイス・シュンペーターはこの考えを——意識的にか否かは不明だが——市場経済のシステムに転用した。シュンペーターは、企業家をイノベーターとしてとらえ、経済の歴史を近代化と進歩の波状運動として理論づけた。彼によれば進歩の糧となるのは、何かが新しくなることによるエネルギーだ。こうして発明、構築、衰退のサイクルは回り、新しいものの余地を生む。これら三つの中で唯一、比較的安定しているのは、新しいシステムを構築している時期だ。

シュンペーターは著書『資本主義・社会主義・民主主義』の中で、次のように述べている。

内外の新市場の開拓、そして手工業の店舗や工場からU・S・スチールのような企業に至るまで組織上の発展は、絶えまなく古いものを破壊するいっぽうで新しいものを創造し、絶えず内部から経済構造を革命化する。そのプロセスは――生物学的用語を用いるのが許されるなら――産業上の突然変異に等しい。この「創造的破壊」のプロセスこそが資本主義の本質的事実だ[56]。

そして、シュンペーターが危機の性質をどのように受けとめているかも説明される。

これらの革命はそもそも連続的に起きるものではなく、比較的平穏な時期を挟みながら不連続に発生する。もっとも状況はつねに「革命が起きている時期」か「革命の結果が吸収されている時期」のどちらかであるから、全体としてのプロセスは絶えず動いているとも考えられる。これら二つが組み合わさって、いわゆる景気循環が形成される。

経済危機の起きた二〇〇八年からシュンペーターは、この「創造的破壊」という概念ゆえ、危機をポジティブにとらえる人物だと認識されてきた。だが、その認識は事実と異なる。代表作『経済発展の理論』の中でシュンペーターは次のように述べている。「イノベーションと清算」のこうした循環はおおかたが突発的なものではなく、全体に「静的」に形成されたシステムの中で、まわりと調和した近代化の円環運動として発生する。いっぽう経済危機とは規定の道からの好ましからざる逸脱であり、「静的均衡を乱すもの」だと。

シュンペーターの主張によれば、危機とは本質的に市場参加者の非合理的な行動に由来するのであって、経済の性質そのものに原因があるわけではない。

われわれの解釈によれば、この清算過程を時に異常なものにする原因は、清算過程に入るときの政策が、性急すぎたり、事態に適合していなかったり、その時期には不必要だったりすることにある。強い絶望やパニックの影響で、そうした事態が起きる。[57]

シュンペーターの説明に欠けているのは、なぜ金融経済がこうした危機に非常に脆弱なのかという理由だ。それを説明する可能性があるのは、市場で取り扱われる財産の価値が不安定であること、そして、時間という要因だ。事業を閉めるには、あるいは、ひとつの市場区分をまるごと再生させるには、たいていの場合、年単位の時間がかかる。数年越しの時間の中で、衰退の現象は最初はゆっくりと、そして徐々に速く現れていく。

いっぽう金融市場の現場では、資本逃避はほぼ一瞬で可能なため、危機の際には衝動的な動きが起きやすい。だから金融市場に依存するほど、国民経済が危機に弱くなるのは当然だ。[58]「創造性」は金融市場からほぼ消滅する。金融市場に残るのは、現実から乖離したとてつもない投機モデルが大きな資本を生み出せるという「創造性」だけだ。破壊は人々の能力を奪うだけで、何も新しいものをもたらさない。現実の経済では、危機の状況が切実になるほど、銀行が信用貸しに慎重になり、融資が不足する。そして、利益率の低い周辺市場から資本が引き下げられるという流れが生まれる。創造的破壊においては、資本は徐々に移動しつつも、ほぼそのまま存在し続けるが、金融危機にお

いては大部分が無と化す。経済はいわば、自分で自分を食べているのだ。(59)

リリス——まとめ

リリスは歴史上もっとも古い、悪魔的な人物の一人だ。本書ではだからこそ彼女を糸口に、経済という悪魔の帝国に潜ろうと試みた。歴史上最古の神話と現代の経済のあいだに驚くほどたくさんの類似性があることを、私たちはこの時点ですでに確信している。古代バビロニアの神話と現代の経済の話は、一見、テーマも登場人物も、とてつもなくかけ離れているかもしれない。しかし、古代の神話と現代の私たちは、奇妙な形で結びついているようだ。この章ではリリスの伝説に経済学的な解釈を試み、さらにこうした伝説を土台に、史上最古の経済的あつれきを描写しようとしてきた。現代の私たちは今なお社会として、こうしたあつれきの存在を強く感じている。文明が始まった当初から人類は、今日の私たちときわめてよく似た問題や心配に直面してきたのだ。

私たちは、神話から何を学べるだろう? それは、「もっとも才能のある者やもっとも愛された者でさえ、しばしば奈落で最期を迎える」ことや「複雑さが増せば、それだけリスクが高まる」というような、よく知られた話だけではないはずだ。古い神話からは、人間の生活や決断が自分ではほぼ制御不可能な何かに影響されていることが読みとれる。リリスはアダムから象徴的・性的な抑圧を感じていた。リリスを通して私たちは、経済的抑圧を初めとするさまざまな形の抑圧や圧迫について考えることができる。本章の大きなテーマは人々の願望や欲望とその必要性、無意識の願望と意識的な願望との隔たり、そして完全な平等が原理的に不可能であること、自由への渇望、カオスと組織的秩序、そしてそれらがいかに私たちに影響し、私たちを形成してきたかなどだ。

大半の抑圧がじつは己の内側から生まれていることを、そして外部への願望が内部への抑圧と敵対関係にあることをこれまでに述べた。そしていくつかの神話や伝説を用いて、人間の願望が満たされたときに何が起こるかを、そしてひとつの願望の成就は別の願望の誕生につながることを説明してきた。天国と地獄についても語り、人類の歴史において多大な意味をもった世代間契約についても語った。歴史を通して受け継がれるこの契約は、紙にインクで記されてはおらず、いっさいの金銭を求めず、それでいて非常に経済的影響力が高い。さらにこの章の終わりでは、自己を貪るリリスの本質をも象徴するウロボロスの蛇について論じ、創造的破壊について論じた。創造的破壊こそが結局は、自身を糧に燃え続ける市場経済の円環を打ち破るのだ。

第2章

天からの墜落——経済的症候群の誕生

……このようにして人間は、楽園と自分をつなぐ紐を断ち切る。うつろな時を飛翔する彼を支えるものは何もなく、慰めることができるものもないだろう。

ミラン・クンデラ(1)

本書の主人公であるリリスについて論じた今、そろそろ議論の哲学的な核について紹介する頃合いだろう。それは、次の質問にかかわりがある。人間はあらゆる時代において「経済的に」あるいは「競争的に」思考してきたのだろうか？ もしそうでないとしたら、それ以前には何が理想で、何が価値をもっていたのだろう？ この章では私たち人間の思考の起源を論じ、競争やその醜い姉妹である攻撃がどのように誕生したのかを探っていこうと思う。本書で取り上げる大多数の経済的変調の根底には、攻撃という現象がおそらく存在する。そのさらに根底を探るため、競争が生まれる前の状態をまず探究しよう(2)。

文明が始まる前の時代は、今なお幻想や憧憬という形で社会の無意識の中におそらく存在している。それは言語化されていない漠としたものであり、そして、学問的な議論の材料としてよりも、秘教的・原始的な象徴として扱われがちだ。これから論じるのは、はるか昔プラトンやアリストテレスも理想視した、「対立の統合」やバランスのとれた中庸、そして精神の平和こそを最善とする考えだ。社会全体や経済が危機に陥ったとき、あるいは社会共同体が回復の手段や治療を求めているときには、こうした中間的な道が注目され、探求され、提唱されるものだ。その過程で、分別や抑制の価値も高まる。

すべてのものごとの始まりには、何があったのだろう？　西洋が西洋になる前、そして経済が生まれる前の状態では、何が起きていたのだろう？　現在の〝神話〟によるなら、宇宙の歴史の最初にあったのは巨大な爆発、ビッグ・バンだ。経済の歴史についてもすべての教科書は、始まりは爆発的な何かだと教えているのではないだろうか。つまり、最初に絶対的な不足や窮乏があり、市場経済の祝福や供給の爆発的拡大がそれを解消したのだと。

だが、人類の祖先の古い歴史には、そうした爆発や爆発的成長についての記述はいっさいない。ないどころか、そのまったく逆だ。世界の描写は必ず、満ち足りた調和の時代から始まる。そこには、激しい渇望もなければ、何かを強烈に追い求める動きもない。神話が発達する中で人間が最初に獲得する特質は、文字通りの「完全」性――つまり男女両方の性をもつ雌雄同体だ。それはまだ双極的なシステムに染まっておらず、生と死の違いも、戦いと平和の違いもなく、男女の違いも硬軟の違いもない。そして、需要と供給の違いももちろんない。

エロス

現代まで伝わるエロスの人物像は、ヘレニズム以前のギリシャに起源がある。(3)　エロスとは、オルフェウス教やペラスゴイ人（ギリシャの古代先住民族）の伝承から生まれた愛の神であり、欲望や渇望の神でもある。神話によれば、夜の女神が闇の子宮に置いた銀の卵から生まれたエロスは、両性具有の性質をもち、金の翼を生やしていた。エロスは万物に動きをもたらし、大地と空を、そして太陽と月を作った(4)。だが、古代ギリシャ・ローマ時代になるとエロスは、弓矢をもった好色な少年に格下げされ、その矢は撃ちそこないがもとで愛情がらみの災いを引き起こすことになる。

古代オリエント地方の創造神話にも、始まりの部分で雌雄同体の存在が登場する。アグドス山に降ったゼウスの精液から生まれた両性具有のアグディスティスがそれだ。アグディスティスは成長するにつれ巨大に、そして強力になったため、神々に恐れられ、去勢された。切り取られた睾丸から女神のキュベレーが生まれ、陰茎からキュベレーの恋人となるアッティスが生まれた(5)。のちに「アスタルテ」として知られるようになるキュベレーは、古代世界の女神の中ではもっとも強い力をもつことになる。キュベレーの物語およびキュベレー崇拝は、小アジアの山々から遠くローマにまで広まり、ローマのパンテオンにはキュベレーが祭られた(6)。

インドには、アルダナーリーシュヴァラの神話がある。シヴァ・プラーナによれば、ブラフマーは、自分の創造したものたちが繁殖をしなかったため、世界の創造に行き詰まった。ブラフマーがシヴァに助けを求めると、シヴァは半分男、半分女の形であらわれ、シヴァとパルヴァティーに分かれた。そして女のパルヴァティーが多産の役目を受け持つことになった。

北欧神話は巨神ユミルとともに始まるが、このユミルもまた両性具有者として見ることができる。ユミルという名前自体、ラテン語、古代インド語、中期アイルランド語で「双子」もしくは「両性具有」という意味の語幹を想起させる。アイスランドの詩人、スノッリ・ストゥルルソンの『エッダ』に引用される『巫女の予言』には、ユミルが性的パートナーなしで繁殖できるという記述がある。ユミルの創造神話はエロスの神話に比肩する。「昔々、ユミルが生きていたころ、世界には何も存在していなかった」。そしてユミルは生命をもたらした。「言い伝えによれば、ユミルは眠っていると き、汗をかき始めた。すると左の脇の下から一人の男と一人の女が生まれた。ユミルが足をこすり合わせると一人の男の子が生まれた。こうして両の性が生まれ、〝霜の巨人〟と呼ばれる一族となった[7]」。

聖書に関連する書物にも、これと似た展開が見つかる。ユダヤのミドラーシュ[8]の解釈、つまり聖典トーラーをラビが解釈したものによれば、最初の人間アダムはひとつの体の中に男と女の両方が棲んでいた[9]。ミドラーシュのラバの創世記には、次のような記述がある。「神がアダムを作ったとき、アダムは両の性をもちあわせていた。神は〝それ〟を、両の側に二つの背中をもつようにこしらえた[10]」。だが、他のどの両性具有神話がユダヤの伝承に影響を与えたのかは、はっきりしない。

次にもちろん触れなければならないのは、プラトンの『饗宴』だ。『饗宴』はおそらく、これまでに挙げた両性具有神話をひとつにまとめ、ソクラテスらとの対話の中に挟み込んだ作品といえる。プラトンは対話の中にアリストパネスを登場させ、酒飲み仲間に向かって世界の起源について語らせている。

さて、まず初めに諸君の学ばなければならないことは、人間というものの本来の姿、およびその姿に起こった出来事です。というのも昔、私たち人間の姿は今と同じではなく、別の姿をしていたのです。第一に、人間の性別は三種類あり、現在のように男性女性の二種類ではなく、そのほかに、両性を等しくそなえた第三の種族がいた。このものの名前は今も残っていますが、そのもの自身はとうの昔に姿を消しております。つまり、昔々、男女両性者《アンドロギュノス》というものがひとつの種族をなし、形状的にも男女両性を等しくそなえて存在していたわけです。だが今日ではそれは、人を侮蔑する言葉にわずかにその名をとどめているほかは、影も形もありません。当時の人間は男性、女性、両性者のいずれも球状の形をしており、円い背と円筒状の横腹、四本の手、手と同数の足を持ち、円筒形の首には二つの同じ顔がのっていました。たがいに反対側を向くその二つの顔の上には、ひとつの頭をもち、耳は四つ、性器は二つもっていた。その他の点は、以上のことからご想像されるとおりです。さて、これら三種の人間はそれぞれ、今の人間と同じくまっすぐ立ったまま、どこへなりと望むところに歩いて行きもしましたが、とくに速く走りたいと急いているときは八肢を用い、くるりくるりと素早く進んでいきました。ちょうど軽業師が足を逆さに上空へ突き出し、回転しながらとんぼ返りをする、あの姿そっくりです。ところで太古の人間に、男性、女性、両性の三つの種類があったこと、そしてそれぞれが丸い形をしていた原因はほかでもない——男性は原初、太陽の裔であり、女性は大地の裔であり、男女両性者は月を分有していたからなのです。(11)

ゼウスはこの統合体を、男と女に真っ二つに割いた。アリストパネスはさらに続ける。

このように考えると、人間とは平目のようにひとつの全体から二つの半身に切断されたわけで、それぞれが半分のかけらのようなものなのです。ですから人は、いつも自分の半分のかけらを探し求めているのです。[12]

これらの物語や哲学的論考には、なぜ共通点があるのだろう？　後世に劣らぬ第一級の文明に属していた人々がなぜみな一様に、世界の誕生の瞬間を両性具有的に描こうとするのだろう？　現代の私たちの目には、これはたいへん奇妙に映る。だが、プラトンの言葉に表れている自分の片割れを、そして「完全性」を求める気持ちは、現代人が失ってしまった何かへの希求なのかもしれない。エロスの神話から読み取れるのも、同じものではないだろうか？

夜の女神が闇の中に卵を置き、そこからすべての生命の神が生まれたという前述の物語には非常に現代的な部分もある。宇宙物理学者のジョルジュ・ルメートルは、ビッグ・バンを「宇宙の卵」の爆発と表現した。むろんルメートルのそれは科学的な叙述だが、ひょっとして物理学者の無意識の中にはエロスの卵の記憶が眠っていたのかもしれない。

ビッグ・バン理論への脱線はここらでやめて、別の、おそらく同じほど信憑性のある理論について考えよう。性的な中立性を、対立や争いのない状態のシンボルとして確立するというごく自然な発想が、なぜ人類の幻想の世界では起こらなかったのだろうか？　性の分裂が起きた理由は神話により異なるが、分割された性は必ず敵対し、象徴的にも実際の争いでもギブ・アンド・テイクの取引をするようになった。それと同時に、物語の中には暴力が多く登場するようになった。

これについての非常に印象的な、そしてもっとも古い物語は、これまでに言及したいくつかの神話と同様にメソポタミアで生まれた。女神ティアマトと夫アプスーの生と死の伝説は、二つの性が分かれた後の調和を扱った物語だ。ティアマトとアプスーの二人はかつて、メソポタミアの天を支配する神だった。

ティアマトの墜落——自然と、言葉の魔力との対立

メソポタミアの神話によれば、大昔——世界に大地が生まれるよりもさらにもっと昔、存在するすべての神々を女神ティアマトが支配していた。ティアマトは星々と神々を生んだ。すべての生命は、ティアマトから生まれた。だが、ティアマトから生まれたたくさんの神々は騒ぎを起こすようになり、ティアマトと夫のアプスーはじきにそれを不快に思い始めた。二人は激しく不満を申し立てたが、神々は従わなかった。それどころか神々は、アプスーを殺害し、その体の中で最強の戦いの神、マルドゥクを生み出した。マルドゥクの作り出す風の力はほどなくティアマトを悩ませるようになった（マルドゥクが大風を起こすという言い伝えは、今も残っている）。

ティアマトは怪物の一群を率いて、マルドゥクと他の神々に立ち向かった。そして最後の戦いでマルドゥクはティアマトを圧倒した。だが、マルドゥクをティアマトの後釜に据える前に、神々はマルドゥクが本当にティアマトより強大かどうかをテストした。ティアマトにできたこと——つま

り、生命と奇跡を起こすこと――がマルドゥクにもできるかどうかを試したのだ。
そして彼らは中央に一枚の衣を置いた。
長子マルドゥクに、彼らは言った。
たしかに、おまえの運命はすべての神々の中で、もっとも崇高だ。
命令せよ。破壊を、そして創造を。そしてそれを実現させよ。
おまえの口から出た言葉により、この衣を破壊せよ。
そしてさらなる命令により、衣をもとに戻せ！
彼の口から命令がなされると、衣はぼろぼろに破壊された。
そしてふたたび彼が命令をすると、衣はもとに戻った。(13)

こうしてマルドゥクは天の支配者となり、ティアマトを殺害すると、その体から空と大地を作った。エーリッヒ・フロムはこの物語を、母権制が父権制に負けたことを比喩的に表すものと解釈した。(14)

だが、私たちにとって興味深いのはむしろ、そこで繰り広げられた争いの本質だ。それが表すのはつまり、ティアマトの体現する出産という自然の奇跡がもはや権力獲得への決め手にはならず、言葉で奇跡を成し遂げるマルドゥクのほうが優位とされたことだ。言い換えれば、生物学的に何かを生むことより頭脳で何かを生むことほうが上に立ったわけだ。

ユダヤ教やキリスト教の信者にとって、この「頭脳からの誕生」は、とくに目新しいものではないかもしれない。ヤハウェは言葉によって大地を創造した。マルドゥクと同じようにヤハウェもまた、思考によって破壊や創造を行うことができた[15]。聖書の冒頭、創世記の第一章にはこんな記述がある。「それから神は言われた。『光が生じるように』。すると光があるようになった。そののち、神は光を良いこととご覧になった。そして神は光と闇との区分を設けられた。そして神は光を〝昼〟と呼ぶことにし、闇のほうを〝夜〟と呼ばれた。こうして夕となり、朝となった。一日目である。次いで神は言われた。『水の間に大空が生じ、水と水の間に区別ができるように……[16]』」。

神はすべてを、言葉による奇跡を通じてなしとげた。そして言葉によってすべてに名前を与えた。これはとても重要な行為だ。何かに名を与えることで、それをもたらす力を得たからだ[17]。

ユダヤおよびキリスト教の文脈において、こうした言葉による創造はひとつの時代の変わり目を示している。人間の思考が変化し、思考の変化は生活を根本的に変えた。それをこれから見ていこう。

円的な人生と線的な人生

母なる女神ティアマトの伝承が残っていたはるか昔、人間は周期によって考え、周期に従って生きていた。人は生まれ、成長し、子をはらみ、子を産み、死に、ふたたび誕生すると考えられていた。そうした存在形式においては、食欲と睡眠と性欲という基本的な必要が満たされれば、進歩はほとんど必要にならない。人は循環的な人生に適合し、植物や動物とそれを共有していた。人間は、植物や動物とほぼ同列の存在だった。フランスの文化人類学者であり民族学者でもあるレヴィ＝ストロースは、これを「冷たい社会」と名づけた。[18]「冷たい社会」は宗教的な周期や天体の周期の中に、そして気象や植物の周期の中にすっぽりと埋まっていた。人間の秩序は細部まで宇宙の秩序と調和し、宗教や祭式の制度が秩序を作り上げた。こうした社会は「あらゆる変革への抵抗」を規範としていた。何であれ変革は、もろく困難な存在を揺るがす脅威であるからだ。

こうしたあり方は、定住型の生活が始まるとともに大きく変化した。開拓のために人々が定住し、町が作られるようになると、それまでの永久的な周期はただ従うためのものではなく、役立たせるべきものになった。夏至や冬至、月の満ち欠けの周期、四季ごとの星空の変化など宇宙に現れるしるしは、収穫や種まき、漁獲など至るところで人々を助けた。

新しい生活の形からは、新しい命令も生まれた。作れ。建てろ。刈りとれ。努力しろ。前もって考えろ。変化を目ざせ。そのために実験をし、失敗から学べ。学んだことを、成長の糧にしろ。レヴィ＝ストロースはこれを、進歩を目ざしてたゆまぬ努力をする「熱い社会」と呼んだ。バビロニアの都市神でもある前述のマルドゥクはこうした角度から見ると、天界の残忍な反逆者ではなく、原初の技術者かつ工学者になる。

ドイツの考古学者でありエジプト学者でもあるヤン・アスマンは、こうした概念にさらに二つの「クロノトープ」、つまり歴史の眺め方をプラスした。[19]ひとつ目はティアマトに体現される循環的なクロノトープだ。それは歴史を必要とせず、生と死のサイクルに組み入れられている。もうひとつのクロノトープは「線的」であり、レヴィ＝ストロースのいう「熱い社会」の歴史はこれにあたる。それは計画的で、先を見越し、物語の最後へと突き進む生き方であり、もっとたくさんのものを、生活圏の獲得を、資源を、権力を、幸福を求める生き方だ。商いをする社会——経済的な商いをする社会——は、その一種だ。そうした社会においては、新たな手段や需要が目ざすのは、単に必要なものを手に入れることではない。人々はより多くに到達しようと、より多くの努力をする。そのための道具として、商売や文化や戦争が使われる。聖書的な理解によれば、こうした線的なクロノトープの最後には報酬としての楽園と完全性が待ち受けている。(20)

「冷たい社会」から「熱い社会」への世界観の転換はどのように起きたのか、そして自然と合致した循環的思考はいかにして、線的かつ計画的な思考や取引に取って代わられたのかを考えてみよう。世界の中でもユーラシア地方の文明は、この、より高い価値や進歩を求める生き方を選び取った。だが、昔の循環的な生き方は忘れ去られたわけではなかった。

経済学の世界ではヨーゼフ・A・シュンペーターに、この循環的な古来の考え方に合致する記述がある。シュンペーターは、おおかたの経済主体には基本的に力動性はなく、あるのは新しい状況に対する「受動的適応」だけだと考えていた。彼によれば、経済主体は革新と根本的に敵対し、伝統に固執する。「社会共同体の構成員による逸脱的な行動はすべて、残りの構成員の不同意にあう」。群れから抜け出すことは、危険を意味するのだ。これは規律原則として非常に有効であり、シュンペーターには「快楽的取引の原則」と表現されたが、いっぽうで弊害も大きい。「もしもこうした傾向が経済を動かす力であったら、人間は今もなお、高床住居の域を脱していなかったかもしれない。おそらくそこから大きく離れてはいなかっただろう[21]」と彼は言う。

だがシュンペーターの理論には、先のマルドゥクと重なる人物像も登場する。それは、「創造的な改変」を追求してあらゆる社会的・心理的抵抗を乗り越えようとする稀有な先駆者だ。彼らは名声や経済的な力を求め、そのために多くを犠牲にするのをいとわない。「現代の産業界を形成した人々は、自分の引き受ける労苦と引き換えに十分な利益を確実に享受できるかどうかをくよくよと思い悩まない」とシュンペーターは言う。新しいものを目ざして努力する現代人こそがシュンペーターの考える企業家であり、彼はそれに英雄的な色づけをした。「行動する人は、すでにある需要や生まれかけている需要をそのまま追いかけたりしない。自分から市場に製品を押しつけにいく」。

シュンペーターの時代にはたしかにそれでよかったのかもしれない。だが、窮乏や欠乏の時代に進歩の原動力であったものは、現代の市場経済においてさらに急進的な原則と化し、ひとり歩きを始めた。そして現代の企業家は、製品の品質や使用価値は二の次で、マーケティングや広告宣伝ばかりを重要視するようになっている。創造性は下請け業者の手に移され、経営者は硬直した事業目標および「株主価値」の維持以外、未来の計画をもたない。彼らはシュンペーターのいう「快楽的に静止した経済」の保証人になりはて、利潤だけを進歩の目安とし、合理化と節減の強要によってシステムをじわじわと死なせつつある。

フロイトおよび、安心感への郷愁

ところで、こうした快楽主義的なシステムの陰には——経済学的な言葉でいえば——機会費用〔訳注：与えられた条件の下で最善のものを選択した場合、残された選択物［犠牲となったもの］の中の最善のものの価値をさす〕と呼ばれるものが存在する。それは、多くの人々が新しい生き方のために少しずつ手放したが、やはり取り戻したいと願っている、人生のさまざまな喜びだ。たとえば、自然や環境への深い理解や直感的な何か、家族のきずな、余暇、安らぎ、人とつながっている感覚などがそれだ。実際、人々がこうしたものに焦がれるのはきわめて今日的な現象だ。(22)

ジークムント・フロイトは『不気味なもの』という小論の中で、この安心感への郷愁を引き合いに出し、「原始的な」人々のアニミズム的世界を描写している。彼はそうした世界を貶めているわけではない。フロイトがたどり着いた結論は次のようなものだ。現代人の不安やノイローゼはこうした世界観に強く関連している。そして、おそらく気づかぬうちに人の精神生活を動かしている、ある種の憧憬にも関係がある。『不気味なもの』の中のノイローゼについての一節には、すべてを包む平和と調和への希求が認められる。それは、性の融合に調和を見出していた古代の人々とのあいだに強い類似性を感じさせる。

フロイトによれば、「不気味なもの」とは根本的には単純な情動が、抑圧を通して恐怖に変化したものだ。もともとの情動自体はかならずしもネガティブなものとは限らない。ポジティブな感情が、社会的コンテキストの中で望ましくないという理由で抑圧されているケースもある。たとえば、「男は強くたくましくなければいけない」という性的な概念をたたきこまれた男性は、温かいものや安全なものや柔らかいものに憧れる気持ちを抑圧する。抑圧された気持ちは、心の中にある別の場所から噴き出す。フロイトは次のように書いている。

男性の神経症患者が、女性の生殖器はなんだか不気味に思えると話すことは多い。だがこの不気味に感じられる性器は、人間のかつての故郷への入り口であり、誰もが人生の最初の時期を過ごした場所だ。「愛とは、郷愁だ」と戯れに言うこともある。夢の中で、「ここは知っているところだ、かつてここにいたことがある」と感じる場所や風景があれば、それは女性の性器や母胎を意味しているかもしれない。この場合には不気味なものとは、かつて慣れ親しんだもの、昔馴染みのものを指している。(23)

むろん、フロイトがすべてを性的に解釈することに異を唱える人もいるだろう。だがこの場合、性的な話よりもはるかに重要なのは、個人の心の中には対立するものが絡み合うように存在するという原則を知ることだ。硬は軟を求める。自分以外の人間（たとえば、妻や夫など）にではなく、自分自身の中にそれを求める。それを求めることができないと、人は精神的にも肉体的にも病む。

過酷な競争を旨とする社会に、先に述べたような憧憬は半永久的な葛藤をもたらす。それはたとえば、進歩と抑制のあいだの葛藤であり、無慈悲と慎重との葛藤であり、仕事への献身と家庭の利益との葛藤であり、競争的な思考と連帯との葛藤でもある。

私たちはしばしば硬と軟の両方を、社会の一員に求めることもあれば、経済に求めることもある。現代の英雄は、原則を順守するいっぽうで思いやりももち、野性味と親しみやすさを兼ね備え、危うさと確実性の両方を漂わせている。男性は優しい父親であるいっぽう、時には反逆者になり、出撃態勢を整えた勇者にもなれば、会社の戦士にもなる。こうした二面性は、男性が女性に期待するものにも影響する。これまで引用した神話にも見られるように、女性は献身的な母親であると同時に、性的に奔放な誘惑者でもなければならない。

こうした葛藤についての根本的な考えは、経済の専門化や仕事の分業という考えにも関連する。専門化の進んだシステムにおいては、市場は顧客のために、顧客の願望をいちばん広く満たす最良の人物を見つけ出す。こうした社会は私たちを甘やかし、スポイルする。そこに存在する原則は、一見完璧に機能している。

だが、市場に操られていない個人の生活でパートナーを探すとき、専門化のシステムは機能しない。人は利害の対立や不完全性がもとで何度も交換を繰り返すものだ。市場は表面的な知識だけを与え、矛盾など存在しないかのように、あるいは解決済みであるかのように人々に信じ込ませるが、私たちは結局最後には、事態はそう単純ではないという月並みな認識に至る。それでも人は繰り返し、こうした約束や希望的観測に目をくらまされる。

単純さと複雑さのせめぎあいは、個々人の中にも存在するのではないだろうか？　さらに言えば、すべての人間の中には変化を好む一面と嫌う一面が同時に存在するのではないだろうか？　私たちの内部では、欲望の自制と功名心との戦いや、自分や他人に対する厳しさと優しさの対立が起きているのではないだろうか？　あるいは、他者への敬意と自己卑下とが争っているのではないだろうか？

硬いアダム・スミスと柔らかいアダム・スミス

同様の対立は経済学の分野でも、偉大なる〝市場経済の生みの親〟アダム・スミスの著作に認められる。オックスフォード大学で数学とギリシャ語およびラテン語を学んだアダム・スミスの処女作は、社会哲学的な作品である『道徳感情論』だった。一七五九年に発表されたこの本は、社会における人間の行動を分析したものだ。これは、フランスの社会哲学者ピエール・ブルデューの言葉を借りれば、経済学の父であるアダム・スミスの「柔らかい」作品だ。

この本の中でアダム・スミスは、社会的に結びついた者同士の「共感」という概念を表している。この概念はとりわけ、当時革新的と言われていたトマス・ホッブズの哲学を批判していた。ホッブズの主張は、人間とはみな狼のような獣的な存在であり、王の強大な影響力がなければコントロールできないというものだ。(24)

だが、スミスはまったく違う考えをとった。人間は何かの圧力がなくても、たがいに仲良くやっていく能力があるというのがスミスの考えだった。彼は、「見えざる手」とみずから名づけた原動力について、初めてこの作品で次のように説明している。

人間には自然な利己心や飽くなき欲望があるが、それでも、自身の進歩による収穫を貧しい人々と分けあっている。見えざる手に導かれて人々は、生きるうえで重要な財産を分けあったり、意図も認識もしないまま、社会にとって利益になる行動をしたりしている。[25]

一七七六年に発表された経済学書『国富論』では、「見えざる手」の描写は大きく変化している。「見えざる手」の力は強くなっているが、それが実質的に大きな影響を及ぼすのは当時発展しつつあった資本主義に対してだ。

人はみな、自分の資本から最大の価値を引き出す有利な使い道を見つけ出そうと、つねに努力している。その際人は一般的に、社会の利益に役立ちたいとは考えていないし、どれだけ自分がそのために役立つかも知らない。人々の頭にあるのはあくまで自分自身の安全であり、自分自身の利益だ。だが、自分にとって何が利益かを考えれば、見えざる手に自然と導かれ、自分では意図していなかった目標を追いかけることになる。人は自身の利益を手に入れようと努力するいっぽうで、しばしば、自分で意図していた以上に社会の利益を効果的に促進しているのだ。[26]

この市場経済的な「見えざる手」は、道徳的観点から見た前述の「見えざる手」とは根本的に異なる。第二の「見えざる手」にとって人間は、隣人愛や思いやりを自然に志向する主体ではない。

人間はもはや第二の「見えざる手」の操縦者ではなく、不気味なシステムの中の利己的な――というより意志薄弱な――客体でしかないのだ。利他や善行は個人の素質というより、個々人には一見わかりにくい機械的なシステムに属する自動装置にはるかに近くなっている。

この第二の「見えざる手」の定義は資本主義の精神独特の冷たさをもつが、あるいはそれゆえにこそ人を魅了する。前述したピエール・ブルデューについても、その思想の人気は自然科学的な硬質さに原因があるのかもしれない。二五〇年以上も前から経済学はずっと、自身を硬く冷たいものとして見ようとしてきたのだ。

こう考えると、なぜアダム・スミスの「柔らかい」理論が忘れ去られたのか、理解しやすいだろう。アダム・スミスは国家や公的機関に「夜警」よりもはるかに重要な役目を求め、多く稼いでいる者に高い税金をかけるべきだと考え、教育施設やインフラを国有化すべきだと主張し、人間を無気力にさせる単純労働を害悪として非難した。だが、スミスのこうした見地について、言及がなされることはほとんどない[27]。偉大な思想家の没後、その主張がイデオロギーの構築に合わせて大きく歪曲されることがあるが、スミスはその代表的な例といえる。

スミス以外にも、たくさんの優れた経済学者が同様の目にあっている。フリードリヒ・アウグスト・ハイエクはその一人だ。ハイエクの著書『隷属への道』[28]は、成長資本主義の提唱者らによって、「国家による介入や計画はすべて、必然的に自由の没落につながる」という主張のために濫用された。だがじつはハイエクの本には、一般的な社会保障の義務や最低賃金や労働時間や労働保護の法律化など、「悪魔的な」要求が含まれていた(29)。

何かの知識が経済学に受容されるとき、そこにはひとつの原則が明らかに存在する。すぐれた経済学者の理論から、最大限有益なものではなく最大限過激なものを、最小限の知的労苦によって探し求めるというのがそれだ。そのため経済学におけるイデオロギー的原則は、知的には「もっとも過激で」、柔軟性は「もっとも低い」ものになる。合理的な世界にそれを強力に広めるには、先鋭と歪曲が必要だ。その最大の敵は、寛容や熟考の価値を知る人々だ。そこからは、経済学的イデオロギーの第一の犠牲者が誰であるかがわかるはずだ。

経済的症候群

これまで述べてきた「硬いアダム・スミス」と「柔らかいアダム・スミス」をふたたびひとつにすれば、あるいは「硬いハイエク」と「柔らかいハイエク」をひとつにすれば、問題は解決するのだろうか？　そのためには、「硬い」「柔らかい」のどちらであろうと、ただひとつの原則に支配される世界は存在を持続できないのだと、システムの提唱者に理解させる必要がある。政治はこれまでいつも、「硬い」経済システムに社会的なものや「柔らかい」ものを何とかして織り込んできた。だが、これからはどうだろう？　これまでよりもうまくそれを続けていくことが本当にできるのだろうか？　私たちの見るところ、「硬い」ものは何かに憑かれたようにどんどん硬く（そして最後、社会的に機能しなく）なる傾向があり、「柔らかい」ものはどんどん柔らかく（そしてやはり社会的に機能しなく）なる傾向がある。

二〇〇八年の危機からこれまでの歳月で示されたのは、私たち人間が経済的症候群の犠牲者になるということだ。人々を食い物にしているのは、今日の資本主義を形成する病的な兆候だ。たとえば、すべての資源を資本に変え、成長をもたらそうという衝動的欲求。そしてそのために原材料だけでなく、個人や市場参加者の労働と時間までをも処理しようという欲求だ。人々が進歩と思っているものはすべて、競争原理が生活に浸透することで生まれている。[30] 私たちの思う成長とは、身の回りのものすべてが商品化されることに、そして最終的には私たちの人格の一部までもが商品化されることに結びついているのだ。

コミュニケーションの技術はその一例だ。一世代前、いや二〇年前までは、人々のコミュニケーションには、たとえ独占化された分野においても、市場はほとんど絡んでいなかった。当時、コミュニケーションのためにヘルパーの存在は必要なかった。人間はこれまでの大半の時代、人と話すために電話もカネも必要としていなかったのだ。それが、今はこんなにも様変わりしている。今日では、他者とのコミュニケーションのおおかたは、マーケットの範疇で行われている。会話やチャットを成り立たせるために、私たちは毎日、たくさんの人々を必要とする。

コミュニケーションはもはや、二人の人間同士の行為にとどまらない。そのあいだには競争第一の巨大な市場が存在し、技術者やプログラマーや管理人や弁護士やＰＲやマーケティングの担当者など大勢の人がひしめいている。コミュニケーション技術は、溝を埋めることを専門化し、コミュニケーションを可能にすることで利益を生む良い例だ。だが、こうした溝はそもそも、作られたものなのだ。

マーシャル・マクルーハンの文章からは、スマートフォンがどのように人々の第二の耳になり、話すための第二の器官になったかがうかがえる。技術的に見れば、私たちは機械に向かって話しかけ、機械に耳を傾けている。会話の相手は、私たちが知っている相手のように聞こえるし、あるいはそのように見えるかもしれない。だが、実際には相手はそこにはいない。そうした用具一式がなかったら私たちは、自分が口もきけず耳も聞こえなくなったように感じるかもしれない。車がないと動けないと、多くの人々が感じるのと同じだ。

もちろん、人間にもともと備わった器官は昔も今も変わらない。だが、現代においてはその、十分であるはずのものが十分でなく感じられている。それ自体は必ずしも悪いことではないかもしれないが、そのためには、次の点をきちんと認識しなくてはならない。人間が何を売り、何を失っているのか、そしてスマートフォンであれ、市場であれ、当局であれ、自分の外にある機関に己がどれだけ依存しているかの認識がなくてはならない。そしてもうひとつ大切なのは、システムに一種のセーフガード措置をとらせることだ。システムは緊急指示を必要としている。システムから置いて行かれた者や専門化の動きに取り残された者を誰かが救済しなくてはならない。

こうした要求のいっぽうで、現実の経済は、躁とうつの繰り返しから独自の循環システムを作り上げ、生成と消滅の自然のサイクルを阻害している。システムに内在する競争原理は、生き延びるためなら他の市場参加者をつぶすことをいとわない。〝進歩〟は徐々に、過剰で非生産的な創造力や過剰な破壊を糧にするようになり、そこからは「生産のための生産」や「消費のための消費」や「新しい成長のための成長」が生まれていく。進歩から利益を得るというマルドゥクの神話はこうして呪いと化す。

こうした失調のすべては、システムの下層体系に無意識に現れてくる。この下層体系では循環を起こすためのエネルギーが、私たち人間によって作られている。次の章からはシステムの病理をひとつひとつ分析していく。まずは「攻撃性」から話を始めよう。

第3章

アキレウスの怒り——攻撃から競争へ

アキレウスは槍をひっさげ、鬼神のように怒り狂い、
敵を追い、殺した。黒い大地は血を流した。
馬どもは死体と楯をもろともに踏みしだき、
車軸の下方はことごとく血に塗られ、
車体をとりまく手すりも、馬どもの蹄からの血飛沫に打たれた。
車輪からも血が跳ね返った。
その間も彼は誉を揚げようと心はやり、敵へと向かった。(1)

英雄的精神と英雄的行為

先の文章は、どこかの流血沙汰を描いたものではない。ホメーロスによる名高い文学作品『イーリアス』の一節だ。ホメーロスは、ギリシャ人が小アジアに開いた商業都市スミルナの出身といわれる。(2)紀元前八〇〇年から七五〇年ごろのことだ。(3)『イーリアス』は、古代のとある「世界戦争」をテーマにした叙事詩で、欧米文化におけるもっとも重要な記念碑的作品のひとつだ。(4)ここに描かれているのは、トロイアの門前で繰り広げられた戦いの様子だ。

ホメーロスは六歩格というリズムを用いながら、怒りの物語を印象的に描き出している。若い妻に裏切られ、去られた、老王の個人的な怒り。支配者とその兄弟が引き起こす、制度にまつわる怒

り。同盟相手を援助するために行われる政略結婚。そしてさらに、冒頭で紹介したアキレウスの激しい怒りや血まみれの車の様子が描写される。

アキレウスは、トロイア戦争のギリシャの戦士の中でもひときわ功名心高く、きわめて印象的な人物だ。一〇年余の戦いでアキレウスは数え切れないほどの人間を殺した。以後無数の世代の男たちにとって、アキレウスは謎に満ちた人物になった。長身で、見目麗しく、直感的で、幼いころは女子のように柔和で、しかし、鍛錬によって復讐の天使のように残虐になった男。死のスペシャリストで、自身のつとめを着実にこなす男。そして自身の後世の栄光が殺戮によって──殺戮によってのみ──確実になることを知っていた男。

アキレウスはいったいどんな人間だったのだろう？『イーリアス』の第二〇歌「神々の戦い」でアキレウスは敵の腹を切り裂き、喉を切り裂き、頭蓋を打ち砕き、四肢を切り落とし、胴体に剣や槍を打ち込んでいる。憐れみは？　思いやりは？　彼の心の動きは謎だ。

　アラストールの子、トロースは膝に縋《すが》り、懇願した。
　もしや自分を赦し、生きたまま逃がしてはくれまいかと。
　ああ、なんと愚かな。そんな願いが叶うわけはないものを！
　両手で膝に縋りつき、懇願しようとしたトロースは、
　短剣で肝を一突きにされた。(5)

ジュネーブ条約にもとづけばアキレウスは完全な戦争犯罪者(6)であり、心理学的に解釈すれば、そ

の性格にはサディズムと悪質なナルシシズムと死体嗜好が混在している。(7) にもかかわらずアキレウスはきわめて魅力的に見えるらしく、芸術家や文筆家や映画製作者によって幾度も繰り返し、作品の題材として選ばれてきた。

最近では、ウォルフガング・ペーターゼン監督、ブラッド・ピット主演で、ハリウッド版歴史映画『トロイ』(二〇〇四年)が撮られている。ホメーロスの叙事詩はこの映画で、恋模様を織り込んだお涙ちょうだい型の戦争物語に変貌しているが、ある一点に関しては、監督は原作に忠実だ。それは、戦いの場面の残虐さだ。この映画は五億ドル近い興行成績をあげたという。いうなれば、ホメーロスから二七〇〇年が経った今も、あいかわらず流血ものはよく売れるということだ。

なぜそうなのだろう? アキレウスのどこが人々を感嘆させるのだろう? 攻撃性の、そしてサディズムの性質とは何なのだろう? 何がそれらを魅力的にしているのだろう? そして、競争原理の社会の中で攻撃性はどのように働くのだろう? どんな被害がもたらされるのだろう? この章では暴力の制度化について検証し、それがさまざまな社会形態の中にどのように定着したか、そしてサディズム的なロールモデルや人物に私たちがどれだけ依存しているかを考えていく。フラストレーションによる行動や攻撃的な行動についても検証する。さらに、時間不足と攻撃性との関連や、経済的攻撃性の根底にある、力とスピードの崇拝についても論じていく。だがまずは、攻撃や、とくにサディズムが人間の心理にどのように根を下ろしているかを知らなければならない。

フロイトと、アキレウス的衝動

ジークムント・フロイトは、性的ではないサディストの人物像をアキレウスのような破壊的な戦士と結びつけて考えた。フロイトによれば、戦争とは「文化をはぎ取る装置」だ。戦争は、文明的だと思われている人間を原始的な状態に引きずり下ろす。そして国家を、欺瞞に満ちた嘘の生産者に変える。国家は人の命を守るよりも、殺戮と略奪を説き、それを人々に実行させるようになる。そうして世界は野蛮な攻撃に満ちた戦場に変貌する。「戦争はよそ者を敵として示す。そしてその死を願い、その死をもたらすように説く。戦争はわれわれに、愛する人の死を無視せよと説く……われわれはよそ者つまり敵の死を賞賛し、まるで未開人のようにすすんで、何の考えもなく、敵に死をもたらそうとする(8)」。

『人はなぜ戦争をするのか』の中で、フロイトは次のように書いている。「人間の歴史は殺戮に満ちている。今も子どもたちが学校で学ぶ世界史は、本質的に民族の殺戮が連続する歴史だ。人間は原初の時代から、ある暗い罪悪感を抱き続けてきた。これは多くの宗教において原初的な罪、つまりは原罪が存在するという想定に凝縮されている。この罪悪感はおそらく、昔からの血の罪に対する感情の表れなのだろう(9)」。

攻撃と闘争のあいだ

動物行動学者のコンラート・ローレンツは、フロイトに付け足すようにこう主張する。[10] ローレンツは灰色雁という鳥の研究をもとに、人間も争いの際には「逃走」と「闘争」のどちらかの反応を選ぶのではないかと考えた。この理論は広く人口に膾炙した。その理由はおそらくローレンツの理論が、「人間の選択肢は、闘争と逃走のどちらかだ[11]」という空疎ではあるが、わかりやすい言葉に凝縮されているからだ。

だが、単純なものや宣伝文句的なものは解決にはならない。むしろその逆だ。とどのつまり、それは何も説明してはいないからだ。先のローレンツの例からは、もっとも重要で、もっとも人間的な葛藤反応が忘れられている。それは、あらゆる手本に逆行するようではあるが、逃走でも闘争でもなく、降伏すること、あるいは危険をたくみに乗り切ることだ。人間は、あまりに事態が極端になる前に折り合いをつけ、なんとか平和にとどまることもある。経済はどうなのだろう？ 経済のシステムは、「勝利と敗北」や「利益と損失」のあいだに存在する微妙なニュアンスを理解するのだろうか？ もし理解しないとしたら、それはなぜなのだろう？ もう一度ローレンツに戻って、次の問いかけをしてみよう。攻撃とは何を意味するのか？ そして、攻撃性は個人の中で何を引き起こすのか？

緩和的攻撃と欲求的攻撃

攻撃は最大の防御だと言われる。攻撃には、「オフェンシブ（攻撃的）」だけでなく「ディフェンシブ（防御的）」なものもある。人間は、他の人間や事物を害することで、自分にとって不快な状況を終わらせたいと願うことがある。恐怖が原因の場合もあれば、負の感情の高まりを解消するために計画的になされる場合もある。[12] 現代の心理学はこれを「緩和的攻撃」と呼ぶ。

勇士アキレウスのケースがまったくこれと違うことは、すぐに理解できる。アキレウスは、恐怖を避けるために攻撃をしたのではない。恐怖という感情は、アキレウスには無縁だ。それよりも彼にぴったり合うのは「欲求的攻撃」だ。これは、他人を害することでポジティブな気持ちを抱くという現象だ。この場合、攻撃は行動の手段であり目的でもある。たくさんの損害を与えればそれだけ快感は大きくなる。[13] これはサディズムの特性だが、この点についてはまた後で語ろう。

これら二つの攻撃のタイプは、根本から異なっている。「緩和的攻撃」が緊張を引き下げるのに対して、「欲求的攻撃」は緊張を引き上げる。そして、後者による破壊のポテンシャルは前者に比べて非常に高い。欲求的攻撃者はあまりに大きな破壊欲ゆえ、それを止められないという危険に陥りがちだ。

実際の暴力行為において、両者は融合していることもある。フーリガンやその他の暴力的集団を対象にした研究からは、それが見てとれる。こうした集団は、他集団との暴力対決が起きる状況を意図的に追い求めている。取り決めの上で抗争が行われることもある。ふくれあがった社会的緊張感、フラストレーション、怒り、そして憎悪は暴動が始まるといったん弱まる。そして相手に暴力をふるううち、今度は集団的な自尊心が増大していく。

フーリガンは心理学者に、抗争のときの気持ちを次のように説明している。ある男は、対決の前に「強い恐怖を内心感じる」と話した。「気が立って、一五分のあいだに三回も小便に行ったりする。始まる瞬間までは、ものすごくいらいらした気持ちが続いて、何をしてもおさまらない」。この「先行パニック」は攻撃的な態度の一種で、高いレベルの不安を克服しなければならないとき、出口を求めて作動する。このプロセスを無事に通り抜けると、回答者が「暴力のトンネル」と呼ぶ精神状態が訪れる。物音は大きく聞こえ、現実はスローモーションのようにゆっくり認識される。[14] 敵が屈伏したり逃げたりすれば、それまでの不安はすべて消える。この瞬間から、攻撃の性格は「防御性」から「欲求性」に変化する。

あるフーリガンは、「相手をいつまでも殴りつけて」いるときの酩酊感をこんなふうに表現する。「緊張感はない。そして、なぜか笑ってしまう。相手に殴りかかるたび、僕の顔にはにやけ笑いが浮かんでしまう。相手のめちゃめちゃになった顔には、恐怖と困惑と懐疑の表情が浮かんでいる」。

この「欲求的攻撃行動」こそが、人間とほかの動物とのちがいであり、人間をどの種よりも危険な存在にしている。コンラート・ローレンツも同じ見解だ。ローレンツによれば、他の動物はいちばん恐ろしい猛獣ですら、盲目的な破壊欲を爆発させることはない。動物たちにはそれを防ぐ本能的な抑止力がある。

欲求的攻撃行動の特徴のひとつは、おそらく万人がその当事者になりうることだ。非常に繊細なインテリですら、凶暴な破壊者に変貌しうる。作家のトム・ウルフはミュンヘンのオクトーバーフェストで乱闘事件を起こし、自身も大怪我をしたが、何人かに重傷を負わせた。自分の向かいにいた男を拳で殴ったウルフは——本人の回想によれば——「勝ち誇って」、テントの外に出た。だが、相手の仲間がウルフに追いつき、殴り合いが始まった。「僕は血まみれになりながら、何とかけりをつけなければと、それればかり考えていた……あのままでいたら、相手の息の根を止めてしまっていたかもしれない」。

ウルフが描写しているのは、極端な形の〝無我夢中〟だ。こういうとき、長年の教育でつちかったはずの自制心はどこかに放逐され、攻撃欲が全開になる。この「盲目的な」暴力と「盲目的な」逃走には、行動上、非常に似た点がある。どちらの場合も当人にとって選択肢がひとつしかないことだ。盲目的な攻撃も逃走も、根本は一神教的だ。盲目的な逃走は、まだ何も起きていないところを、あるいは起こりそうにないところを一目散に目ざす。かたや、盲目的な攻撃が一目散に向かうのは、何かがすでに起きている場所だ。攻撃者は自分を囲む不確実性の中で、「少なくともひとつのこと」を確実にしたいと望む。それは「自分が」物理的もしくは精神的に、あるいはその両面において支配者であることだ。その願望を阻むあらゆるものを彼らは情け容赦なく破壊する。

高い使命——暴力の制度化

攻撃はとりわけその致死的潜在力ゆえ、法律や儀式や制度の配下に置かれてきた。破壊行為は上からの命令や社会的な必要性に従って行うものになり、攻撃に長けた人はほかの人々より社会的に高い評判を得た。「英雄」はこうして生まれた。[15] だが、彼らがふつうに行うのは、戦場以外の世界では厳しい処罰の対象になる行為だ。戦場では「殺せば、おまえは崇められる」が、戦場を離れれば「殺せば、おまえは自分の命を失う」のだ。

世界最古の法律といわれるウルナンム王の法典（紀元前二一〇〇年）にも、それは示されている。シュメール人のウル第三王朝を開いたウルナンムは、石碑に四〇の法律を刻ませた。それによれば、殺人者は死刑に処せられる。「他人を殺した者は、自身が殺されなければならない」。

攻撃や暴力という行為はこうして早い時期から、社会の価値を決める王や宗教や部族の指導者などの権力に従属してきた。そして権力者は巧みな誘導を通じて暴力や攻撃を、社会を治める効果的な道具にした。それらは拡大志向の社会に適したものであり、その社会の規範はゲームやスポーツから戦争に至るまで名誉心をもとに形づくられた。人々はもっと速く、もっと高く、もっと遠くへ、を志向する。それがつまり、競争や競合による社会ということだ。[16]

トロイアと競争の土台

ここで、ティアマトとマルドゥクの物語を思い出してほしい。ティアマトを追って王座に就いたマルドゥクとともに始まるのは、先の「もっと速く」「もっと高く」「もっと遠くへ」をモットーにする新しい文明だ。[17] それは徐々に「硬さ」を備え、線的な歴史観をもつ「熱い」社会に属するようになる。こうした社会は、ある面において大きな進歩を生み、あらゆる文明的な快適さをもたらした。だが、そのために支払った対価は少なくなかった。そうした社会の根本方針を実現するにはエネルギーが必要であり、人的資源やそれ以外の天然資源を含め、資源の搾取が必須だからだ。そうした資源を獲得するには、「努力」「功名心」「明確な目的意識」が前提として必要だ。

こうした文化哲学的な視点から見ると、攻撃についての概念はさらに広がる。たとえば、創造はすべて破壊行動に、そして既存の構造への介入に結びついている。そうした介入の結果、構造は新しく組み直される。一見するより、これはとても重要なことだ。なぜならこの創造の力は貪欲さを内包しているからだ。マルティン・ハイデガーの次の文章には、このことが非常に印象深く凝縮されている。「暴力的な者、創造者、いまだ語られていない何かに向かい、考えられていない何かに踏み入り、まだ起きていない何かを生起させ、まだ見られていない何かを見えるようにさせるこの暴力的な者はいつも冒険の中にある……だから暴力的な者は（ふつうの意味での）慈愛や和解を知らず、成功や威信や威信の立証によって慰撫《いぶ》や安心を得ることがない……暴力的な者にとって、圧倒的な何かに対するもっとも深く広い肯定は、没落である……だが、日常や習慣に絶えず押し寄せるしがらみに背を向け、こうした本質的な決断を実行し、持続するには、暴力が必要だ。存在者の存在に至る道へこのように決然と向かう暴力行為は、人間を、近しいものや慣れ親しんだものから外へと押し出してしまう(18)」。

こうした貪欲さは、ゲーテの『ファウスト』のメフィストフェレスの台詞に、もっと詩的に表現されている。悪魔メフィストフェレスは知恵を働かせ、神の邪魔だてをしようとする。神は、自身の「忠実な僕《しもべ》」であるファウストが「賢明さを希求し」、知識や進歩を手に入れようと努力するのを見て、ファウストを明断な道へ導こうとする。メフィストフェレスは当然ながら、ファウストの――そして人間の――精神の性質を違うふうに見ている。創造主である神よりははるかに懐疑的な目で、メフィストフェレスは人間を見ている。

あの馬鹿どもときたら、この世で飲み食いするだけでは飽き足らない。
胸からふつふつと沸き立つものが、やつらを遠くへと駆り立てる。
自分がいかれていることに、やつらも半ば気がついている。
天上からは、いちばん美しい星を手に入れたいと願い、
地上からは、最上の快楽を手に入れようとする。
そのくせ、遠いものだろうと近いものだろうと、やつらの望んで得たものが

その胸の波風をしずめたことは一度もないのだ[19]。

ゲーテによれば人間はファウストと同じように、意志、願望、努力、到達のあいだに閉じ込められている。新しい願望を実現するには、力と資源が必要だ。だが、良い助言を得るのにカネがかかり、しかもそもそもの資金が乏しければ、人は、祖先がある格言に封じ込めた行動形態に走るしかなくなる。「盗んではいけないなら、どこから取ってこいというのだ?」。盗み取ることは、進歩のための努力の最終手段であり、人間の視野を大きく狭める行為だ。それは概念的な攻撃を暴力につなげ、その現象形態である戦争や略奪、窃盗、抑圧、奴隷化、そして搾取などを引き起こす。

そうした視点で見ると、『イーリアス』においてトロイアの町が資源および犠牲者の役目を果たしていることが容易にわかるだろう。ダーダネルス海峡近くに位置するトロイアは古い昔から、地中海と黒海を、そしてヨーロッパとアジアを結ぶ交易の要地だった。『イーリアス』の中で、トロイアを巡る争いに当時の国々がみな参加したのは当然のことだった。全ギリシャ人はアカイア人の側につき、ヌビア／エジプト人、エチオピア人、リュキア人、そして黒海沿岸の民はトロイアの側についた。これは、ギリシャの覇権に対するトロイアの国際性の戦いとも見ることができる。

恋に狂ったトロイアの王子パリスと絶世の美女スパルタのヘレナを巡る伝説は、こうした関連性の中で、ギリシャの軍事行動の真意を隠す口実や添え物程度の役目しか果たしていない。ギリシャの意図は、当時の世界でどこよりも豊かな都市を征服し、略奪し、地中海世界の覇権を握ることにあった。軍事的な覇権を握り、海の覇権を握り、そしてその結果、市場《しじょう》の覇権を握ることを彼らは目ざしていた。亜麻布に麻、干し魚、中国産の翡翠、小アジア産の染め物、ヒマラヤスギ、黒海沿岸からもたらされる金銀、鉱石、武器や陶器——こうした財宝を手中におさめることが、戦争の本当の目的だった。

『イーリアス』の文言そのものにも、略奪物と所有物を巡る争いがもっと原始的なレベルで運命論的に描写されている。戦争を引き起こしたのは、(ヘレナという)人間の略奪品だった。そして人々に戦争を続けさせ、陰謀や殺戮へと絶えず駆り立てたのは、獲物や保有物だった。それを顕著に表すのが、捕虜を巡ってアキレウスとアガメムノンが繰り広げる争いだ。トロイアが所有していた財産は、いっぽうで攻撃者を団結させもした。

このようにホメーロスは、メソポタミアの都市国家に端を発する古代の歴史物語を『イーリアス』の中に織り込んだ。それは、軍事的支配と経済的支配を土台にした文明の広まりを描写しているともいえる。

そのほかの神話でもこうした、世界に秩序が誕生する様子は描かれている。たとえば古代ローマの詩人オウィディウスは『変身物語』の第一巻冒頭で、農民や定住生活者の描写を行い、これを「銅の社会」と名づけた。銅の時代の種族は「気質がたいへん荒々しく、ためらいなく残忍な武器を手にとったが、罪深くはなかった」。

そして次に、大転換が起きた。

最後は、固い鉄の時代だ。さらに質の劣ったこの時代には、たちまちあらゆる悪行が押し寄せ、恥じらいや、真実や、信義は逃げ去った。かわりに、欺瞞、奸計、陰謀、暴力、そして忌まわしい所有欲がやってきた[20]。

恐ろしい時代に見えるだろうか？　だが、進歩というものの性質をじっくり見れば、イーリアスもその王宮も、英雄と神々の世界も、みなこの「鉄の時代」に属していることがわかる。進歩とはそういうものだ。この時代に船の航行技術を発展させたのは――オウィディウスの言葉を借りれば、「風についてまだよくは知りもしないのに、吹く風に帆をあげた」のは――ギリシャ人だった。人間はさらに地下の資源にまで手を伸ばした。そして「今や、有害な鉄と、鉄よりも有害な金が出現していた。そして戦争が発生した[21]」。

唯一の暴力？　必ずしもそうではない

ここで次の疑問が浮かぶ。「鉄の」社会は、社会が発展するうえで可能な唯一のシステムなのだろうか？　もちろんそんなことはない。心理学者のエーリッヒ・フロムは、これに対する答えを人類学的な研究をもとに提示している。それは、マーガレット・ミード、ジョージ・ピーター・マードック、コリン・M・ターンブルが三〇以上の人種や民族を対象に行った調査だ[22]。フロムはそれをもとに、人間の社会をA、B、Cの三つに分けた。

A型のシステムに含まれるのは、生に肯定的な社会だ。その社会の理想や慣習や制度は、人々の生活の保持と発展に役立つように作られている。敵対行為や暴力という形での攻撃は、そうした社会にはごくわずかしか存在しない。厳しい罰も、犯罪も、ほぼ存在しない。組織的な戦争はまったくない。肉体的な懲罰も存在せず、子どもは周囲からやさしく扱われ、男性と女性は最大限に同等の扱いを受ける。こうした社会にはもうひとつ、共通する特徴がある。それは、財産というものが存在しないことだ。個人的な財産はたいていの場合、道具類だけに限定されている。

こうした社会が経済的に存在するための基盤は、共有財産にある。ここでひとつ理解してほしいのは、全般的な生産形態からは、その社会がどの型かを占えないことだ。A型の社会の中にも、狩猟で資源を獲得するケースもあれば、農耕に資源を求めるケースもある。牧畜に頼るケースもある。ズニ族やプエブロ族などのネイティブアメリカンやアラペシュ族やバトンガ族、そして北極圏に住むエスキモー[23]やアンゴラ中西部に住むムブンドゥ族も、こうしたA型の社会に属する。

B型の社会にもまだ破壊活動や残虐行為の影は及んでいない。だが、人々の信頼感や親切心の度合いは大幅に減少しており、フロムによれば「こうした社会を支配するのは一種の根本的な攻撃性だ。それは男性的な攻撃精神や個人主義によって、また、何かを手に入れたり使命を全うしたいという願望によって貫かれている[24]」。こうしたタイプに属するのは、グリーンランドのイヌイットやサモア人、ネイティブアメリカンのダコタ族、マオリ族、インカ族やホッテントット族などだ。

C型の社会には、攻撃、戦いの喜び、そして相互の争いが浸透している。フロムによれば、この社会では「日常的に激しい競争が行われている。個人の財産は非常に重要な役割を果たす。社会には厳しいヒエラルキーが存在し、戦いが頻繁に発生する」。こうした社会に属するのは、アステカ族、ドブ族、クワキウトル族、ハイダ族、ガンダ族などだ。フロムはこうしたCタイプの社会のシステムを「破壊的で、サディスティック」と呼ぶ。

ここからはおそらく、次のような推測が成り立つ。ひとつ目は、「攻撃とは、人間の衝動であるかもしれないが、いっぽうで、社会の力をコントロールするための社会的手段でもある」こと。二つ目は、「攻撃性は明らかに、財産や個人の努力に強く結びついている」こと。三つ目は、「資本主義的社会は秩序としてC型システムに属する。そしてC型のシステムは物質的に最大の成功をおさめる」ことだ。争いは、競争原理にもとづいて起きる。競争の語源であるラテン語の「con-currere」はスポーツの戦いに由来する言葉で、「ともに走る」という意味だが、ゴールには勝利か敗北のどちらかが待っている。フロイト流にいえば、戦いの最後には欲求不満か、リビドーの充足か、そのどちらかが待っているのだ[25]。

だが、競争型社会のこうした臨戦態勢的な状況は、人々の心理にどのような影響を与えるのだろうか？　心理学の知識によれば、欲求不満（フラストレーション）とは、攻撃を引き起こす主要な原因のひとつだ。この結論は、フロムが行った民族間の比較からも確認された。問題は、競争についてのこうした理解が、人類学の調査対象だけでなく私たちの社会にも当てはまるかどうかだ。これについては、興味深い研究が社会学や社会心理学の分野で行われている。そこからいくつかを選んで紹介する。

まず初めは、ゲームを題材にしよう。ゲームの小さな画面からは、大きな社会的世界を「学ぶ」ことができる。

遊び半分から攻撃に

二〇一一年に、「デッド・スペース」というアクションホラーゲームが大ヒットした（訳注：アメリカでの発売は二〇〇八年。日本では未発売）。プレイヤーは登場人物を操り、出会ったゾンビをヴァーチャルのレーザーメスでつぎつぎ虐殺する。メーカーの謳い文句によれば、これは「戦術的切断作業」を行うためのメスだ。ゲームの目的は、「血みどろのホラー劇を体感すること」だという。

このゲームをした子どもたちは、大量虐殺者になるだろうか？　もしそうだとしたら、犯罪発生率はすさまじく上昇したことだろう。ただ、原因は「デッド・スペース」だけではないはずだ。アメリカの子どもは五歳から一五歳までに、ディスプレイやスクリーン上の暴力シーンを通じて平均で一万三〇〇〇人と対決している。テレビで放映される映画の八割には、肉体的な暴力シーンが含まれている。(26)

子どもがゲームの中で積極的に破壊行為にいそしんでいたら、どんな影響が生まれるのだろう？ドイツで二〇〇三年から電子ゲームの市場を対象に行われたある調査によると、人気のゲーム六〇種のうち四〇種において、暴力がゲーム内容の非常に大きな割合を占めていた。(27)ゲームの世界では、暴力の行使はボーナスポイントで報いられる。プレイヤーが次のレベルに進めるかどうかは、攻撃的な行為をゲーム上でどれだけ行えるかにかかっている。暴力行為に対する罰は、たいていの場合（九八パーセントのゲームにおいて）行われない。暴力と攻撃はこのように、成功を確実に手に入れるための手段と化している。こうした行動を子どもは早い時期から遊びを通して習得していく。

ゲームの利用者である若者たちへの質問から、なぜ彼らが暴力的なゲームを魅力的だと感じるのかが明らかになっている。若者たちはゲームに「刺激的な作用」があると信じている。ゲームは彼らにとって、ものを破壊し、社会の規範を破っても何の制裁も受けずにすむ世界だ。さらに彼らは、暴力的なゲームには実際の暴力を減らす作用があると考えていた。だが、本当にそうなのだろうか？

六万一〇〇〇人余の参加者からなる二〇〇六の調査を概観したところ[28]、攻撃的なゲームを行ったプレイヤーは攻撃的でないゲームをしたプレイヤーに比べて、ゲーム終了後に短期間ではあるが、肉体が興奮状態になり、精神的にもイライラやストレスを感じていたりした。いっぽうで、他者に共感するようなふるまいは減少し、親切心も低下していた。その種のゲームをした後では、社会的に行動しようという意欲も減退し、補足的な任務を進んで引き受けようという気持ちは少なくなっていた。

さらにもう一点だけ、言及しておきたい。ゲームに関するというより、情報および社会に関することだ。一九六〇年代にアメリカの社会学者たちが、ある長期的な調査を行った。彼らが観察したのは、シカゴのある区域の犯罪発生率の推移だ。シカゴではちょうどその時期、急速にテレビの普及が進んでいた。そして調査の結果から、財産がらみの犯罪率がテレビの普及に合わせるように、明らかに上昇していることがわかった。研究者らは、原因をテレビのコマーシャルにあるのではないかと見ている。もっと良い暮らしをしたいという人々の欲望や願望が、テレビのコマーシャルによって急激に増大したというわけだ。[29][30]

成功のための攻撃

だが、ここでは市場経済全体について、そしてその原理にひそむ攻撃的なシステムについて話をしよう。こうしたシステムをひとつにまとめ、うまくいかせている〝接合材〟が、名誉欲と競争であることは明白だ。社会的・経済的な力の隆盛と衰退は、これらにもとづいて起こる。万事は「速ければ速いほどよい」。根本において重要なのは、時間とスピードだともいえる。

この問題には、ある社会学的調査との明白な類似性が認められる。人間はプレッシャーを感じているときや時間に追われているとき、攻撃的になりやすい。[31] 時間がないときほど、そして多くのストレス要因にさらされているときほど、人は簡単に激怒する。個人の時間が制限され、すべてを短い時間で行わなければいけなくなると、人間の行動はより攻撃的になるのだ。

前に述べた循環的（自然的）もしくは線的（進歩的）な生活様式について改めて考えると、線的なシステムの進歩はとくに、何かにかかっていた時間の短縮によって成し遂げられていることがわかる。何かを短時間で作り上げること。情報を速く伝えること。より速く遠くに到達すること。所要時間という変数はつねに変化する。

しかし、万事が時間の短縮を第一に、あるいは時間あたりの生産高という合理性を第一に進められるようになると、利益と損失についての経済的な計算に「時間不足は攻撃性を生む」という影の要素が付随してくる。攻撃もしくは自動的攻撃による損害が人間の精神の耐えうる限度を超えると、たとえ進歩が手に入っても、人は抑うつ的な精神状態に陥ったり、燃えつきなどの症状に見舞われたりする。進歩のためには、一種の心理経済的な限界値を考慮しなくてはならない。どんなに良いものを生産しても結果がネガティブになるという限界値が経済には存在し、その線を越えると生産物の有用性は疑問視されることになるのだ。

動的な勇者——時間を破壊するイデオロギー

時間短縮の原則に従ったイデオロギーは、たやすく見つけることができる。未来派（訳注：過去の芸術の徹底破壊と機械化によって実現された近代社会の速さを称える芸術運動）のイデオロギーはそのひとつだ。これは、技術の進歩こそが、社会に対して人間が与える祝福だという考えだ。未来派において、技術の進歩が意味するのはただひとつ、「動力を高め、速度を高める」ことだ。このシステムの中には、攻撃性が随所に認められる。戦闘的な語彙にもそれが表れている。フィリッポ・トンマーゾ・マリネッティが起草した未来派のマニフェスト『未来派宣言』には、次のようなくだりがある。「美とは、戦いの中にのみ存在する。攻撃的性質のない作品は、傑作たりえない。詩とは、未知の力に対する暴力的な攻撃として解釈されなければならない。それは、未知の力を人間に屈服させせんがためである。時間と空間はすでに死した。われわれは完全性の中に生きている。なぜなら、われわれはすでに、永遠的で偏在的な速度を作り上げたからだ[32]」。

『未来派宣言』の二番目のヴァージョンでは、マリネッティはさらに踏みこんでこう言っている。「古くなった善を破壊し、古くなった悪を破壊して初めて、われわれは新しい善と悪を創造できる。新しい善とはすなわち速さであり、新しい悪とは遅さである」。

未来派の世界観は次の文章に凝縮されている。「戦いとは誉むべきものである。戦いとは、世界の唯一の衛生法である」。

『未来派宣言』には、硬い原則がやや倒錯した形で浮き彫りになっている。そこに込められた「速さは、あらゆる行動の勇気の統合であり、攻撃的・戦闘的である」という考え、そして「遅さは、あらゆる停滞的な用心の分析であり、消極的・平和的である」という考え方は、現代の人々の思考に過剰に影響している可能性がある。たとえば、現代の英雄とされる人々の中になぜこんなに多くのパイロットやレーサーや宇宙飛行士が含まれるのか？　ファシズムを信奉し、ベニート・ムッソリーニとともに破滅したのは、動的な英雄を敬愛するマリネッティのような人物だったことを言い添えておこう。

市場と資本の攻撃性

スピードのあるものは優位に立つ。それは世界経済でも――いや世界経済にこそいえる。経済において重要なのは、市場の支配だ。前述のような〝動的〟な経済のシステムは一種の権力再分配機構だ。それは競争を最大の武器に、攻撃を通じて優勢を獲得するシステムだ。こうしたシステムにとって、「Speed kills（スピードは危険だ）」という考えは異端だ。あるいはそれは、未来派の信条の冒涜とすら言えるかもしれない。

こうした権力配分の形を系統的に解明した経済学者の筆頭は、アルゼンチンのラウル・プレビッシュだろう。プレビッシュはドイツ人のハンス・ヴォルフガング・シンガー(33)とともに、南北間の発展の不均衡について理論を打ち立てた。発展の不均衡は、市場の成長能力の差という形で表れてくる。

これについて解説するために、まずは世界経済の現状から説明しよう。世界の平均的な価値創造額は、一人あたり年間八三〇二ドルになる。男性も女性もみな、それだけの額を一人ひとりの人々が創出している。なかなか悪くないように見える。だが、世界のすべての人々が労働で同じだけの額を稼いでいるわけではない。ヨーロッパにおいては、一人の労働者が平均的に産出するモノやサービスの価値は年間で三万三八八四ドル。北米は四万四〇〇〇ドル。いっぽうアフリカ諸国の平均は一四〇五ドルだ。先進国の住民は、途上国の住民の三〇倍から四〇倍も生産的だという計算になるのだ。

この不均衡の逆転は可能だろうか？　貧困の消滅を国連が政治的に約束しても、おそらく実現は困難だろう。それは前述の価値創造と投下資本に関係がある。国連の貿易組織ＵＮＣＴＡＤの統計によれば、先進国における国民一人あたりの投資額は一九八〇年から現在までに二三倍になっている（一人あたり一万二〇〇〇ドル以上の増加）。いっぽう、発展途上国ではわずか九倍どまりだ（一人あたり九〇〇ドルの増加）。投資をもとに実現する価値創造は、豊かな北側諸国では他の貧しい地域に比べて二倍以上の速度で成長する可能性もある。世界の貧富の差は収束するどころか、拡大する傾向にあるのだ。

この点について、前述の経済学者プレビッシュとシンガーはこう主張している。地球規模の競争は、発展途上国の不利益になるように組織的に変化する。というのも、途上国が後れをとっているのは投資の面だけに限らないからだ。途上国は、加工された高価な製品を輸入するために、安い原材料を輸出しなくてはならない。プレビッシュとシンガーの「交易条件理論」から何点かを紹介しよう。

1．発展途上国の原材料輸出部門は、輸入部門に比して低速で成長する。そのため、途上国の経済全体はゆっくりと成長する。

2. 輸出の拡大は歳入の増加につながらず、逆に、供給過多を通じて世界市場価格の低下につながりやすい。プレビッシュはこれを「窮乏化成長」と呼ぶ。

3. 途上国の内部で徐々に独占的・寡占的な構造が広まる。そうした構造は欧米からの供給者に独占的地位と価格コントロール力を保証する。

4. 途上国で労働者間の競争が激化し、その結果、賃金の上昇幅が限られるようになる。

5. 先進国では労働者の代表が賃上げに成功し、消費の潜在力が向上するが、一方で物価上昇が発生する。先進国は徐々に自身の利益を「飼いならす」が、経済的に弱い国々では輸出による利益は消費財のために使われ、自身の経済を強化する投資には回らない。

プレビッシュとシンガーの主張がすべて正しいとはかぎらない。だが、彼らの理論の根本原理は、社会の細部にもたやすく認められる。たとえば、スイスのUBS銀行が七一カ国の購買力を次のような方法で比較した(34)。基準として用いられたのはマクドナルドの「ビッグマック」だ。ベルリンやプラハでは、平均的な労働者は一九分間働けばビッグマックを一個買うことができる。アテネでは三〇分間。マニラでは八八分間。ナイロビでは一五八分間だ。これはちょっと見には面白おかしい結果だ。だが、地球全体に移し替えて考えると、なぜ途上国の人々が自身と家族を危険にさらしてまで、「流れる蜜」のごとき購買力と生産力をもつ欧米のような国々を目ざさなくてはならないかが明らかになる。

これらすべては暴力とどう関係するのだろう？　暴力には、さらにもうひとつの概念がある。目的に合わせたさまざまな攻撃の形を包括した「道具としての攻撃」だ。これは、権力や社会的地位や新しい資源の獲得に結びついている。前述のアキレウスを例にとろう。もし多少なりとも理性を持ち合わせていたとしたら、彼は、偉大な戦士として後世に語り継がれるために二〇〇〇人の命を奪ったことになる。栄誉を獲得する手段としての殺戮――これも「道具としての攻撃」の一例だ。

工業化された国民経済が、幸福と利益を手に入れるために数百年前から行ってきた手段もやはり、同じ原理にもとづいているのではないだろうか？　原材料の独占や寡占。価格の一方的コントロール。世界の大部分の国家の相対的貧困と負債。途上国の経済成長率が先進国のそれを上回っても、富の配分という点では両者の格差は広がる一方だ。プレビッシュとシンガーの主張が部分的にせよ正しいとしたら、世界経済は、より多くの付帯的損害をもたらすことでますます経済的優位を強めるというシステムによって構築されている。言い換えれば、自身の幸福を高めるための、道具としての経済的攻撃だ。ノルウェーの平和研究家、ヨハン・ガルトゥングはそれを「構造的暴力」と表現した。[35]　それが具体的にどのようなものかは、私たちの使う消費財を生産している外国に目をやれば、すぐに理解できる。たとえば、バングラデシュだ。

ヨーロッパのジーンズとシャバールの死者

二〇一三年四月、バングラデシュのダッカ近郊の町シャバールで、縫製工場の入っていたビルが崩落し、八〇〇人以上が死亡した。その工場では、ヨーロッパの高級アパレルメーカーやブティック用のジーンズが作られていた。労働者はきわめて低い時給で一日に一二時間以上働かされていたことがのちに明らかになった。その生活は本質的に奴隷に近いものだった。機械の安全管理や建築法規の順守については、言うまでもないだろう。

シャバールは一見、不幸な事故の舞台となった異国の地にすぎない。だが、事故を引き起こしたのは、「地球規模の分業」という無味乾燥な呼び名をもつシステムだ。分業は文字通りグローバル化の要であり、富と成長をもたらす機械だと思われている。世界のすべての地方は品物の流れに接続され、資本主義によって開発される。そして経済の幸福な征服を受けた人々は「あなたの国の経済を成長させ、あなたがたを豊かにしましょう」と告げられる。だがそれには若干の犠牲が必要になる。たとえばバングラデシュのような――。

専門用語で「キャッチアップ・プロセス」と呼ばれるこの概念に疑問を呈する経済学者は、永遠の階級闘争論者として低く評価されてきた。だが、そうした学者の側にも数学的根拠があった。彼らは富める国と貧しい国の繁栄の度合い、生産性、投資力を前述のようなやり方で比較した。原材料が、もしくは（中国のような）安い労働力の大々的供給が成長をもたらせないのなら、貧しい国はどこまでいっても遅れを取り戻すことができない。

シャバールの例からは、資源としての労働力をできるだけ安く手に入れる道具として、攻撃性が使用されていることがわかる。こうした経済的暴力の犠牲者はシステムに乗ることで金銭的利益を約束され、欧州の消費者はブランド商品を安く手にすることを約束される。そしてそれは、「地球経済が順調に機能している」からだという。

しかし現実には、利益はほんの小さなものでも、どこか別の場所に不当な状況をもたらすことであがなわれている。シャバールの事故から数週間後、工場で働いていたチッタゴン出身のファテマ・アクテルという女性のことが明らかになった。一八歳だった彼女は工場で一日一五時間以上、週に七日間も強制的に働かされ、体の具合が悪くても雇用主から平手打ちを受けてさらに働かされ、最後は過労のために命を落とした。

ＢＢＣ放送は最近、欧州向けの衣類を製造しているインドの工場を一九世紀マンチェスター学派（訳注：マンチェスターを中心に経済的自由主義、とくに自由貿易を主張した古典派経済学派）のころの町工場になぞらえた。シャバールの一件については、さらに厳しい見方ができる。私たち西洋の清潔な消費社会やサービス社会は、先進国の一九世紀的な状況を他国に輸出することで成り立っているのかもしれない。この一種のタイムトラベルを実現させている要因は、ひとつにはグローバル化、もうひとつは道具としての組織的暴力（攻撃）だ。あからさまな言い方をすれば、それは抑圧されたサディズムでもある。他者の苦しみを通じて自身が元気を得るという意味で、それは一種のサディズムだ。だが、反面これは自分自身を損なうシステムでもある。その点について、これから考えていこう。

経済と心臓病

一九七〇年代後半にアメリカで、心血管系疾患についての長期的な研究が行われた。[36] その結果、攻撃的もしくは好戦的な行動をとりがちな人ほど心血管系の疾患にかかりやすいことが確認された。これらの被験者には、テストに答えるとき「大声、早口、せっかち」という特徴があった。彼らは質問者の発言をさえぎる頻度が高く、ストレスを感じると攻撃的なふるまいをしがちで、何事にもすぐに退屈し、自分のことを完璧主義者もしくは社会の優秀な構成員だと評価していた。別のタイプの人々は同じ状況でももっとリラックスした行動をとり、じっくり時間をかけて回答を考え、焦《じ》れた様子を見せることもなく終始大きな笑顔を浮かべていた。このグループの人々は、心血管系の病気にかかる率が低かった。

だが、この結果の中でいちばん驚きだったのは、「機嫌のよい」グループの人々が複雑な問題を解く能力が、自身をつねにストレス下に追い込んでいる人々よりも高かったことだ。実験を行った研究者は次のように述べている。「問題を解くときに切迫感があった人々は、答えが画一的あるいは非生産的になりがちだった」。息が苦しかったりつねにストレスを感じていたりしたら、解けるはずの問題も解けなくなるかもしれない。症状がさらに進めば、問題の解決に必要な創造性が湧かなくなる可能性もある。だが不思議なのは、「攻撃的な被験者は平均的にいって、業績の評価が高く、成功を収めている」[37]ことだ。

まとめ

ここでもう一度、本章の主張を要約しよう。西洋文明は一種の動的な社会であり、その社会の中では攻撃が重要な役目を果たす。そうした現象がない民族や社会の存在も、人類学的調査からわかっている。攻撃や暴力はさまざまな形で表出する。もっとも危険な形態が、欲求的暴力だ。欲求的暴力はサディズム的で、暴力によってさらなる暴力への欲望を生むからだ。暴力は過剰な経済競争という枠組みに置かれたとき、欲求的暴力との強い共通性を示す。

競争の力学においては、時間は善きものとは見なされない。それは、供給側が品物の準備にかかる期間を短縮する変数でしかない。こうしたシステムは、競争の動的な力を維持し高められると謳い、消費者の選択の自由と市場参加者の行動の自由を守り、保証すると主張する。だが現実には、こうしたポジティブな結果が必ず起こる保証はない。こうした競争原理で生き延びてきた者も、競争的システムへの参加を拒めばたちまち行動の自由を失い、のみならず経済的に死ぬ。名ばかりの競争の自由は、競争の強要でもあるのだ。

ここらでそろそろ、市場経済の競争原理とはどのような論理なのか考えてみよう。こうした原理を実行に移すべき従僕はどのように選ばれるか、その基準を検証しよう。本書の第2部は、こうした検証から始まる。

第2部

豊かさの代価

——経済学の精神的欠陥

第1章

アポロンとマルシュアス

——サディズム、ナルシシズム、そして経済エリートたち*

苦しみを見るのは心地よく
苦しませるのはさらに心地よい
苦い言葉ではあるが
昔からの強力な
人間らしい——あまりにも人間らしい法則である
残酷さのない祭りはない
人間のもっとも古くて長い歴史がそう教えている

フリードリヒ・ニーチェ(1)

破壊の盲目性

無意味で非生産的な競争が経済を支配していることは、すでに述べた。アキレウスには、怒りによる破壊と暴力にもとづく社会制御メカニズムが体現されていた。フーリガンが暴動の前にパニックに陥るメカニズムは——つまり、自らの破滅への不安が攻撃性を生むメカニズムは——市場でも認められる。しかし、個人的・社会的な環境においてどのように攻撃のシステムが作り出されているかについては、まだ触れていない。日常生活の中で、私たちは攻撃的社会の一員としてどのようにしつけられているのだろうか?

本章では、これに関係するとくに重要な病理メカニズムを取り上げ、いかなる教育システムを通じて、人々がサドマゾ的かつ暴力的かつナルシスティックなメカニズムを押しつけられているのかを考えていく。そうしたシステムから生まれる病的な強迫観念は、企業経営者一人ひとりに影響を与えている。金融市場に見られる病的なギャンブル依存や、窃盗症にも似た利益戦略についても本章で論じていく。

私たちにとって重要なのは、こうした相互に作用する病理現象の経済学的な核だ。そこに迫るためには系統的に話を進め、該当する経済的症候群の要素をひとつずつ明らかにしていかなければならない。まずは、独占を守るために殺害が行われた物語から始めよう。これは芸術、いや正確には音楽の独占についての物語で、土台にあるのはナルシシズム、凶器として使われたのはサディズムだ。ギリシャ神話の予言と音楽の神アポロンと、半人半獣の精霊サテュロスのマルシュアスの物語をこれから見ていこう。

アポロンとマルシュアス——競争、ナルシシズム、サディズム

マルシュアスは平凡な、いささか愚かなサテュロスで、フリュギアの森に暮らしていた。狩りをして生活していたが、ふだんは何の害もない精霊だった。遠く離れたオリュンポスの山頂で、自分に関わる恐ろしい厄災が起こるなど予想だにしていなかった。

オリュンポスに住まう神々は、娯楽に目がなく、祭典、放縦な生活、性的な満悦を愛する一族だった。たびたび行われる宴では、音楽を演奏して楽しむ。中でもアテナは、すばらしい音色を奏でる笛を自ら作り、それを演奏するのに非常な熱意を見せていた。けれども、アテナが笛を吹くと決まって、まわりの神々、とくに女神たちがクスクスと笑い始める。アテナは理由を考えた。笛を吹いている私の何がそんなにおかしいというのだろう？

そこでオリュンポスを下りると、笛を持ってフリュギアの川へ向かい、澄んだ水に自分の姿を映した。アテナは何を見たか。笛に息を吹き込むと、たちまち頬が膨らみ、顔は青白く変色していったのだ。何というみっともない姿なのか！　アテナは笛をののしり投げ捨てると、これに触れる者にあまねく災いが起こるよう呪いをかけた。失敗作への怒りは相手を問わず放たれた。これに打ちあたったのがマルシュアスだ。

ある晴れた日、スカマンドロスの川岸をのんびりと歩いていたマルシュアスは、見たことのない楽器を葦の中に見つけた。手にとり、四方から眺め、息を吹き入れてみる。マルシュアスは肺が強いので、すぐに何とも美しい音色を出すことができた。そして瞬く間に誰もが彼の奏でるメロディーの虜になった。人々はマルシュアスを世界で最高の音楽家だと褒めそやした。そう、とにかくあらゆる者、地上の生物、天上の存在の中で一番だと称えたのだ。音楽を創りだした神、アポロンより優れているとまで言われ、マルシュアスは舞い上がった。おだてあげられ、その気になり、しまいには自ら一番を名乗るようになった。

しかしオリュンポスにおいては、言葉によくよく注意を払わなければならない。地上で最高の名手を自負する者のうわさを聞いたアポロンは激高し、マルシュアスに音楽の勝負を要求した。すっかりうぬぼれたマルシュアスには、勝負を受けるのに何の不足もない。こうしてマルシュアスは笛を、アポロンは竪琴を演奏した。審判はオリュンポスの神々が務めた。敗者は勝者の決めた罰を受けること——それが、アポロンの提示した取り決めだった。神々は深く考えず、両者の競演を楽しんだ。どちらのメロディーも見事なものだったのだ。そのため演奏後、どちらが勝者か決められる者はいなかった。技量はあまりにも同等だった。引き分けで終わらせても、誰も異を唱えなかっただろう。

だがアポロンは違った。執拗に決着を求めた。「楽器を逆さまにしてもすばらしい演奏をできた者を勝者としよう!」。そしてこれに全員が同意した。ただ一人マルシュアスを除いて。魔法の笛を逆さまにして息を吹き込んでみたが、音が出るはずもない。対してアポロンは竪琴を反対に持つと、至高のメロディーを披露した。勝利はアポロンのものとなり、敗者の罰はマルシュアスのものとなった。

ナルシシズムとサディズム

この瞬間を待っていたアポロンは、残虐な報復を堪能する。生きたままの体からゆっくりと皮を剥がし、最後には木に釘づけにさせた。笛の呪いは、愚かなマルシュアスに対するアポロンの残酷な憎しみ、そして敵対者の打破という形で達成された[2]。

この物語の根本には、アポロンの病んだナルシシズムがある。ナルシシズムは振り幅の大きい心的事象だ。穏やかな形で現れれば害はない。エーリッヒ・フロムによれば、むしろ、他者に愛を与えるためには自己を愛することが必要とされる[3]。実際、この種のナルシシズムやエゴイズムは「健康」な市場経済を推進する要素になっている。アダム・スミスの資本主義がホモ・エコノミクスを動かす力として個人の「自己愛」を説いたのも、うなずける話だ。

スミスによれば、個人のエゴイズムは、「国の豊かさ」という大きな目標を叶える際に決定的な力として働く。利己心と共同体意識、この異なる力のバランスが取れていれば、システムは間違いなく成功を収める。需要と供給はおのずと整い、野心、成功欲、自己顕示欲から生じる競争は繁栄と進歩を促す。

しかし、システムが病的なナルシシズムに支配されると、まったく別の性質が前面に出てくる。病的なナルシストはつねに自分を非凡と思い、特別な存在として見られることを望む。アメリカの心理学者オットー・F・カーンバーグの説では、このタイプは絶えず称賛を求める。それが競争状況での病的な反応を生む。ナルシストは他者の能力を極度にうらやむのだ。反対に、自分の才能は適切に評価されていないと考える。破壊的な衝動が突き上げ、他者の価値を下げたり壊したりする。

嫉妬にとりつかれたアポロンには、そうした特徴がはっきりと現れている。ふつうの感覚の持ち主ならば、マルシュアスから魔法の笛を取り上げるだけで十分だっただろう。けれど、アポロンはそのような理性的な罰では満足しなかった。自らの衝動を解き放つために、破壊を求めずにいられなかった。ナルシシズムはこうして「悪性自己愛」に変わり、そこにはたいていサディズム——破壊欲求が付随する。(4)

サディズムの破壊欲求を止められるのは犠牲者の肉体しかない。この「サディズム」という言葉は、精神科医で法医学者のリヒャルト・フォン・クラフト＝エビング(5)が考案し、当初の定義では、相手をさいなんだり辱めたりすることが性欲の解放につながる性的倒錯のみを意味していた。しかしのちに、ジークムント・フロイトとその学派のエーリッヒ・フロム、メラニー・クラインらによって性的な領域以外でも用いられるようになり、現在ではより広い意味で破壊や痛みを求める心理として解釈されている。(6)

神話、またそれをもとにした映画や童話の世界にはサディストがよく出てくるが、その人物造形はたいていきわめて単純だ。彼らは黒い衣をまとい、暗い魂を有している。何人もの妻を殺して切り刻んだ青ひげ、ラプンツェルを塔に閉じ込めた魔女、ハリー・ポッターの世界に残忍な魔の闇を投げかけたヴォルデモート卿。ほかにも、『パイレーツ・オブ・カリビアン』の呪われたデイヴィ・ジョーンズや、ロビン・フッド伝説に登場するノッティンガムの代官など。こうした例はまだまだ挙げることができ、世界を極端な善と悪に分けたがる私たちの傾向を示している。サディストがわかりやすい形で悪を体現してくれるおかげで、善が悪に全力で立ち向かうことができる。サディストの存在がなければ、物語は有益な展開を見せないだろう。

ネロ、スターリン、権力のサディズム

現実のサディストや悪性ナルシストは、純粋な自己目的から破壊やいたぶりに走るわけではない。彼らが必要とするのは、権力や享楽的暴力の感覚であり、他者の支配である。この理由をエーリッヒ・フロムは以下のように記している。「他者に対する全能体験は（…）人間存在の限界を超えるという幻想を作り出す。とくに実生活での創造力と喜びに欠ける者はこの幻想を抱きやすい」[7]。そして、完全に病的な状態になると、他者の生死を支配しようとする衝動がほぼ必ず現れる。対象はペットや家族のこともあれば、一国やその国民のこともある。フロムはこれを「サディズムの本質」と呼んだ[8]。

歴史にはこうしたサディスティックな人物が多く登場し、支配者や暴君として書物に名を残している。彼らの行動が互いに似通った倒錯を見せていても驚くに値しない。たとえば、ローマの皇帝カリグラや、ソ連の指導者ヨシフ・スターリンは、犠牲者を痛めつける方法を自ら喜々として探した。両者は不運な犠牲者の精神的苦痛も楽しんだ。哲学者セネカの書物では、カリグラの指示で息子を処刑されたばかりの貴族パストリウスが皇帝の宴に招かれる様子が描かれている。そこでカリグラは酒の味を尋ね、パストリウスは皇帝に向けて乾杯と万歳をするしかなかったという[9]。

エーリッヒ・フロムは、スターリンの「非常に巧妙なサディズム」について似たような話を記した。スターリンは「党幹部の妻、ときには子息までも捕らえて労働収容所に閉じ込め、幹部たちはそのまま仕事に専念させ、自分への忠誠を誓わせることがあった」[10]。

エロスからタナトスへ

サディズムと死の関連については、ジークムント・フロイトも熱心に取り組んでいる。フロイトはサディズムを、人間の基本的な二つの衝動が混ざったものだとした。その衝動とは生の欲動と死の欲動で、後者はのちにギリシャの死の神からタナトスと名づけられた[11]。サディズムにおける生の欲動とは、所有し吸収しようとする欲望である。これは愛の最初の要素として体験するものでもある。対して、死の欲動は、外部へ向けられた自己攻撃性とされる[12]。このような形で自己破壊が現れるのも、病的ナルシシズムの特徴だ。他者の幸福にねたみや憎しみが注がれ、最終的には自分の中の善も壊そうとしてしまう[13]。

死の欲動が向かう道

経済的サディズムと病的ナルシシズムについて話を進めるならば、そこに隠された死の欲動に目を向け、外部へ向かう自己破壊願望である攻撃性との深い関係を考えることになる。こう聞くと何だか突拍子もない意見に思えるだろう。そのため、まずはもう少し詳しく説明してから、実際の経済において、死の欲動がどのように現れるかを取り上げたい。

フロイトは死の欲動という考えを学問として探求するため、すべての生命は非生命体から始まったと仮定した。であるなら、非生命体には「想像もつかない力の作用があり（…）、これが生者の特性を目覚めさせる」。この生きるという現象は、本来の状態を事実上かき乱すものである。崩壊しながら「自己停止にたどり着く緊張状態」だと、フロイトは記している。ここで生は、死へ突き進む緊張をはらんだエネルギーとなる。

しかし、これではいくつかの疑問が湧いてくる。すべての存在が「死へ向かう存在」であるならば、生の欲動とどう折りあうのか。なぜ本能はつねに生存へ向けて働くのか。死を切望しているならば、生が死に激しく抵抗するのはなぜなのか。快楽原則はすべてを説明する現象ではないのか。単なる想像上の死への憧れではないのか。

フロイトの主張によれば、快楽と一体化した動きに逆行する何かが存在し、ブレーキか安全システムのような作用をしている。それは、心理経済的な節約機能だ。自己保存欲動が作用すると、快楽原則は現実原則に取って代わられる。そして、「最後に快楽を得る望みを捨てることなく、満足を延期し、満足を得るさまざまな可能性を控え、快楽への遠回りをしながら不快を一時的に耐える」[14]。

だが、もし節約機能が壊れて、目標達成のために不快を耐えるのではなく、それ自体が目標になったらどうなるか。たとえば、新しいものを作るために何かを壊す必要がある創造的なプロセスで、(創造力を欠いた)アーティストが破壊行為の中に満足を求めたらどうなるだろうか[15]。快楽原則だけでは破壊衝動を少なくとも完全には説明できない。だからこそフロイトは、『快感原則の彼岸』でその答えを探した。

フロイトがまず見つけた答えは、人間の自己保存・権力・自己顕示に対する欲動の新たな性質だった。こうした部分衝動の唯一の機能は、「有機体が死へ向かう自身の道を確保することである。(…)後に残るのは、有機体は自らの方法でしか死にたがらないということである。生を監視するこうした欲動は、もともと死につながるものであった[16]」。

フロイトの言葉の裏には、生を進めていくことは死へ近づいていくこととイコールだというシンプルな発想がある。有機体における前進には、無機物への後退が必ず含まれている[17]。「これは有機体の生命における躊躇のリズムのようなものである。ある種の欲動は前へ向かって突き進み、生命の最終目標をできるだけ早く達成しようとする。別の欲動はある地点に戻って、特定のところから再び進み、道を進む時間を引き延ばそうとする[18]」。

しかし、最終的にあらゆる緊張が相殺されて永遠の死が訪れるならば、死は偶然の事象でなく、生の統合された一部だ。そしてフロイトはまた別の論文『戦争と死についての時評』で、「平和を望むなら、戦いに備えよ」というラテン語の格言を「生を望むなら、死に備えよ」と言い換えている。

これは、ヨーロッパの歴史上有数の発展を遂げた貿易団体、ハンザ同盟の標語「生きるよりも航海することが必要だ」とまったく同じことを告げている。

サディズムと死の欲動

しかし、生と死の関係がそれほど当然のものだとしたら、サディズムはタナトスとどう混合するのか。フロイトの答えは『自我とエス』にある。

二つ目の欲動（筆者注：タナトス）を証明するのは困難だった。最終的に私たちはサディズムをタナトスの代表としてとらえるに至った。理論的かつ生物学に支えられた熟考から、死の欲動には、有機的な生を生命のない状態に戻すという課題があると仮定する。一方でエロスには、粉々に砕かれた生の実体を何度も統合し直して生命を維持する目的がある。どちらの欲動も厳密な意味では保守的で、生命の誕生によって壊された状態を再生しようとする。すなわち、生命の誕生は生き続ける原因であると同時に死への推進であり、生命そのものは両者の戦いと歩み寄りといえる。性欲動がサディスティックな形で現れるのは、目的に適った欲動混合の典型例であり、倒錯として独立したサディズムは、極限までは行かない欲動分離の例と考えられる。破壊衝動は放出の目的で定期的にエロスの役割を務めており、強迫神経症などの重度の神経症の場合には、欲動が分離して死の欲動が先行することに大いに価値があると認められる。生と死の欲動の対置は、愛と憎しみの両極性に置き換えることができる。[19]

以下の経済的解釈では、フロイトのいうエロスの機能から始めよう。フロイトは「粉々に砕かれた生の実体を何度も統合し直す」ことについて語っている。サディズムは別にして、これはまず現行の経済システムに当てはまらないといえる。経済はどんどん断片化し、多角化しているが、フロイトのエロスはいくつもの断片をひとつのユニットにまとめようとする。経済システムは生者の原理と相反しているようだ。なぜなら実のところ経済は、ひとつになろうとする生の欲動よりも、「分離」しようとする破壊衝動のほうに近いからだ。

サディストの性質

ジークムント・フロイトとエーリッヒ・フロムをあわせることで、この回り道の最後に、サディストと悪性ナルシストの性格をかなり正確にまとめることができる。それが終わってから、システムに内在するサディズムを探求することにしよう。サディストや悪性ナルシストは、破壊の喜びの中で死や死の欲動と結合している。彼らはたいてい、もっとも恐れている対象に向けて破壊行為を取る。不確かで先の見えないもの、不意を突き、とっさの反応を迫るものを何よりも不安視する。生は先の展望が読めないがゆえに「彼らをたじろがせる」。確かなのは、人は誰もが死ぬという事実だけだ。愛もまた不確かなため、サディストは自分が支配できるものしか愛せない。また、秩序を好むので（それが幻想の秩序にすぎないとしても）、他の権威に対しては従順でもある。こうしてサディズムとマゾヒズムが結びつく。サディストの資質は、フロイトのいう肛門期の「溜める」性質にも近いが、これについては第7章でさらに詳しく取り上げる。

サディストは、自らがコントロールし、同時にコントロールされるシステムに落ち着きを感じる。彼らは、整った官僚的なシステムの信奉者だ。ハンナ・アーレントの言葉を借りれば、サディスティックな「悪人」とはまったく凡庸な人物でもあり、破壊の中でしか空想と能力を発揮できない。しかし、サディストは生まれつきでなく、社会経済的な要素で作り上げられる。ただ凡庸なのではなくて、教育によって人間として凡庸化される。[20] 以上を考察するには、私たちがどのように現在の状態に至ったのかが問題となる。そのため、分析の第一歩として教育システムを論じよう。

苦しむと苦しませる

ちょっとした思考実験をしてみよう。もしあなたが教師で、何らかのマシーンを使って競争社会に最適な生徒を作れるとしたら、どのような特性をもたせるだろうか。感受性、想像力、慎重さ、審美眼、周囲を思いやる心だろうか。それとも、意欲、忍耐力、大胆さ、信頼性、タフネス、自制心か。答えは（想像に難くないが）後者の特性に集まるだろう。フランク・ロイド・ライトの言葉

「成功を手に入れるには、成し遂げたいことに打ち込み、懸命に働き、絶えず注力することである」[21]を読むまでもない。

労働、注力、献身、規律。こうした特性は経済の行動規範だけでなく、戦争状態の社会も形成する。そして実際、軍隊と多国籍企業の規範には奇妙な一致がいくつも見られる。だが、これについては後で触れよう。まずは現代史、ヨーロッパで直近の戦争社会であるナチス・ドイツから始めたい。ナチスの党幹部候補の養成校「ナポラ」では、民族で選別した青少年を暴力と厳しい訓練でその価値に合うように育て上げた。アドルフ・ヒトラー自身（エーリッヒ・フロムはヒトラーを「病的ナルシスト」としている）、こう述べている。「私の養成機関では、世界が驚くような青年が育つだろう。彼らに望むのは、暴虐、勇猛、冷酷という資質だ。こうして私は新しいことを成し遂げる」。養成校の指針は、規律、服従、忍耐力、団体精神だった。

「ハイル・ヒトラー」の掛け声は別にして、以上の特性は競争社会の支持者にも望ましいものだったに違いない。実際、ナチスのエリートたちはそう行動した。ナポラからは多くの著名な経営者が誕生し、その「鋼」の精神で戦後ドイツの実体経済を作り上げた。企業家ハインツ・デュル（ドイツ鉄道の初代CEO）は、ナポラは「戦後の財界人の経歴にほぼ欠かせない」と語っている。ジャーナリストのマインハルト・グラーフ・フォン・ナイハウスは「ナポラの教育のおかげで、後年、自由市場経済で目的を遂行することができた」という。さらに、ナポラ出身のドイツ銀行元CEO、アルフレート・ヘールハウゼンによると、「あそこで過ごしたことは私の傷にはならない。プロイセンの徳を大いに身につけることができ、その後の人生で助けられた」[22]。

これは十分に理解できることだ。こうして称えられる徳は、攻撃的な競争システムで高く評価されるものだろう。事実、評価されている。大企業の職階が、たいてい軍の階級から借用されているのも無理はない。オフィサー（将校）、チーフ（上官）。少し見てみよう。

チーフ・エグゼクティブ・オフィサー（CEO）
チーフ・コミュニケーション・オフィサー（CCO）
チーフ・アカウンティング・オフィサー（CAO）
チーフ・マーケティング・オフィサー（CMO）
チーフ・フィナンシャル・オフィサー（CFO）
チーフ・オペレーティング・オフィサー（COO）
チーフ・ヒューマン・リソース・オフィサー（CHRO）

多国籍企業の行動規範はこの関係をさらに明白にする。経営者はまるで宣誓をするように「コーポレート・アイデンティティ」を打ち立てる。「団体精神」を例に取れば、投資会社ゴールドマン・サックスにはこんな文言がある。「われわれは個々の創造性をつねに奨励するが、いっぽう、チームでの取り組みによってしばしば最高の結果がもたらされるのを目にしてきた。顧客やわが社の利益よりも自己の利益を優先する者は、わが社に必要ではない」。キーワード「献身」は、経済のよりどころだ。再びゴールドマン・サックスから引用しよう。「わが社に対する社員の献身、そして仕事にかける熱意は、他社で見られるものをしのぐ」[23]。あるいはドイツ銀行ではこうだ。「目標を達成するには、成果、革新、顧客重視、チームワーク、信頼といった私たちの価値を生きる必要があります。これが具体的に意味するところはつねに同じです。成果によって行動が決まります。（…）あらゆる活動の中心に顧客がいます。一切の妥協なく顧客の目的と望みに向かいます」[24]。

会社に対するこうした献身が、軍隊の場合と同じく死に至ることがあるのは、日本、韓国、中国で広く見られる現象だ。日本ではこれを「Karoshi《過労死》」と呼び、韓国では「Kwarosa」、中国では「Guolaosi」という。オーストラリアン・インスティテュート・オブ・マネージメントの研究によると、年間数万の人が過労死で亡くなっている[25]。ナポラの教室には、このような言葉が掲げられていた。「必要なのは生きていることでなく、義務を果たすことだ」。軍隊と経済の管理構造で、義務の遂行についても同じ見解なのがよくわかる。絶対的な服従は、成功の基本条件なのだ。ナポラに在籍した文芸評論家ヘルムート・カラゼクは、党幹部候補の哲学を要約したといえる言葉を記憶している。「命令を下し支配するには、まず奉仕し従うことを学ばねばならない」[26]。そして今日私たちは、人気のビジネス書に「従うことを学んだ者だけが指導することができる」という文を目にする[27]。

こうした奉仕と命令の戦略、すなわち規律、忍耐、支配の強化には、少なくともサディズム的な兆しがある。思想家のテオドール・W・アドルノは、これを非常に印象深い形で定義した。「男らしさは極度の忍耐力にあるという幻想は、長らくマゾヒズムを覆い隠してきた。マゾヒズムは心理学が明らかにしたとおり、あまりにも容易にサディズムと一体化する。そこで育てられるべき厳しさは称賛されるが、これは痛みへの無関心以外の何ものでもない。その際、自己の痛みか他者の痛みかがはっきりと区別されることはない。自分に対して厳しい者は、他者にも厳しくする権利を得る。そして、示すことを許されず、抑圧するしかなかった痛みの報復に出る[28]。

ここで私たちは、サディズムとマゾヒズムが何とも印象的に混じり合った姿に出合う。サドマゾヒズムは両者がひとつになったもので——軍隊に恭順と命令の要素が混在するのと同じことだ。フロイトはこの現象を「自己自身への向け換え[29]」と名づけた。自己に対する攻撃性が何かの瞬間に他者へ向かえば、「喜んで苦痛を受ける者」から「危害を加える者」へと変わる[30]。

攻撃的な人物の選別

では、サディズムはどのように教え込まれるのだろうか。これについては前章で、社会における攻撃的人物の評価を取り上げた際に軽く触れた。そこで引用した研究によると、攻撃的タイプの人間はこらえ性がなく、成果主義で、他者にひどく対抗し、競争社会での評価は高い。しかし、その創造性は「穏やか」なタイプを下回る。攻撃的なタイプの大学生のほうが成績もよく、高い教育を受けようと努力する。また、社会心理学者によれば、キャリアと財を得るのは攻撃的なタイプが明らかに多いという[31]。これは、イギリスの心理学者ジョン・カール・フリューゲルが、名著『人、モラル、社会』（未邦訳）で述べたように[32]、攻撃的人物の選別である。フリューゲルの洞察は、アメリカの研究と容易に関連づけることができる。心理学者ソウル・ローゼンツァイクの知見をもとに、フリューゲルは、自分を批判する「自責的」タイプと、攻撃性が強く「他責的」で支配的なタイプとを区別した。

一連の実験では、両タイプの学生に難しいクイズを解かせた。そして、被験者の反応を記録し、評価を行った。すると、攻撃・他責的タイプは不正解や未解答の責任を自分ではなく、外部の要因に押しつけた。自己批判的なタイプは逆だった。このタイプでは、問題に答えられない責任は自分にあるとする割合がはるかに高かった。

心理学者たちは実験のレベルを進めて、学生にカンニングの機会を与えた。不正な手段に手を出したのは四六％、出さなかったのは五四％だった。さらに、実験中につぶやかれる言葉も調べた。学生たちの悪態は二つのグループにわかれた。外部へ向かう言葉（「ちくしょう」、「このやろう」など）と、自分に向けられた言葉（「しまった」、「ああ、おれってバカ」など）である。この実験からは、カンニングをした学生はすべて自分を悪くいわず（九三人中ゼロ）、カンニングをしなかった学生は攻撃の対象としてもっぱら自分を選んだことがわかった。

その後の聞き取り調査では、「日常で自分が悪いと思うことがありますか」といった質問で被験者の自己批判的行動をいっそう掘り下げた。この質問にイエスと答えたのは、カンニング実行者ではわずか二九％、非実行者では七五％になった。また、カンニング実行者では幼少期に体罰を受けた割合がはるかに高いことが判明した。

以上をまとめると、主に三つのことが明らかになる。攻撃的タイプは経済的に成功しやすくキャリア志向であること。ルールを破り、リスクを負い、不正をしてでもメリットを手に入れることにあまりためらいがないこと。他者と協力することは少なく、幼少期に受けた体罰を攻撃行動の形で周囲に振りまくこと。いっぽう、攻撃性の低い「自責的」タイプは穏やかな教育を受けていて、自己批判的な分析をいとわない。以上からフリューゲルは、外部に向かう攻撃性と内部の罪悪感の間には「逆関係」があると推論した。すなわち、攻撃的で出世しやすいタイプはあまり罪悪感に悩まされず、たとえ理由があっても自己批判に向きあうことができない。

良心がないことがメリット

攻撃的タイプの特徴からは、経済で求められるエリートの姿が浮かんでくる。社会学者のマックス・ヴェーバーは、プロテスタントの経済倫理に関する有名な著作で「鋼鉄のピューリタン商人」を書いたときにこのタイプをすでに予測していた。彼らは自己確信を得るために「絶えまない職業労働」を必要とする。(33) 今まで見てきた研究と結びつければ、こうした資本主義的モデルはまさに攻撃的タイプに当てはまる。のちに社会のエリートとなるべき学生もこれを見本に教育される。「鋼鉄」はその副作用もあわせて現在のトレンドになっているらしい。二〇一〇年に行われた長期分析でアメリカの心理学者サラ・H・コンラートが証明したところによると、アメリカの大卒者では、一九七九年から二〇〇九年にかけて他者への共感が低下し続けているという。[34]

逆にいえば、攻撃性、またいくつかの点で悪性ナルシシズムやサディズムは、経済的成功を確保する。なぜなら、今のように「枷《かせ》の外れた」経済は、手荒な行動様式に何倍もの報酬を与えるからだ。無慈悲、貪欲、功名心、金銭への執着、そして権力をもって経済競争を制したい強い意志。こうした性質をもつ人は、病的なナルシシズムとサディズムに近く、そこに満足を感じることも多い。

カナダの心理学者ロバート・ヘアとアメリカの企業コンサルタントのポール・バビアクは、このテーマについて経営者や企業家に何百ものインタビューを行い、以下の結論に達した。高度競争社会の上層レベルでは、通常の社会に比べ、サイコパスの割合が三倍も高いというのだ。[35]

彼らは殺人者ではない。サイコパスはいくらか自己中心的で、そのため社会的に問題のある人間にすぎない。感情の深みに欠けるが、知的で物腰がやわらかく愛想がよい。魅力的で、自分の得になる相手にはほがらかに接するものの、目下の人間には残酷で思いやりがない。心理学者のヘアは、「利益やメリットが得られそうな場に引き寄せられる社会の捕食者をイメージすればよい」[36]と表現している。

ロバート・ヘアの指摘は、何とマネージメントセミナーで実践されている。ドイツのある企業では、できるビジネスパーソンを対象に「オオカミのように管理せよ」というセミナーを行っている。これには「タレント・ワークショップ――ウルフ・リーダーシップ」への参加も含まれ、生きた見本に会いに実際の自然公園まで訪れるという。[37]そこでは厳格な序列と制圧がどれほど優れているか、マネージャーが従える群れの中でそれをどう徹底するかを教える。

経済で序列を決めるのは、鋭い牙ではなく金銭だ。ドイツ銀行の元CEOヨゼフ・アッカーマンが、一三二〇万ユーロの報酬は正当かと問われた際の答えを見てみよう。アッカーマンはこう答えた。「そのはずだ。わが社の社員も、ドイツ銀行のトップが国際的な比較で突出していることを期待している。(…)私がドイツ銀行に来たとき、受け取ったのは二〇〇万マルク(筆者注:年俸)だった。今でも当時と同じ額しかもらっていないとしたら、私は尊敬を失うだろう。あの人には市場価値がないといわれることになる」[38]。

しかし、ウルフ・リーダーは昔から存在したのではないか。そう、その存在は確かだが、今ほどの数、今ほどの重要ポジションではなかっただろう。歴史ある企業が経済を作っていた時代、トップの変動が少なく、戦略も雇用も長期的だった時代には、サイコパスは目立ったに違いない。けれど、グローバル多国籍企業という全体を見渡せないマトリックス構造では、企業トップの交代は早い。果たすべき役目もたったひとつに限られている。つまり、何があろうと利益を上げろ、である。

ここでついに経済のサディズムが登場する。もっとも顕著な例は、アメリカの大手電力会社エンロンの手法だ[39]。エンロン社は、業務のひとつとしてカリフォルニア州の電力供給を担っていた。彼らの行ったことは今までとまったく違う、他を顧みない利潤最大化を目的とした行為だ。電力価格が低いと感じた場合、エンロンの上層部は発電所を停止させた。これによりエネルギー需要が高まり、その結果、価格も高騰した。利幅が十分に大きくなると、発電所は再稼働された。

この手口によってカリフォルニアでは短い年数の間に何百回もの「ブラックアウト」が起き、巨額の経済損失が生じた。それだけではない。自然災害など、電力需要の増加につながるすべてのことを、エンロンの経営陣は大喜びしていたのだ。のちに、この様子が記録された衝撃的な音声が発見されている。巨大な山火事で供給が麻痺し、多数の住居、いくつもの住宅地が燃える中、トップたちが電話で「よし、燃えろ！　もっと燃えろ！」と歓喜する声が残されている。エンロンの策士が略奪したのはカリフォルニアだけではないが、もっとも稼いだのはここだ。このトリックでエンロンは三〇〇億ドルを懐に入れた。

エンロンを治めていたのは、絶対的な規律、そしてジェフ・スキリングとケネス・レイの両経営者に対する無条件の信頼だ。二人が指揮すれば、誰もが従うしかない。両トップが好んだ社訓は、「貪欲に、さらに貪欲に」だった。こうした「貪欲」な人材は大学から集められた。極上の頭脳に、仕事に取り組む意欲も強ければやり通す力もある人材。競争は社内でも続く。強者だけが生き残ることができた。エンロンには、毎年、一五％の社員を解雇するという鉄のおきてがあった。社に残るのを許された者は、一緒になって無謀なモトクロス勝負をしたり、スカイダイビングやパーティーをしたりして自分たちの成功を祝った。エンロンは経営陣にとって家族のようなものでもあった。しかし、実態は何年もの間、戦争状態の軍隊のように動いていたのだ。従業員に求められたのは、全力で仕事に取り組み、無条件に従い、指導者を信じ、いつでも業務に向かい、自己を顧みず、経済競争における「敵」には容赦しない姿勢だった。

ホルモン剤、ドラッグ、成功

エンロンは極端な例かもしれない。とはいえ、システム上の欠陥は全体として明白だ。イギリスの企業トップの精神特性に関する研究で、ベリンダ・ジェーン・ボードとカタリナ・フリッツォンの両心理学者が証明したところでは、企業家や経営者のほうが精神科の入院患者よりも行動障害の重症度が高かった。研究によると、「経営トップは精神障害の徴候を強く示した。とくにサイコパス的な形で表れていた[40]」。

この研究は、今まで描写してきたイメージと一致している。サイコパスに目立つ特徴は、冷血さ、未発達な感情能力だ。これに関しては、オーストリアの精神科医ハンス・シュトロツカの有益な定義を引用しよう。「神経症と精神病質（サイコパス）の違いは、神経症では超自我が発達しすぎて不安や症状の形成に至っているが、精神病質では特定の環境条件から超自我が十分に発達しておらず、その結果が反社会的態度になっていることだ[41]」。

本書に取り上げた数々の研究によって、すべての経営者や金融ブローカーの精神に病的要素があると主張するつもりはもちろんない。多くはストレスに苦しみながらもそれを何とか克服している――興味深いそれぞれの戦略を用いて。

二〇一二年、『フィナンシャル・タイムズ』紙は、二〇〇七〜〇八年のウォール街での株価暴落後、ホルモン療法の専門医は目もくらむような利益を得たと報じた。経営者が医師を求めた原因はEDでなく、ホルモン療法によって体を強くタフにするためだ。体調を整える、つまりテストステロン濃度を上げることで、仕事での競争力を保ち、職と自身のポジションを守ろうとしたのだ。ニューヨークの医師ライオネル・ビッスーンはこう話す。「クリニックを開いたとき、テストステロン療法は、ジムに通うようなシュワルツェネッガー・ファン向けのものかと思っていました。しかし、クライアントの九〇%は金融界や経営上層部の方々です。彼らは一日一四時間の勤務に疲労困憊しており、仕事にフラストレーションを感じています」。あるバンカーはホルモン療法が役立っていると語った。「今はアルファ（リーダー）気質が増え、睡眠も少なくてすんでいます。これは攻撃性のプラス面ですね。メンタルが変わり、仕事に対してよりポジティブになるんです[42]」。

ホルモン剤が高くて手が出せない人は、ドラッグを買う。ロンドンのシティに勤務していたバンカーは、『ガーディアン』紙の取材にこう語った。

五年間シティで働いて、モンスターになりかけていた。あそこではみんな早朝から深夜まで働いている。（…）いやってほど飲んだよ。コカインをやってると何も感じないからとにかく飲める。ビールを八杯飲んだって何も感じやしない。

エクスタシーやデザイナードラッグは、気分を上げる日常の手段だった。

たいていその辺をぶらついているディーラーに電話するんだ。どこかで落ち合って、箱を渡される。そこから粉を取って、金を入れる。おかしなもんだね、デザイナードラッグと、デリバティブみたいな金融商品が一緒に発展していくなんて。(…)仕事には顧客とのつきあいも含まれていた。何とかビジネスに持ち込むために接待するんだよ。既婚者を風俗へ連れていけたら関係が築ける。そうなればもうビジネスだけのつきあいじゃない。シティは飛行機みたいなものだ。浮き上がって、突然高いところにいるから何もかもすばらしく見える。(…)それからふっと居心地悪く、寒くなる。だけど、もう、降りられない。脱出装置を働かせないかぎりは。最後にうまくソフトランディングができるのは、ごくわずかだと思うよ。(43)

ホルモン剤、ドラッグ、うつ病。これらにまつわる事情から浮き彫りになるのは、病んでいるのは人間自体ではなく、むしろシステムのほうだということだ。私たちは、病んだシステムの中で生き、働かなければならないのだ。

取引でなく窃盗

何千年も前から人はどうやって財産を公平にやりとりするか、議論し説いてきた。この伝統はプラトンやアリストテレスから始まり、セネカ、トマス・アクィナスやスコラ派に引き継がれ、アダム・スミス、デヴィッド・リカード、カール・マルクス、ジョン・メイナード・ケインズ、ミルトン・フリードマンに続いている。経済学の歴史においては、つねに分配と財産の取引が主題だった。そして、アプローチがたとえどれほど違っても――プラトン派、古典派、社会派、空想派、ケインズ派、プロテスタント派、新古典派、どの学派も、窃盗を人間が健やかに暮らす最上の道とは説いていない(44)。

今日の実際の経済では、公平なギブ・アンド・テイクに関する知はもはや存在していないようだ。企業同士の競争であれ、金融機関の競争であれ、勝つのは、巧みにギブ・アンド・テイクを行う者ではなくなっている。何も与えず、できるだけすべてを手に入れる者が勝利するのだ。これは、経済学の長い歴史の中で、一級の学者は誰も是認しなかっただろうパラダイムシフトだ。それにもかかわらず、この戦略がいま用いられている。本当の問題はそこにある。経済や社会の自由は、責任感という前提の下で全員の利益になる。対して、攻撃の自由は、フロイトのいう心理的な戦争状態をもたらす。

とくに金融という分野では(とはいえ金融経済に限らないが)、自分の望むようにふるまう人が多い。マーティン・スコセッシの大作映画『ウルフ・オブ・ウォールストリート』(二〇一三年)は、どちらかといえばコメディーで、捕食者の経済哲学を皮肉る作品だ。レオナルド・ディカプリオ演じる無軌道な投資家は、昼は価値のない安株を売って大金をもうけ、夜は栄養を取るかのようにコカインやドラッグを摂取し、それ以外は娼婦に金をつぎ込む。エンロンなどの大企業の商慣習をよく観察すれば、この映画の風刺よりも、金・ハードワーク・腐敗の三角関係がはっきりと見て取れる。

ただただもらおうとする者、手に入れずにはいられない者、あらゆる行動を利益に結びつけようとする者は、生まれながらの窃盗症、あるいは強制的に作られた窃盗症だ。心理学では窃盗症を衝動制御障害としている。病的な窃盗は、暴力や性的暴行といった過去のトラウマ体験に関連していることが多い。不安型うつ病的気分変調をやわらげるために、窃盗という行為がたびたび行われる。(45)

コントロールの利かない市場経済システムも同じだ。ここでの原不安は欠乏、トラウマは経済危機である。そして、売上高、利潤率、成長率といった数字が悪化することへの恐怖症が生まれる。なぜなら市場経済システムは、減少プロセスを致死的ととらえ、周期的に必ず起こる有用な「リセット」とは考えないようにできているからだ。

市場経済システムは、本来システムが仕えるべき人間を逆に傷つけることになったとしても、衰退を絶対に避けるように作られている。極端な低賃金、あれこれと求められる業務、時間を問わない際限なき労働、病気になりうるレベルのストレス、利益ばかりを考えた自然資源の搾取。これらすべては、自己を傷つける窃盗症的なシステムの症状だ。

こうした病んだ経済システムは、南米や中国の危険な炭鉱、アフリカの汚染された河川、衣料品を大量生産するアジアの工場、また、アフリカ、アジア、南米の一部で行われるランドグラビング(土地収奪)と、それに伴う住民の生活基盤の奪取に色濃く見られる。一部の人間には大量消費の幻想を与え、他方で資源を吸い上げる。グローバル化したシステムが逃れようとする不安型うつ病的気分は、さらに破壊的な強迫や行為を新たに引き起こす。

ミクロ経済から見ると、工場が稼働し、商品や価値が作られることで雇用が確保されているようでも、マクロ経済や社会全体から見れば、グローバルな縫製工場の例で示したとおり、地域全体にとってコントロール不能な結果になっている。

工業国の市民が消費財を望むまま手に入れ、他国の市民がそれを苦しみであがなうことが当然のようになっている今、システムのふるまいはサディズム的だといわざるをえない。攻撃性はひとり歩きし、目的はもはや前進にない。自己破壊、死の欲動の終点に向かっている。

この危険を何千年も前に予見していたらしい人もいる。攻撃的な英雄アキレウスの物語を残したホメーロスは、攻撃性と暴力の原則について批判的に分析した。ホメーロスはその後の物語で、神に導かれた矢に射られてトロイアの門前で命を落としたアキレウスについて語っている。アキレウスが絶命した数年後、かつての戦友オデュッセウスが助言を得ようと冥府を訪ねた。そしてアキレウスに再会する。戦士と知将の二人の関係から予想できるとおり、オデュッセウスはアキレウスを称え始める。

おお、アキレウス。あまねくアカイア人でもっとも秀でた者よ。
(…)アキレウスよ
あなたほどの天福にあずかる者はなく、そもそもあなたに比する者などない。
生けるころ、あなたはわれらアカイア人によって神のごとく崇められた。
そして今ここで強力に死者の霊を治めている。
死してもあなたが悔やむことはない。

アキレウスよ！

けれど、アキレウスの答えはこうだった。

私に死の慰めの言葉をかけるな、高貴なるオデュッセウスよ！

それよりも卑しい身分となっても戦地を望もう。

つまらぬ男に仕え、財も富もなくとも

朽ち果てた死者の一群を統べるよりも戦地を望む(46)。

これほど人間らしく（といわざるをえない）、アキレウスがトロイアに対する日々を語ったことはない。また、これほど悔やむような英雄らしくない口調で、失った生前のときを語ったこともない。私たちも、経済的な意味でもう少し人間らしくできるのではないだろうか。あるいはアキレウスの言葉を借りていえば、どうして市場と人間を意味のない競争の中で朽ち果てさせるというのだろう。ほんの少し生活レベルと速度を落とせば、豊かな活気を得られるのに。

第2章

パーンの叫び——不安という市場

不安とは、あらゆる原則が通用しないときにも働く原則だ。

ニクラス・ルーマン(1)

悩める世界の覇者

もし神に授かった栄華を誇る人間が、美しい服を脱ぎ、創造の王冠を置いて自身をつかの間眺めてみたら、何を目にするだろうか。そう、裸の、かなり奇妙な体だ。ほとんどの動物の半分ほどの強さもなく、速さもなく、そう美しいわけではない存在。個体として見れば、生命力も強くない。病に弱く、年を取れば衰弱し、子どものときには生活力のない奇特な生物。勇ましさも、当人が望むほどにはない。それどころか、六〇〇万年の進化の歴史の中では逆の事実が示されている。人間は臆病で、足りないものは何でも血眼になって求め、野獣、聖霊や神、恐ろしいモンスター、自然の猛威など、自分を脅かすものをつねに恐れている。世界の支配者でありながら、「ない」ことに悩まされる存在だ。人間はこれまでたいてい、保護や隠れ場や食料や共同体に事欠いてきた。

原始時代より前、アフリカのサバンナの燃えるような暑さの中で、人間は恐れることと逃げることを学んだ。当時、生き残ったのは、すばやく逃げ出せた者だった。足の速い臆病者は木に登って身を守り、足の遅い者はライオンの餌食になった。

こうして生き残った私たちの祖先は、野獣の息を首元に感じたことがあり、恐怖が体に刻み込まれている。彼らはぞっとするようなその恐怖を子孫に伝えた。それは物語や神話の形になって宿営地のたき火の横で語られ、親から子へと引き継がれた。物語は体験を加えて肉づけされ、豊かになっていく。こうして恐怖は肉や血や魂に、そして多くのメルヘンに行き渡った。サスペンス映画の巨匠アルフレッド・ヒッチコックはかつて語っている[2]。「不安は誰にでも理解できるものだ。赤ずきんが悪いオオカミの目を見たころから何も変わっていない。私たちはいまだにまったく同じものを恐れている。変わったのはオオカミの姿だけだ。不安コンプレックスは誰の中にも存在する」[3]。

現代にそぐわない衝動

不安はその強烈さゆえに、私たちの文明になくてはならず、原始的環境での生存に有益なものだった。だが、その衝動的な作用は、現在の社会ではむしろ邪魔になる。かつて生きるために必要だった本能は、今はもう、悪意のある行為よりも有害なものになりかねない。

金融危機を思い返してみればよい。当時、パニックに陥った投資家たちはまともに考えることもせず、巨額の有価証券を処分した。古くは一六三七年、オランダのチューリップ取引で起こった有名な投機バブルの崩壊、また、二〇〇七〜〇八年、史上もっともとらえどころのない住宅バブル崩壊の際に見られた現象だ。

けれど不安は道具でもある。政治家は不安を利用し多くの人に影響を与え、憎しみの種をまき、戦争を扇動する。企業は市民の本能的な衝動を利用して何十億という売り上げを得る。経済の少なからぬ部分が、不安を創出したり、一見筋の通った答えを――つまり、軍事、健康、防疫、食糧政策、金融など狭義と広義における「安心」を――与えたりすることで成り立っている。不安はまた、精神的な面からも金のなる木といえる。これは、聖なるカトリック教会が、永遠の断罪に対する信者の不安につけこんで財を成したことを考えればわかる。免罪符の販売もそのひとつだ。信者たちは霊魂の救済を、恩赦、免罪で「買い取った」。

それでは、不安と恐怖が、表向きはポジティブな資本主義的経済に欠かせない存在であること、人を幸福にするとされる無制限の消費に隠された感情であることを示していこう。密かに不安の力が働く経済は、一見体によさそうな子ども向けヨーグルトにも、職場の衛生的なフロアにも、表面的には担保のある「心配の要らない」証券、資産担保証券（ＡＢＳ）にも、その姿を見せている。テレビのアクションドラマ、ハリウッドのホラーや世紀末映画で不安を味わいたい気持ちを満たす行為、テロ回避をうたうインターネット監視、善行の名の下で軍を投入する掃討作戦もその一部だ。不安は私たちの社会で近年、非常に大きくなっており、社会、経済、政治の発展を大きく妨げている。

「不安のない行為主体」というデマ

経済学的には、不安に左右されるような状況はとっくに過ぎていると信じられていた。一九七〇年代、理念上の自由市場を現実のものとして売り出そうとした新古典派は、同時に「超人」という概念を作り出し、「不安のない行為主体」と宣伝した。(4) この徹底して合理的な存在は、すべての「関連」情報を手に入れ、客観的判断である「合理的選択と予想」によって自由経済をコントロールし、真に「効率的な市場」を作るという。不安も激しい感情の動きもない超人は、最初の経済学者アダム・スミスによる「見えざる手」の理想的なマリオネットだった。経済危機や株価暴落があっても、こうした誤った評価が今日まで変わらなかったことは驚きに値する。

ポール・A・サミュエルソンとウィリアム・D・ノードハウスによる経済学の大著にさえ、「不安」という言葉は一度も見られず、「パニック」が登場するのは二回、金融バブルを多かれ少なかれ歴史の「変則」だと論じ、「銀行の取りつけ騒ぎは現代の金融システムではまず起こらず、起こったとしてもそれほど危険ではない」(5) と断言する箇所くらいだ。

こうした予測の問題点は、不安というひどく支配的な衝動を学問の用語から消し去り、現実からも追い払うのを前提としていることだ。同様のことは、すでに二〇〇〇年も前に古代ローマの快楽主義者たちが行おうとし、こちらもあまり成功せずに終わっている。彼らは不安を「作られた情動」

として片づけ、その理由を死の想念と結びついているためとした。快楽主義の考えでは、死は生と関連がない。両者は分離している。そのため、不安もまた生から分離したものである。要するに、生あるところに不安はない。すべては納得と確信の問題だという。

これに関してはキリスト教のほうが経済学やストア哲学よりも現実的だ。キリスト教では不安と生をしっかりと結びつけている。それだけではない。不安は聖書の創世記ですでに大事な役割を果たしている。人間にまったく不安がなかったのは、エデンの園でだけだった。アダムとイブはそこで幸せに満ち足りて暮らしていたと書かれている。

ただしそれは善悪の木の果実を口にするまでのことだ。善悪の木から生まれたのは羞恥心だけではなく、不安もそのひとつだった。「昼の風の中、神がおいでになるのを聞いた」アダムとイブが木陰に身を隠したのも当然だ。もちろん、人類初の神への畏れは神の気に入るところではなかった。「神はアダムの名を呼び、いわれた。『どこにいるのか』。アダムは答えた。『主がいらっしゃるのが聞こえ、私は裸なため恐ろしくなって隠れました』。すると、神はいった。「誰がおまえに裸だと告げた？　食べるのを禁じた実を食べたのか？」(6)」。

続きはご存じのとおりだ。楽園は閉じられ、男には呪いの地で汗をかく労働が、女には男に従いながら出産に苦しむ役割が与えられた。それに加え、今や不安があらゆるところで生活を決定づけている。失楽園の物語は不安の力も明らかにしている。空想や想像を作り、「何が起こるだろうか」という不安な問いで襲ってくるのだ。アダムとイブのケースでいえば、「以前おっしゃったとおり、神は本当に私たちを殺すだろうか」という疑問だ（筆者注：創世記第二章一六節より）。神はいわれた。「善悪の木の実を食べたら、おまえは死ぬ」）。

不安は未来と強くつながっている。未来はどのような期待も不確かで、苦い記憶が伴うことが多い。未来に対するこうした心配から生まれるものには、経済行為もある。人間は必需品を交換することで存在を確保しながら、不安にまといつくあらゆること、心配、疑念、思索、用心、不審も育てている。これらは至るところに根を下ろし、法律や条約、証券や債券、労働契約や賃貸契約、または国家体制にも入り込んでいる。すべての根本にあるのは、他者を合理的にコントロールするという原理――それによって自己にまつわる不安をコントロールするという原理だ。ウィリアム・シェイクスピアは不安による行動を『ハムレット』で明確に記している。

結末を考えすぎるゆえの臆病な躊躇《ためら》いか。
人の考えることなど、そのうちの四分の一にしか知恵はなく
残る四分の三はつねに臆病心だ（…）[7]

不安とは、この世に生きる人間のものであり、英雄には無用であることがわかる。「不安」という言葉の本当の意味には、空想の可能性がある。空想の万能力のため、不安は心理学の核になっている。たいていの精神疾患の発生に関わり、不安障害の形で広まり、経済学にも投影されている。そのため不安は当然、ジークムント・フロイトの精神分析の中心でもある。

不安の暗示

フロイトは不安を総体的にとらえようとした。身体症状はその際、単なる副次物である。生理学的には体は、冷や汗、鳥肌、脈拍上昇、呼吸増加を促して不安に向かう。

では、人間の精神に不安はどのように作用するのだろうか。フロイトの見解では、不安は予想と確固たる関係があるという。ここで問題になるのは、不安の対象が明確か、明確でないかだ。例として、こちらに近づいてくる毒ヘビを考えてみよう。フロイトによれば、不安対象が明確な場合、不安は「現実不安」になる。この現実不安で起こる反応は合理的だ。毒ヘビの例でいえば、逃げ出す人もいれば、椅子に上る人もいる。別の人は笛や呪文でヘビを追い払おうとし、また別の者は散弾銃を使う。現実不安は、効果的かどうかは別として、何かしらの反応を取ることができるのが特徴だ。

人間は想像力に恵まれた存在である。通常であれば優れた性質だ。しかし、インスピレーションと不安が組み合わさると厄介な代物と化す。フロイトのいう「神経症的不安」あるいは「自動的不安」が生じるのだ。哲学者のエピクテトスは紀元八〇年ごろにはもうこのことを認識していた。「私たちを恐れさせるのはものごとそのものではなく、それに対する想像だ(8)」。

先ほど例に挙げたヘビは、私たちの空想の中で超次元的な怪物になる。息苦しさはパニックに成長する。フロイトはむろん、もっと客観的な説明をしている。「危険は察知され、実在しているが、危険に対する不安は極端に大きい。私たちの判断からすれば不当なほど大きい。この実際を超える部分に、神経症的要素が現れている。現実の危険には欲動の危険が結びついている」[9]。

カール・グスタフ・ユングも同様の精神状態を取り上げている。しかしユングの場合は、元型的イメージは意識の管理から切り離されていると考えた。元型のイメージはどのような合理的な制限も受けず、強迫行為や精神障害を引き起こすことがあるという。

フロイトとユングを用いれば、不安の形成をさらに追究することができる。恐怖と心配は自我にとって非常に不快な状態なので、抑圧され、無意識下に置かれやすい。しかし、抑圧された情動はそのエネルギーを別のところで解放し、強迫神経症などになって現れる。フロイトの分析で有名な例に、始終、手を洗わずにいられない若い女性の話がある。不安だから手を洗う、とこの女性は述べている。治療をしていくうちに、洗浄強迫のきっかけは、彼女が厳しい父親の死を願ったことだとわかった。彼女はいってみれば望んではいけない願望に対する不安を洗い流していた。体を清潔にすることで、精神の清浄を得ようとしていたのだ。

この例からは、抑圧された不安はただ黙って何もせずに精神内にいるわけではなく、「鳥のように自由に自我の組織の外にいる」ことが読み取れる。だからこそコントロール不能であり、本能や欲動に直接支配されている分、危険なのだ[10]。

同様のことは経済学でも認められる。経済学はたとえば投資で失敗する不安を、リスク分散の数学モデルなどの気休めや投資保険の投入によって押さえ込む。市場全体が、保証や専門家による確約という虚構の上に成り立っている。だが、ただのひとつでも確約が守られないと判明すれば、たちまち容赦なく投資がストップし、市場の一部が壊滅する。こうした反応はたいてい現実の不安を分析することから起こるのではなく、「自動的不安」のメカニズムに従っている。その様子は、まるで財産が生きるか死ぬかの大問題に直面しているかのようだ。そして新聞には、「市場がパニックに」の見出しが躍る。いま問題にすべきは、この経済学の呪いだ。

パーンから市場パニックへ

パニックというのは、おかしな状態だ。不安のもっとも伝染する形であり、きわめて危険な形でもある。パニックという存在をはっきりと描き出すため、ここではあるギリシャ神話を紹介しよう。この物語でも、私たちは感情や本能の細かな分析と向き合うことになる。神パーンの物語では、不安がまさに神の国の統治を決定する。

パーンはその嗜好や悪癖からして非常に人間らしい神だ。実際、パーンはオリュンポスや神々の宴を避けた。ティタン神族のクロノスと山羊の女神アマルテイアの息子で、ゼウスの異母兄弟でもあるパーンは、地上に暮らすことを好み、山羊の姿の下半身で歩き回った。アルカディアで家畜と蜂の巣の番をするのに満ち足り、人間の祭りに行くのが好きだった。領地の外でこの善良な神を見かけることはまれだった。ただしパーンが妖精を追いかけるときは別で、美しいエコーやエウペメーといった妖精たちを誘惑しては孕ませた。そもそも女好きで、ディオニュソスの信者の踊り狂うマイナデスを全員ものにしたという逸話もある。

あるとき、ゼウスは父であるクロノスに反旗を翻し、自らがオリュンポスの覇権を得ようとした。ただし、そうされるだけの理由が父神にはあった。クロノスは権力を奪われるかもしれない不安から、ゼウスの兄姉を呑み込んでいたのだ。ゼウスは酌をする侍従を装うと、クロノスを酔わせ、腹の中の兄姉、ヘスティア、デメテル、ヘラ、ハデス、ポセイドンを丸呑みの状態のまま吐き出させた。

しかし、これで長く支配権を得られたわけではない。今度はティタン神族が勇猛なアトラスの指揮の下、ゼウスに反抗した。一〇年にわたって天と地の権力を巡る激戦が繰り広げられた。ティタン神族の優勢が見えてきたころ、ゼウスは地底に助けを求め、キュクロプスによって雷などの武具を得た。それでも決着はつかず、ティタン神族の威力は止めようもなく増していく。ゼウス本人にも危険が迫る、まさに戦いの頂点で、パーンが恐ろしい叫び声を上げた。長く、鋭く、神経を切り裂くような叫びだ。ティタン族は恐怖で身をすくませた。アトラスだけが勇敢にも隊列を整えようと対応した。だが、ティタンの神々にはもはやどのような指令も届かず、みな散り散りになって逃げ出した。こうして穏やかなパーンは、ゼウスがオリュンポスを統べるのに大きな力を貸した。（神々の）歴史上初めてのパニックを引き起こすことによって――。(11)

パーンの物語が表しているのは不安の威力だけではなく、歴史を逆転させ、勝者の大群をほんの一瞬で敗者として蹴散らすことができるその能力も示している。もし金融市場の多くの勝者が敗者になるとしたら、同様のパニックが起こらないだろうか。もしリスクに挑み、リスクを楽しむ気概があっという間に用心や恐怖心に変わったとしたら？[12]

経済史学者のチャールズ・P・キンドルバーガーの定義はこうだ。「パニックとは特別な理由のない突発的な不安で、金融分野で生じ、少ない流動性が現金や政府資産へ一気に向かう事態である」。キンドルバーガーは二〇〇三年の時点ですでに、二〇〇七年の事象をかなり的確に分析していたことになる。実際に、資産価値の急速な崩壊は、中央銀行や政府の強力な介入によって食い止められた。だが、その結果が現在の貧弱な国家財政だ[13]。

すでに触れたとおり、ジークムント・フロイトは心的事象をエネルギーの「経済論」、すなわち、抑圧と表出、愛と憎しみ、攻撃と不安の絶えまない移動としても解釈した[14]。私たちもまた、経済における本能の作用をそのようにイメージする必要がある。よく使われる強欲とパニックの例をさらに考えれば、極端から極端の間には、対立関係ではなく密接な相関関係があることがわかる。両者はシーソーの両端のようにつながっている。シーソーと同じく、どんな瞬間にも両極は互いに影響を与えあっている。まったく同様に、アメリカの生理学者ウォルター・ブラッドフォード・キャノンも、不安状況での決断は必ず攻撃か逃走の両極に振れるという見解を示している。経済学でいえば、これは「保有する／買う」か「売る」の選択だ。両極端のどちらにも転びうるごく細い境界線上で、国民経済全体の運命はしばしば決定されているのだ。

金融市場では、情報やニュース速報がパーンの役割を果たす。特定の株の大量売買なり、リーマン・ブラザーズのような大企業の倒産なりの情報は、フロイトのいう不安シグナルとして働く。その信憑性がどうであろうと、こうしたニュースがきっかけになって、神話時代のティタン神族のように市場が傾き、崩壊する。

市場危機を引き起こす情報が、実際はうその場合もある。たとえば一八七三年、パリで原料価格が下落したという流言がウィーンでの恐慌につながった。銀行破綻はオーストリア＝ハンガリー帝国からベルリン、ロンドンへ広まり、倒産と失業の勢いは止まらず、ドイツでは革命が起こる寸前の事態になった。しかし、オットー・フォン・ビスマルクを首相とする政府がヨーロッパで最初の社会政策を立法し、緊迫した状況を鎮めた。

十分に情報のある市民ですら、不安状況ではリアルとフィクションをほとんど、あるいはまったく区別できない。これに関してはアメリカにひとつの事例がある。野球スタジアムの観客に、清涼飲料水に有害な菌が混入したという注意がアナウンスされた。すると、二〇〇人以上の観客が嘔吐や吐き気といった明確な症状を訴えて病院に搬送されたという。のちにアナウンスはたちの悪い冗談で、実際には誰の健康にも問題がないことが判明した。ドリンクに菌混入という知らせが、プラシーボの逆である「ノーシーボ」のように働いたのだ。

不安の世界現象

実のところ、世界の歴史は、不安の影が示されただけで社会が大きく転覆した例にあふれている。もっとも、公式の歴史では見ないふりをされているので、純粋な心、または邪悪な心がもたらした一連の計画行為のように思われている。不安が経済、政治に影響を与えた大きな例のひとつ、のちには勇壮の栄冠まで授かってしまった例が、フランス革命だ。

一七八九年初夏、貴族や国王と第三身分の平民の間には対立が続いていた。とはいえ、その対立は七月初旬まではごく限られた現象だった。ルイ一六世は悠々とヴェルサイユ宮殿で狩りを楽しみ、役に立つともいえない政府が国を治め、作り出された法律は硬化して鈍化した王国でたいして機能していなかった。

だが、この年の夏、穀物の在庫が尽きかけ、野菜が畑で枯れると、商品の投機が行われてパンの価格が三カ月のうちに二倍以上に高騰した。パリでは、インフレを原因とする騒動が起こり始めた。けれども革命に火をつけたのは、反乱市民が流したうわさだった。それによれば、貴族たちは路上生活者や犯罪者を集め、まだ実っていない麦を畑から刈り取らせて価格を上昇させたうえ、残虐な兵士らを集めて作った軍をすでに国中に放ち、殺戮を行わせようとしているということだった。(15) 農民や人民のあいだに集団異常心理を引き起こし、騒乱を各地に広めるには、これで十分だった。

村民は城館を襲撃し、領主や貴族を殺害した。
日々の出来事はうわさによって左右され、きわめて不条理な状況を作り出していった。パリの北方にある村では、王に雇われた路上生活者の大群が向かっているらしいと知らせを受けて大騒ぎが起きた。村民たちはまず王属の治安維持隊を追い出すと、村に近づいてきた武装集団に襲いかかった。しかしふたを開けてみれば、襲撃者だと思ったその集団は近隣の住民で、うわさを聞いて村を助けようと駆けつけた人々だった。

のちにグランド・プール（大恐怖）と呼ばれる一七八九年七月初めから八月末までの間に、王政は倒された。革命初期の指導者ミラボーはのちに語っている。「低俗な情報を信じ、誇張して伝えるという、非常時によく見られる傾向ほど、観察者を驚かすものはない[16]」。ただ一人、ルイ一六世だけが例外だった。王は七月一四日の夜、日記にこう記している。「リアン《何もない》」。この日、怒り狂った市民がバスティーユ牢獄を襲撃した。

ビッグビジネスとしての不安

不安が歴史の転換をさえ引き起こすのなら、安易なビジネスにおいて不安という材料はいっそう欠かせないはずだ。アメリカのある会社は、「フィアー・セリング（不安商法）」を紹介して成功している。この商法で顧客は何を期待できるのだろうか？　謳い文句はこうだ。「営業にお困りですか？　今こそフィアー・セリングを試してください。売り上げのスピードも成績も上がります」。さらには「七八％速く買わせることが証明された戦略とテクニック」ときている。[17]

この例は極端かもしれない。そのため、不安をビジネスにした別の事例を用意した。以下に、まったく過小に見積もられている多様なビッグビジネスを三例挙げる。

ケース1――パンデミック

私たちはみな自分の寿命と健康を心配している。手に負えず、多くの人を死なせかねない病気は、集団不安障害や集団精神障害をとくに引き起こす。二〇〇〇年以降だけでも何度も世界を襲ったエピデミックやパンデミックを覚えているだろう。BSE（二〇〇〇年）、SARS（二〇〇三年）、豚ペスト（二〇〇六年）、鳥インフルエンザ（二〇〇八～〇九年）、豚インフルエンザ（二〇〇九～一〇年）、腸管出血性大腸菌（二〇一一年）。

二〇〇〇～一一年の間に製薬会社と各国政府はキャンペーンを張り、いくつもの感染症の危険について注意を喚起した。このとき世界保健機関（WHO）も動き、二〇一〇年の豚インフルエンザの際には感染症の最高レベル「パンデミック」を宣言しているが、H1N1ウイルスで失われた人命はふつうのインフルエンザよりも少なかった。

大警告を発するからには、それなりの正当化も必要になる。WHOは鳥インフルエンザの際、自ら調査員（実地疫学専門家）を派遣し、多大な資金をつぎ込んで最新の感染経路とウイルス進化を研究させている。多くの国では、鳥インフルエンザウイルスが人間に大規模感染した場合に備えて非常時計画を作成した。たとえば日本が立てた対策では、感染者の強制入院、学校閉鎖、大規模集会の禁止も想定している。中国は緊急時に国境を封鎖すると発表した。同様にオーストラリアでも、外国と交通するすべての港や空港を封鎖するとした。企業の九二％は、中度から重度の営業停止に追い込まれるのではないかと危惧した。以前の危機管理計画には、これほどのシナリオはまったく想定されていなかった。

国家は防護マスクを手配し、不安になった市民は治療薬のタミフルやリレンザを求めて薬局に押し寄せた。当時、豚インフルワクチンだけで四億四〇〇〇万個が売れ、五二億ドルの売り上げがあったという。サンド社はタミフルだけで二七億ユーロを売り上げた。不安をあおることで得た最高額はこれで止まらない。二〇〇六年から一〇年にかけて、全世界におけるワクチン製品の販売個数は、年間五億から一〇億弱へと倍増した。二〇一五年までにはさらに倍増し、二〇億に達するといわれている。

この分野では「不安業者」のリターンの高さが表れており、神話のパーンのような役割を果たしているが、行為の動機は狼狽よりも経済的な私心だ。当ケースでは、専門家、医師、ＷＨＯの担当者が最高危険レベル「パンデミック」の宣言を勧め、だからこそ高価な薬品が売れた。のちに明らかになったところでは、彼ら専門家のうち何名かが、複数の製薬企業から報酬を受け取っていた。(18)

ケース2――衛生

不安はしばしば不安の形さえとらず、むしろ願望を装う。その代表例が衛生や清掃製品の販売だ。それが不安と何の関係があるのだと薄笑いを浮かべた人も多いだろう。いいや、関係はある。テレビのコマーシャルからひとつ、訴求力のある架空の例を紹介しよう。クリーナーのコマーシャル(製品名は「パーフェクト・ノックアウト」としておく)だ。画面では、筋骨たくましいゴーストが、ダニやバイ菌(当然ながら汚くて、鋭い牙がついている)を片っ端から恐怖に追い込み、家から逃げ出すように仕向けている。

このCMの対象は、すでにクリーナーを購入した人でなく、潜在的消費者だ。まだ買っていない人は愉快なミニモンスターのことを笑いながらも、意識下では、どれほどの汚染が億単位で自分の家にまき散らされているか心配し始める。この疑惑が意識に上げて考えられることはなく、不安は覆い隠される。しかし、スーパーへ行って棚の前に立つと、本能的な「エス」から購買願望が伝えられ、深く考える前にもう手が「パーフェクト・ノックアウト」へ伸びている。

心理学的に見れば、ここでは「情動」(汚染不安)が作り出され、それが「情動放出」(パーフェクト・ノックアウト)の勧奨と結びついている。意識されないこうしたメッセージは、疑いもなく受け入れられる。EUだけでも、年間に三五〇万トン以上もの洗浄剤が使われている。これは一五

○億ユーロの消費になる。(19)

ケース3――保険というギャンブル

不安でもうけるビジネスは、予測不能性を利用するビジネスである。すでにジークムント・フロイトを引用して触れたように、霧に包まれ把握できない未来の危険は、最大の憂慮と最悪の空想を引き起こしうる。計算の得意な人間はこれに目をつけ、通常とは反対のギャンブルを作り上げた。それが保険だ。

カジノでルーレットに興じる人は幸運が舞い降りる確率に賭けるが、保険は不幸が起きないことでもうけを生み出す。カジノのように保険にもリスクはあるが、そのリスクはずっと低い。カジノで考えられる不運といえば、チップがすべて賭けられたひとつの数字、たとえばゼロなどにボールが入った場合だろう。まっとうなカジノなら、これが起こる確率は三七分の一である。だが、住居が火事で焼失するという不幸は、二〇万分の一の発生率だ。保険会社がカジノオーナーより何千倍も有利なことがわかるだろう。けれど、カジノオーナーのほうが悪質でうさんくさいと思われていないだろうか。

これについては置いておく。保険は役に立つが、カジノは役に立たないというのが一般の評価だ。とにかく窓ガラスの損壊であろうと、入院、死亡であろうと、何かが心配な人は保険に入る。ただし、そこからギャンブルの要素は抜けない。アメリカのサブプライム危機の際、保険業界が膨大な損失を被ったのも不思議はない。住宅信用保険は束にされ、金融市場において高値で取引されていたが、暴落後は銀行やファンドの決算に莫大な打撃を与えた。アメリカ最大手の保険会社、アメリカン・インターナショナル・グループ（ＡＩＧ）も危機の混乱に巻き込まれ、倒産寸前の事態に陥った。ＡＩＧを救うため、政府は一八二〇億ドルを投入しなければならなかった。

だが、たとえ暴落があっても、保険業界は資本家にとってもうけの多い有数の場だ。いっぽう、保険契約者はシステムのごく小さな何千億という歯車にすぎない。世界最大の保険会社ＡＸＡは、九万六〇〇〇人以上の従業員、一四二〇億ドルの売上高を有している。世界で上位五位の保険会社の従業員数を合わせれば五〇万人を超え、売上高の合計は五五〇〇億ドルに達する。

テロとの戦い――経済との戦い

不安とは、市場経済的に見れば、ほぼ尽きることのない泉であり、終わりのない金銭消費の種だ。このことは近年の歴史によく現れている。二〇〇一年九月一一日、ニューヨークでツインタワーが崩壊したとき、政治家や識者は「歴史の転換点」だと口にした。たしかに、こんな事態が発生したことはこれまでなかった。ナイフで武装したひと握りの謀殺者が、世界的強国を揺るがしたのだ。だが、一四年ほどたった今なお、アメリカ合衆国も西洋文化も破滅していなければ、テロリズムが打ち負かされてもいない。

そういう意味では、歴史の転換はなかったわけだ。けれど、変わった部分はあった。二〇〇一年九月に不安反応を起こした西洋社会は、資金と人命を底のない大樽に次々と投入し始めた。この樽を「テロとの戦い」という。そしてこの大量投入は現在も続いている。

アメリカ合衆国議会は、同時多発テロの直接損害だけで三五〇億ドルを見積もった。この内訳は、ニューヨークとワシントンの犠牲者三〇〇〇名の損失（生涯で見込まれた創出価値を算出）、建築物やインフラの破壊である。

それに加えてテロのショックによる停滞にも資金が供給された。まず連邦準備銀行は、それまでの最高額一〇〇〇億ドルで金融市場の買い支えを行い、テロ後に崩壊の危機にあった銀行間《インターバンク》市場を維持した。(20)

こうしてテロとの戦いが始まり、米国は二〇一三年末までにアフガニスタンとイラクで約一兆五〇〇〇億ドルを費やした。(21) 戦争産業で確保される雇用はごくわずかで一時的にしかすぎず、さらに戦争というのは財産をつぶすものなので、この出費の大部分は経済的に「打ち捨てられた資金」といわざるをえない。死傷した軍人や市民に関わる国民経済の結果も含めれば、その額は三兆ドルに上るというのが、ノーベル経済学賞受賞者のジョセフ・E・スティグリッツの見解だ。

アメリカの大多数の専門家がいうことを信じれば、アフガニスタン、イラクでの戦争は米国人の安全保障をそれほど高めなかった。最後に挙げる数値を見ると、こうしたアメリカの姿がよくわかる。戦争費用の一兆四〇〇〇億ドルは、合衆国の現在の予算不足額に相当するのだ。

不安業者と不安の分配

「不安のマーケット」というシステムをさらに理解し、行為主体の経済的動機や戦略を明らかにするために、不安を二つのグループ、一次的不安と二次的不安に分けてみる。一次的不安は私たちの存在に直接関わるもので、飢餓や病気に対する不安などだ。これは、前述した「自動的不安」に至る可能性が高く、本能や反射と密接に結びついている。

二次的不安は問題状況に対する道徳的、倫理的な感情で、超自我という権威を通して学ばれ、制御される。この不安は自分に直接関わるものとして感じられない。ここで再びフロイトを引用すれば、良心不安というのがぴったりな表現のようだ。「良心の根源にあるのは、社会的不安以外の何物でもない」。このような二次的不安は、南北問題や技術革新で生じる結果への不安などだ。

二つの不安グループの作用を調べるため、読者を被験者に思考実験を行うことにしよう。露店の並ぶ本物の市場《いちば》を運営すると考えてほしい。各店はそれぞれひとつの問題を扱っており、ふつうの店がリンゴや野菜を売るように、それぞれの問題に対する解決方法を売り場に並べている。ある店は二次的不安グループから「気候変動」を問題として選び、二酸化炭素削減証書や環境税などを売り場に並べる。別の店は一次的不安の「食糧と安全」を選び、強盗対策の自動セキュリティや飢餓保険を売る。客が興味をもって押し寄せるのはどちらの店だろうか。健康、安全といった一次的不安の店だろうか、それとも気候変動などの二次的不安の店だろうか。大多数の人は確実に目の前の不安を静めにいくだろう。つまり、地球の気候を救うより先に、行列してでも「食糧と安全」を手に入れようとする。ここからは次のようなことがわかる。

不安分配論

1．個人は二次的不安よりも一次的不安を和らげたがる傾向がある。一次的不安は衝動的な反応を引き起こすため、倫理的価値と関係する二次的不安よりも往々にして収益性が高い。

2．もし市場が利益のみで動くものなら、供給側の参加者は一次的不安に訴えかけたり、二次的不安を一次的不安に寄せてきたりする（ひと目では把握できない気温集計や統計のリストを並べるよりも、小さな流氷に一匹でいるシロクマの赤ん坊を見せるなど）。

3．その結果として次のようなことが起きる。不安を引き起こして収益を得る供給者は、実際よりも不安を強調し、そこに経済的なチャンスを作り出すようになる。従って自動的不安を作り上げることが供給者の「能力」となる。

ここで私たちが再び直面するのは、メディアという権力、そして専門家という権力の問題だ。両者は社会の議論をコントロールでき、その意味では不安業者である。小さなところでは、タブロイド紙の編集者が刺激を狙って犠牲者の数を増したり、事実をねじ曲げたりする。大きなところでは、高学歴といわれる経済学の教授が何年も前から折に触れて世界経済に最大の崩壊が訪れると予言し、「この金融商品は確かですよ」と投資者を誘い込んで、自分たちばかりが利益を得たりする。

不安経済の視点からよく見れば、「不安業者」の概念にはテロ・ネットワークも含まれる。テロリストは——そして事件を報じる新聞各紙は——凶行が世界中に知れ渡ることで大きな成功を収める。テロリストはさらなる信奉者を獲得し、メディアは発行部数の増加を達成する。これは現代の非常に厄介なジレンマだといえる。[22] 不安のメディア経済学は、利益の確保を理由に、不安の克服に手を貸すという大望を持てなくなっている。そしてそれゆえに経済的に効果が高い。哲学者のスラヴォイ・ジジェクは以上をこうまとめた。「不安をあおることは今日の主体性に欠かせない基本である。不安がグローバル資本主義のすべてを決めるイデオロギーになることは十分にありうる[23]」。

経済危機というシンドローム

今度は、不安の権力を知ろうとしない新古典派経済学の役割に、もっと近くから光を当ててみよう。何かを黙殺しているのには、理由があるはずだからだ。

もっとも重要な点には、すでに少し触れた。不安とは予測できない大きな存在であり、一定のプロセスに従わず、数学的に活用可能な規則的強度をもたない。不安は突然現れ、そして、測定不能な力をもつことをさまざまな形で見せつけていく。不安に「ロジックは通じない」。あるいはドイツの哲学者ベルンハルト・ヴァルデンフェルスの言葉を借りれば、「決定的分類におさまらない異物」だ(24)。

いっぽう、経済学における私益欲は、測定と制御が可能だ。だから、特売品が購買挙動や販売に与える影響を問題なく測定し、モデルに移行することができる。この違いからして、楽観主義者でなければ経済学はやっていけない。予測可能なものはシステムのように合理的で、そこにぴったりと収まるはずなのだから。行為主体も同じだ。すべての参加者が合理的に行動する経済は、絶対に直線的にプラスの成長をしていくほかない。当然だ。個々の利益最大化の選好だけでものごとが進むのなら(確率で計算可能)、そもそもどうやって不利益が生じるというのか。個々の利益の「最小化」は初めから除外されている。自由市場の行為主体は学問的には完璧だが、心理学の観点からすれば、愚の骨頂だ。

そのため経済学が危機に対してできるのは、せいぜい歴史を振り返ることくらいだ。これは非常に大きな問題だ。ジョン・メイナード・ケインズは「激動の時代に、〝嵐が収まれば大海は静かになる〟としかいえないのであれば、経済学者は安直にすぎる(25)」と語っている。もちろんケインズに異論はないが、ぜひここに補足させてほしい。天気は良好だ、好天はこれからも続く、また好天になる――これ以上のことを語るのを、新古典派の論理は許してさえいないのだ。これは、新古典派の論理が一般に批判されるように非常に厳しく非社会的だからでなく、単に好都合すぎて現実的でないからだ。

それをもっともよく表す例は、現代金融経済の見事な数学的手法だ。たとえば、金融市場でよく批判される高頻度取引（ＨＦＴ）などがある。ＨＦＴではミリ秒単位での取引を行う。誇張なく天才的な発明であり、論理思考の極みである。それ自体がごく小さな値動きを促して経済活動となるため、金融市場を大幅に最適化する。

しかし別の面から見れば、ＨＦＴはケインズのいうところの「好天プログラム」で、市場傾向だけに反応する。つまり、もし急激に株価が暴落すれば、プログラムの出力は投資家の損失最小化に向かい——売りに走る。非常時に危機を拡大させるだけで、鎮めることはない。

政治の出番

ここで問題になるのが、どうすればこのシステムと経済学的観点を変えられるかということだ。私たちの考えでは、もっとも簡単なのは、経済学を元の姿に戻すこと、すなわち政治経済学への回帰である。

ちょっとした挿話を紹介しよう。脳科学研究によると、人間の脳で不安をつかさどるのは、「扁桃体」と呼ばれる左右一対の小さな楕円形の部位だという。扁桃体の働きはベータ遮断薬を使うと抑えることができる。二〇〇八年末、グローバル経済の不安中枢に対してこの薬と似たような機能を果たしたのが、政治だった。全世界に及ぶ銀行破綻の危機に面して、政府は市場にマネーを投入することを決め、中央銀行は史上最大規模の紙幣発行に取り組んだ。これはいまだ続行中である。

当時、工業国の首脳や財務大臣はみなテレビカメラの前に立ち、預貯金や資産の安全を約束した。当然、そのような保証はまったくなかった。だが、熱くなった投資家や貯蓄家の扁桃体を抑えることれ以上の麻酔薬はなかった。経済システムを作る学者が議会や政府のこうした役割を理解したら、彼らは大きく前進するだろう。経済学者は不安を制御し、危機に対処する中心的な役割も果たせたはずだった。

政治がまったく介入しない、あるいは古典派経済学の観点からしか介入しないとき、「国民経済の心理」では何が起こるか。それをもっともよく表す言葉は「不明」だ。このとき、市場は自由な状態で「土壌生成」を待ち、銀行は経営実態を憂慮して、「何が起こるかわからないから……」と実体経済への融資を拒む。ここでまた直面するのが、不明が多すぎる際に出現し、神経症性障害にまで発達しうるフロイトの「自動的不安」だ。

イタリアの哲学者アントニオ・グラムシは、危機について以下のような詩的な言葉を残している。「妖魔は宵闇に現れる」(26)。危急の時とは実際、朦朧としたものだ。古いシステムが破綻して見え、新しいシステムはまだ見つからない。何もかもが不確実だ。けれどこの状態で、はるか昔に満たされた「リトルショップ・オブ・ホラーズ」の扉が開く。そこからは、本章の冒頭でも触れた恐ろしい生き物がわらわらと出てくる。ヘビ、ドラゴン、野獣、ゾンビやモンスターなど、文明によってとっくに処分されたはずの存在たちだ。そして私たちは、この存在と、そこから広がる不安を次々に受け入れる。

聖書でモーセの物語に登場する、すべてを滅する「イナゴ」は、現代では人間の姿をして市場と銀行口座を食べ尽くす（訳注：イナゴ（Heuschrecken）はドイツ語で「ハゲタカ（ファンド）」の意）。株式市場では「金融のサメ」が血の狂乱を繰り広げ、新聞の風刺画ではバンカーがドラゴンやワニの姿になって活気を取り戻す。心理学に換言すれば、これは典型的な不安のシンボル、とくに「生命を脅かすものの集合シンボル[27]」だ。

現代のモンスターの中でも非常に有名な一体が、やはり恐慌の時代に生み出されたのも不思議はない。欧米が大恐慌に陥り、米国民の三六％が失業、ヨーロッパの通りに何百万もの失業者があふれていた当時、アーネスト・B・シュードサック監督が創ったのが映画『キング・コング』だ（一九三三年）。

作中では、貪欲な映画プロデューサーたちが貧しい新人女優をカネと名声で釣って、ニューヨークから怪しい島に連れていく。その孤島で彼女は、巨大なゴリラの生贄にささげられてしまう。しかしゴリラは娘に恋をする。人間はゴリラを捕獲し、ニューヨークに運ぶ。大都会で見せ物になるはずだったキング・コングは、人々を恐怖にたたき落とす存在に変わる。勇敢な空軍の出撃によって、ようやくキング・コングの暴虐には終止符が打たれる。

白人女性の衣服をはぎ取る黒いモンスターという明らかに性的な含蓄の裏で、キング・コングは経済の比喩としても描かれている。金融の都、ニューヨークであくどく稼ぐ商売人の欲望は、乱暴な自然のモンスターを見せ物にし、罪なき女性を犠牲に差し出す。そこには、世界経済危機で凋落しつつあるアメリカ白人中産階級の、力の喪失に対する不安が描かれているとも読める。ジークムント・フロイトがこの映画を見たなら、さぞ喜んだに違いない。

（市場の）自由から生じる不安

本章の最後では哲学の観点から経済に迫り、経済のもっとも重要な要素である、社会における自由と不安を解明したい。すでに取り上げた両極端のシーソーについては覚えているだろう。フロイトを例に学んだ、感情の経済における密な相関関係のことだ。

デンマークの哲学者セーレン・キルケゴールは、こうした相関関係を不安と自由のあいだに確立した。キルケゴールは社会から神を取り除いて考え、代わりに自由を社会に根づく当世のパラダイムと見なした。

実際、一七世紀から啓蒙思想の続くヨーロッパでは、古めかしい権威を払い落としていた。重苦しい社会規範を打ち破り、宗教指導者の言葉よりも自分の頭で考えたことを信じた。市民は聖書以外にプラトンの『国家』も読み、死後の世界ではもはや幸福を探す必要はないという見解を得てい

た。(28)

この関連では、一五一六年にトマス・モアによって、人間の理想的な共同体、「ユートピア」島を描いた哲学対話篇が発表されている。これは、世界最初の社会主義的な世界構想だ。しかし大事なのは、モアの描いたユートピアにおける共同生活の奇妙な点（金の便器、共産主義的な商品市場、長老評議会）ではなく、楽園は（どのような思想にしろ）この現世で、この唯一の生の中でしか作れないという点だ。ユートピアはじつに魅力的だが、そこから生じる実存的問いは非常に重い。たとえばユートピアでは、それまでのような安全保障はどうなるのか。新たな知識が主張するように、もし悪魔も地獄も存在しないなら、死とはいったい何なのか。現世以外には何もないのか。自由の先に何があるのか。大いなる無か。それとも、ブレーズ・パスカルのいう「果てしない空間の永遠の沈黙に対する戦慄(29)」か。

キルケゴールは、まさにこの死後の無に対する不安から始めた。彼は自由のとてつもない可能性と同時に、完全な孤独に対する恐ろしい不安も見つめた。両者を同時に見つめようとしたキルケゴールを不意に襲った目眩は、高所恐怖症にも似ている。

不安は目眩《めまい》にたとえることができる。その目が大きく開いた深淵を覗けば、人は目眩を覚える。けれど、目眩の原因は、深淵だけでなく目にもある。覗き込むことをしてしまったのだから！　それゆえ不安は自由の目眩である。（…）自由が自らの可能性を覗き込み、支えを求めて有限に手を伸ばすとき、目眩は立ち現れる。(30)

自由という状況には、あらゆる可能性がある。だから自由は魅力的で、同時に恐ろしい。[31]

キルケゴールの言説は思想家たちに広く賛同され、引用されたり別の形で証明されたりした。フリードリヒ・ニーチェは人間の不安を存在の開放性の対価だと見なした。作られた運命や天意から自由になることで、「実存的危険はさらに高まる」。他の権威に属さず自分だけをよりどころにすれば、「実存的不安の広野」が開かれる。[32] ジャン＝ポール・サルトルは『存在と無』でキルケゴールの言葉を借用した。「できることを意識すると、深淵に対する畏れが近づいてくる」。[33] ここ何十年か、ポストモダンの現象として不安への注目が再び高まっている。社会学者のジグムント・バウマンは、悲観的な「液状不安」を分析した。「不安は根づいている。規制緩和が人間存在の根本を捕らえるくらいに、そして市民社会の砦が崩れるくらいに、不安は人間の日常に浸透している」。[34]

両極の発見

引き続きキルケゴールを用いて、不安は今に限った現象ではないことを見極めていこう。目眩のするような可能性の中にある自由は、啓蒙思想が広まって以来、不安と楽観の源だった。この啓蒙の重要な一部こそが、一八世紀スコットランドの啓蒙主義運動の中で誕生した自由市場理論だ。

アダム・スミスは、何の影響も受けない個々の決断と私益に対する欲望を、進歩と繁栄という工場の材料と考えた。スミスはわずかしか触れていないが、利己欲には必ず損失への不安も含まれる。

自由市場でもつねに不安は自由と結びつく。キルケゴールの考えた自由の両極性は、実体経済と金融経済にも当てはまる。どちらの経済も不安と楽観の間を蛇行し続け、自由によって生き、自由によって脅かされている。

この相関関係を非常によく表したのが、映画『マージン・コール』（二〇一一年）だ。二〇〇八年の金融崩壊を題材にした、見事な作品である。作中、バンカーの一人がニューヨークの高層ビルの屋上フェンスに乗り、二〇〇メートルの深淵を見つめる。周囲の人間に引き戻された彼がいうのがこの台詞だ。「今の状況の何がおかしいって、落ちるのが怖くなるより、飛び降りたくなることだ」。

よい不安

本章では、不安と憂慮のさまざまな面を見てきた。サバンナで暮らした人類による最初の逃走法から、マンハッタンのブローカーの不条理な不安願望まで、すべてネガティブなものばかりだった。けれど、不安はポジティブにもなりうる。それにはただ、作家のマックス・フリッシュのように考えればよい。フリッシュは、死後の無を恐れる心だけが、生きている幸せを感じさせると語った。「死の予感があるからこそ、生きていることがつかの間理解できる。筋肉があって、歩けること、暗い目に映り込む光があること、肌と神経のおかげでこんなにもいろいろ感じられることを喜ぶ気持ちになる。うれしさを感じて、息をするたびに、存在するすべてが恵みだとわかる」(35)。

想像もつかないほど昔、私たちの祖先もサバンナで同様のことを感じていただろう。何とか木の上に逃げおおせて、ライオンがもっと捕まえやすい獲物を探すあいだ、生の喜びを感じていただろう。木から下りるころには、夜のたき火でこの恐ろしい逃亡劇をどのように話そうか考えていた者もいたかもしれない。そして、女や男、子どもたちが自分の話に夢中になって、目を見開き、胸を高鳴らせ、口をあんぐり開ける様子を想像したかもしれない。このようにして恐怖は物語もこの世に生み出した。今でも子孫の一部は、巨大なゴリラや神々や豪華な財宝の奇妙な話を語っている。私たちは彼らを経済学者と呼んでいる。

第3章

カサンドラの呪い——経済学の予言者について

私たちを誑《たぶら》かそうとする嘘つきは
しばしば真実の声を装い
偽りの神託を撒き散らす

フリードリヒ・シラー(1)

神々の真実

ギリシャ中部のフォキス地方、パルナッソス山頂へ向かう道の途中には岩だらけの丘があり、崩れた街の跡が今日でも見られる。ここに古代世界の聖地、デルフォイがあった。千年以上にわたり、王、皇帝、領主などの権力者が未来を知ろうとこの地を訪れた。予言と芸術の神アポロンの神殿では、ピュティアと呼ばれる女性司祭が神秘の蒸気が立ち上る岩の割れ目の上に座し、神託を求める者に答えを返した。

為政者ペリクレスも、アテネの賢人で立法者のソロンも、さらには、ローマの国政に携わった雄弁家キケロも、デルフォイで予言を授かった。マケドニア王フィリッポスⅡ世には世界制覇が予言され、リュディア王クロイソスには謎めいた言葉で没落が、ローマ皇帝ネロには死期が告げられた。ネロに向かってピュティアは忌々しそうに扉を示すと、「去れ、母殺し!」と声を発したという(2)。

デルフォイでは、経済について世界初ともいえる予言も行われている。ギリシャの歴史家ヘロドトスが記したスパルタ人グラウコスの物語だ。グラウコスは人々に敬われた賢者で、その名声は広く国中に知れ渡っていた。ある日、ミレトスから裕福な商人がグラウコスを訪ね、自分の財産を預かってほしいと頼んだ。グラウコスはそれを引き受けた。長い年月が過ぎ、商人は亡くなったが、財産がどこにあるかは息子たちに伝えられていた。ところが息子たちがスパルタを訪れると、グラウコスは否定した。「他人の金などない。そんな主張をするのなら、きちんと証明し、自分の命で保証してもらわなければならぬ。どちらが正しいか、神託に決めてもらおうではないか」。こんな瑣末なことは神託でもわかるまいと、グラウコスは踏んでいた。こうして彼はデルフォイへ旅立った。しかし、そこで待っていたのは、予想とは逆のことだった。グラウコスは呪われたのだ。家にある金はすべて自分のものと宣誓してよいかとグラウコスが問うと、ピュティアは答えていった。

　グラウコスよ、つかの間だけのためならば
望みどおりにすればよい。
誓えば財は守られよう。
死の神ならばうそつかぬ者をも見舞う。
しかし誓いの神には名もなき子がある。
足も手も使わずたちまち報復を成し遂げ
誓いを偽る者の持つすべてを破壊する。
誓いに忠実な者だけが豊かな実りを得るだろう。(3)

グラウコスは悔いた。何度も許しを求め、慌ててスパルタへ戻り、商人の財産を息子たちに返した。しかしそれも手遅れだった。彼の息子も娘も子を残さないまま死んだ。グラウコスの血統は途絶えた。

この物語を例に選んだのは、その経済的、道徳的な内容よりも、予言の大きな特徴を提示するためだ。注目すべきは、女性司祭が使う言葉や文のスタイルである。韻を踏んで、詩的な恍惚の中で語っている。ピュティアの詩句には、当時の人にとっては強烈なリズムがあり、ほぼ宗教的な内容で飾られている。運命を語る言葉はみな芸術作品であり、それが神秘的な啓示になっている。この関係はたまたまではない。古代の考えでは、詩には未来を見通す力と方法が隠されているとされた。予言が詩作の神アポロンの保護下にあったのももっともなことなのだ(4)。

謎めいた詩人

では、それが経済とどう関係するのか。私たちが大学で学び始めた頃、経済学者にも同じように魔術的なところがあった。数字を扱う能力よりも、その魔術的な言葉遣いに私たちは引きつけられた。「見えざる手」、「創造的破壊」、「価格弾力性」、「合理的選択」など、不思議な響きを持つ、たくさんの魅惑的な言葉に私たちは陶然とした。経済学者はごく単純な取引でさえも、厳かに表現した世界から考察してみせた。

経済学者の説明によると、日々の生活は市場や価格や資本移動のほかに、もう少しいろいろなものから成り立っている。だが、それ以上を知ろうとしない人間には、間違った意味の印象的な言葉が見えるくらいだ。たとえば、経済成長（＝雇用と安定を生む）、株式市場（＝労働せずに金銭を得る）、銀行（＝リスクなしに金利を得る）というように。

経済学者は、消費と成長を志向するシステムをモデルと予測で裏打ちするため、社会全体に欠かせない存在になっている。混沌として見える世界に秩序を与え、コントロール不能な現在に置き去りにされる不安を軽減する。不安について詳述した後に本章を持ってきたのはそのためだ。社会やメディアが経済学者に負わせる社会的機能が本章の中心になる。それは、市場の予言者の役割だ。

賢者の元型

心理学はいくつもの研究で予言力を信じる人の心を分析してきた。その筆頭がカール・グスタフ・ユングで、元型としての予言者を人間心理の原イメージだと考えた。ユングは「老賢者」のイメージを描写している。このイメージが現れるのは、計り知れないことで人生が脅かされるとき、また、知識も哲学もその状況には無力だと思い始めたときである。打つ手がなくなったときに「意識の元型」が現れる。卓越した存在、達人、指導者がひとつの姿になる。この賢者は、ユングの説では魔術師や治療師と同じような存在だ。賢者の光で人生の闇を貫く不死の魂を意味する。しかしユング心理学では、どの元型もプラスとマイナスの面を内包しているため、老賢者もまた善と悪のどちらでもありうる。

善き予言者と悪しき予言者は、大衆文化でもよく見られる登場人物だ(5)。大詩人ホメーロスはこの両義性をひとつの対決の中に描き出した。トロイア戦争の章に叙事的に書き加えられたカルカスとモプソスの物語である。カルカスはトロイアに侵攻するギリシャ軍の、血を好む予言者だった。アガメムノンの娘、イフィゲネイアは彼の予言のせいで神にささげられそうになり(伝承によっては実際に犠牲になる)、トロイア王子ヘクトルの息子アステュアナクスは赤子のうちに殺され、美しいポリュクセネは焼かれた。

カルカスには巧妙な山師の特徴がすべてである。彼には抜きんでた語りの才能があった。しかし、その予言の信憑性は証明不可能だ。いくつかの例外はあるが、予言が「当たった」のは偶然だった。たとえば、沖での順風などは、犠牲をささげようがささげまいが、いつかは必ず起こる現象だ。カルカスは偽りの予言者だった。功名心が強く、狡猾で、弱い者に容赦なく犠牲を強いた。

トロイアからの帰路、名声をほしいままにしていたカルカスはコロフォンへ向かった。ここで自分よりも若い有名な予言者に出会う。アポロンの息子、モプソスだ。カルカスはどちらが上か思い知らせようとした。大きなイチジクの木を指さすと、「あの木からいくつのイチジクが収穫できるか、正確にいえるか?」と尋ねた。モプソスは笑みを浮かべて答えた。「もちろん。まずは一万個、それから計量樽ちょうどひとつ分。一個だけどうしても入らないのが残るだろう」。カルカスはこのときはまだ鼻で笑っていた。「ふん、一個残るか」。しかし予言は的中した。次はモプソスが尋ねる番だった。「大きな数から細かい数に変えよう」と、モプソスは自信ありげにいった。「あそこの畜舎に見える豚は、何匹の子を腹に宿しているか?」「オスが八匹だ。九日後に生まれる」。モプソスの答えはちがった。「そうではない。子は三匹で、オスは一匹のみ。出産は明日の昼だ」。今度もモプソスのいうとおりになった。カルカスは「ひどく悲しんで死んだ」と、ホメーロスは記している。

科学、迷信、黒点

簡単に人を欺ける予言者を、私たちはなぜむやみに信じてしまうのか。今日、心理学、社会心理学、人類学がそれぞれデータにもとづいてこの問題に迫っている。そこでわかったのが、人間の知覚の基本的傾向だ。人間は周囲の混沌につねに構造を見出そうとする。そして、まったく事実でないことを信じる。私たちは、簡単にいえば、存在しない秩序を勝手に見つけるのだ。英国の心理学者ブルース・フッドがいうには、「人間の脳は、因果関係を探し続けることで世界に意味を見つけるよう、進化の過程で発達した。すべてをあたかも事前に決められていたことのように解釈する傾向が人間にはある。そして、ものごとは必ず何らかの理由があって起きたのだと思いたがる」[6]。

この傾向は進化史でもかなり古い行動パターンに属するものらしい。進化上、人間よりずっと古い生き物にも、それが認められるのだ。米国の学習研究者B・F・スキナーは、腹をすかせたハトにも「迷信」があると証明した[7]。彼はハトを三羽、箱に入れ、箱には一五秒ごとに餌を出す装置をつけておいた。何分もたたないうちにハトは奇妙な行動を見せ始めた。一羽は独特な踊りを始め、もう一羽は一定の間隔を空けて箱の隅をつつくようになった。

ハトは餌が落ちてきたときに取っていた行動と、餌が出るという現象を関連づけたと、スキナーは考えた。この自己による条件づけが、まじないのような行動、あるいは動物的に見れば、給餌装置への求愛行動になったのだ。

のちにこの実験は別の研究で検証された。そこでは、子どもたちにおもちゃのピエロから、腹に入ったビー玉を吐き出させるという課題が与えられた。子どもたちは気づいていないが、ピエロは三〇秒ごとにビー玉を吐き出すように作られている。けれど最終的には、ほとんどの子どもがピエロの鼻にキスしたり、おかしな顔をしてみせたりすることに効果があると信じ込んだ。こうした儀式を発明した子どもは、三分の二に上った。

今はまだ子どもたちのことを笑っていられても、世界金融危機以降、占い師の元へ通う経営者が増えているという報告を知れば、その笑顔も凍りつくはずだ[8]。

ジークムント・フロイトもまた、迷信に深く取り組んでいる。まず発見したのは、一見、無意識な日常の行動の数々にひそむ迷信だった。たとえば、大きい数字を狙っているときはサイコロを振る力が強くなるという。フロイトがいうには、「心理の力の行き届かない一部（…）および意図的でない行動の一部について精神分析を行うと、そこにはどうやら理由があり、意識されない動機でそうした行動が決定されていることがわかる」[9]。

経済学の歴史はこのような迷信で満ちている。一九世紀末には、太陽の黒点が経済現象に影響を与えると信じられていた。英国の優れた経済学者、ウィリアム・スタンレー・ジェヴォンズが、天文との関係を柱とする景気理論を構想したからである[10]。ジェヴォンズは穀物価格の年間統計と黒点が現れる周期を比較した。すると、一一年一一カ月ごとに黒点が見られ、好況と不況のサイクルも一一年一一カ月ごとに繰り返されていた。一一・一一——美しくそろった奇跡のような数字だ。しかもそれを有名な論理の天才が語るのだから説得力があった。太陽の黒点は天候に影響を与え、天候は穀物の収穫を、収穫は食糧供給を左右し、さらに食糧業界からそこで働く人、労働者から企業の収益、収益から国の税収へと影響が伝わっていくというのだ。

一九三〇年代の大恐慌を受けてやっと、一億五〇〇〇万キロメートルも離れた天体での出来事と経済の運命をつなげて考える思い込みは消えた。これは、チョウの羽ばたきが最終的には嵐を起こすというカオス理論の経済版だったといえる。

迷信をあおるストレスと時間

複数の研究によれば、人がとくに迷信にとらわれやすいのは時間がないときだという。ブルース・フッドの表現では、「ストレスがかかり、時間に追われている状況では、直観的思考のコントロールがろくに利かなくなる。条件が厳しくなると、合理的な被験者ですら超自然的な説明を受け入れる」[11]。もしこれが本当なら、一瞬で大金を得たり失ったりする経営者や投資家はどうなのだろうか。過剰な負荷にさらされる彼らは、どのように合理的分析を下しているというのだろうか。

科学誌『サイエンス』に、人からコントロール感覚を奪う実験が掲載されたことがある。被験者が課題に挑むと、コンピュータが誤ったフィードバックを返す。それから、過去に無力だと感じた状況を被験者に答えさせる。もう一方のグループでは、コントロール感覚を阻害しない。最後に、被験者に白と黒の点で描かれた模様を見せる。すると、不安定な状態に追いやられたグループは、はるかに高い確率で白と黒の中に何かの形を読み取った。

ジークムント・フロイトは、『トーテムとタブー』でさらに迷信について書いている[12]。彼は迷信を、表に出されなかった他者への攻撃性の放出と解釈した。「迷信の大部分は凶事の期待だ。他者の災いを望みながらも教育のためにそれを無意識へ押しやる者は、無意識の悪意に対する罰として外部から自分に凶事が降りかかることを期待する」[13]。つまり、邪《よこしま》な願望は自らを罰するのだ。

経済の単子論

不確実性と迷信が同根ならば、とりわけ金融市場がその標的になっているのもうなずける。金融市場では不確実性と運命転換が頻繁に見られ、未来を利用して巨額のビジネスが行われている。この機能を詳しく説明するため、ある物を登場させよう。ちょっと子どもじみて思えるかもしれないが、経済学に対する人間の願望をこれ以上表したものはない。それは、水晶だ。[14]

水晶は、魔術的思考が幅を利かせていた前時代のしぶとい遺物だ。今でも『ハリー・ポッター』、『ナルニア国物語』、『ロード・オブ・ザ・リング』などの映画には水晶が登場する。水晶があれば登場人物は未来を見通せ、全知の存在とつながることができる。

もしかすると、この水晶のイメージが、バロックの哲学者ゴットフリート・ヴィルヘルム・ライプニッツの『単子論』にインスピレーションを与えたのかもしれない。単子とは、原子で造られた世界でもっとも小さく、もっとも内部にある宇宙の構成単位だ。単子は、宇宙、過去、現在、未来を内包する。独立していて、拡張しない、純粋なエネルギーだ。現在のエネルギーはすべて、未来での働きをプログラムされていると、ライプニッツは論じた。

資本のベクトル

ライプニッツはこの論のためにずいぶんと笑われた。だが、近くから見る限り、経済は単子論で動いている。大事なのは、無数の経済可能性の空間で活路を開けるかどうかであり、資本はその道具だ。方向は現在と未来の中間にあらかじめセットされる。これはごく当然の手順だ。農家がまく種は農家の資本で、将来の収穫を目標としている。バンカーであれば融資、企業家であれば投資になる。資本とは、経済的未来を現在の時点で具体化しようとする媒介なのだ。

単子論ほど極端でない形で（学問的な根拠があるため）、同じことは経済研究者の予測にもいえる。経済学者は現在と過去の展開から、ある程度それにそって発展する未来の傾向を読み取る。景気のよいときであれば、それで優れた成果を収めた。だが、経済危機で事情は変わった。二〇〇八年末以降、ＯＥＣＤ加盟国に対する年間予測は一度も的中していない。それどころか、予測のずれはかなり大きくなっている（ときには四〇％超）。

もっとも、この「間違う可能性」については、あまり公正な態度は取られていない。二〇一〇年、予定されていた予測を取り下げる覚悟があったのは、ドイツ経済研究所（ＤＩＷ）のクラウス・ツィンマーマンだけだった。「非常に不確実な現在の状況では、量的予測は無意味である」[15]。しかし、経済の監視人がなぜまさに危機の最中に降参しなければならなかったのか。ツィンマーマンは驚くべきことを暴露した。「景気モデルに金融危機を考慮していなかった」。経済学者のカール＝ハインツ・ブロートベックはさらに激しい表現を用いた。「経済で確かな予測はひとつある。それは、予測はほぼ外れるということだ。（…）正確に定式化された経済、つまり経済学はその実用において、正確な結果だけは提供できない。このパラドックスに私たちは直面している」[16]。

他の経済学者はツィンマーマンの提言に従わなかった。その結果、噴飯ものの見出し対決が繰り広げられた。ＯＥＣＤは「半年後に事態収束」と二〇一〇年六月九日に発表。同日、オーストリアの経済研究所（ＷＩＦＯ）は「秋には五〇万人が失業」との見解を示した。さらに、六月二二日、オーストリア国立銀行の出した予測は、「二〇一〇年の実質GDPは四・二%減少」だった。

要するに、学問とその予測学がもっとも必要とされる経済危機に直面したとき、私たちは儀式のように数字を吐き出す。予見できない事象の中でたちまち矛盾が露呈してもそれは、不正確な年間予測のほか、半期予測や四半期予測によってごまかされる。四半期まで区切れば、ほぼ的中する。けれど四半期予測は、ケインズ式にいえば、晴れた日に天気がよいと伝える天気予報と変わらない。

学術、魔術、現実歪曲

それでは、本章の核心に迫ろう。迷信は現実をゆがめる。ジークムント・フロイトは『トーテムとタブー』で、人間は思考、アイデア、イデオロギーで現実を決める傾向があると結論づけた。「思考の全能」という概念がそれだ。(17) イデオロギー的な考えにとらわれる行動には、気の重くなるような例がある。ルイセンコ学説だ。スターリンの贔屓《ひいき》だった農学者、トロフィム・デニソヴィチ・ルイセンコは、作物やその他の生物の特性は遺伝子ではなく環境条件のみで決まると主張した。そのため、穀物を砂漠植物の近くに植えて乾燥地帯での栽培に向けて「鍛え」ようとしたり、特定の栽培条件下で小麦をライ麦に変えようとしたりした。

一九四〇〜六四年の間、ルイセンコは指導的立場を手中にしていた。メディアは彼を天才と書き立てた。ルイセンコの疑似科学実験が引き起こした凶作や飢饉は、人々の怠慢のせいにされた。ルイセンコの研究は、人間は遺伝子ではなく社会環境のみでできあがるという社会主義的理想像にも合致していた。「ファシズム的」や「ブルジョア的」といわれる遺伝学者や、ルイセンコに異を唱える生物学者や植物学者は追い払われた。[18] フロイトの「思考の全能」とは、ひとつのアイデアにもとづいて世界の解釈を試みることだが、経済学でも学説が同じ働きをしている。有名な学派がその格好の例だ。[19]

- まずは「古典学派」。その学術的世界像は、個人および企業者がシステムを決定するとの考えを基本にしている。経済を支配するのはミクロ経済学と実体経済であり、貨幣はその反映とされる。政府は小さな問題を排除すればよいと考えた。
- ジョン・メイナード・ケインズはこのシステムを逆転させ、個人が経済に影響を与えることは決してないと主張した。資本や生産性や雇用を形成するのは需要の機能だという考えだ。マクロ経済学と政府による介入が決定要因となる。
- 最後にミルトン・フリードマンを中心とするシカゴ学派のマネタリストは、通貨供給量とその管理が経済動態に影響を与える主要因だと説いた。対して、ヨーゼフ・A・シュンペーターは、「イノベーション」と「創造的破壊」で話を整理した。重要なのは企業者の利益で、それが将来の競争の資本資源を決定するという。

こうした異なる理論から、途方もない「現実」が、そしてあらゆる結論が読み取られてきた。「ターボ資本主義」の自由放任《レッセ・フェール》から共産主義まで、ホモ・エコノミクスはあらゆる事態を耐え忍ばなければならなかった。こうして見ると、経済学者とは聖書の預言者と同じで、市民の代弁者ではなく、つねに上位意思の代弁者でしかないらしい。

経済学者の市場

経済予言者の市場価値は、未来を示し、秩序を与える能力にある。金融経済ではとくにそれが強く求められ、投機の結果を予測することを期待される。株価がどう上がるか。恐慌はいつ収まるか。次の有望市場は何か。デフレ、インフレ、あるいは不況になるか。

彼らは答えを出す。そして人々はそれを信じる。今日の専門家は、予言者カルカスよりも巧妙だからだ。彼らは常套句を使って保険をかける。たとえばこうだ。「現在ある情報にもとづけば、あの母豚は九匹の子を産むといえます」。あるいは「私たちの学術モデルによると、出産は八日以内には行われないと推論できます」。このいい方は予測に信憑性を与え、もし的中しなかったとしても経済学者の責は確実に問われない。

こうした予言者は現在、多数存在する。だから、その市場が誕生した。実際の市場と同じように、そこでも声の大きい者が最大の利益を上げる。イメージしやすくするために、アテネの古い広場で年の市が開かれていると想像してみよう。ある一角では風船売りが「うちの株に投資するなら今!」と声を張り上げている。風車売りは「グリーン投資だ!」、お化け屋敷では「完全な破綻が来る! ゴールドファンドを買おう!」と叫んでいる。そこにヌリエル・ルービニ(リーマン・ショックを言い当てた経済学者)が火のついたロウソクを手にふらふらと迷い込む。通りすがりにぶつかった誰かに、なぜ昼日中にロウソクを持ってうろついているのか問われたルービニはひと言返す。「経済学者を探しているんだ[20]」。

経済学者の市場は、自らを傷つける倒錯的な市場と化している。本来であれば、国民経済のためにデータや評価といった信頼できる材料を提供しなければならない[21]。しかし、経済学そのもののルールがこの機能を反転させる。市場につきものの競争、そして経済予言者として稼ぐ必要性のために、対立が過激化、先鋭化してしまい、行われるべき冷静な分析に至らないのだ。

これについて、ホメーロスの『イーリアス』にすばらしく深遠な寓話が見つかる。それは予言にまつわる倒錯した取引で、予言の苦しい立場とその結果をはっきりと示している。

予言の神アポロンは、トロイア王の娘カサンドラを見初める。そして、自分に身をささげれば予言の力を授けると持ちかけた。カサンドラは受け入れたが、すぐにそれを悔いた。しかしもう予言の力は授けられてしまった。アポロンは共寝こそあきらめたものの、代わりに接吻をするよう求めた。カサンドラは聞き入れた。だがこの取引は、カサンドラにとって悲劇的なものに終わる。アポロンは彼女の口へ唾を吐き入れたのだ。これによってカサンドラの言葉に呪いがかけられた。彼女の予言は誰からも信じてもらえなくなった[22]。

経済学で考えると、学者はカサンドラであり、アポロンでもある。経済学者は知識と知恵の力を自ら毒している。中には、誰も知りえないことがわかると豪語する者までいる。そうすることで居並ぶ同業者を蹴散らし、短期的に金銭と名声を得られるケースは確かに多い。だがそれは長期的に見れば、本来「投機を確固たる知識で補う」という願いから生まれた学問の評判を損なうことになる。その意味で経済学者はアポロンだ。自分の言葉を伝えるカサンドラを、よりにもよってそのもっとも役立つ部分で手ひどく痛めつける。経済学者とアポロンの決定的な違いはもちろん、経済学者は神ではないということだ。天上のアポロンには、地上の損害など関係ない。

では、すべてはどこに行き着くのだろうか。ダグラス・アダムスは『銀河ヒッチハイク・ガイド[23]』で面白い答えを返した。この小説では、宇宙人がどんな質問にも答えるコンピュータを作っている。そのため、予言者も学者も、巫女も経済学者も不必要になった。事実、このコンピュータはすべての問題を解く答えも導き出した。答えは、「四二」だ。だが、その数字の意味を教えてくれる予言者はいない。

第4章

アフロディーテの帯

――ナルシシズム、暗示、そして消費の幻想

自然科学を学ぶ者はみな、精神が大いに喜んで眺めるものを必ず疑いの目で確かめるべきである。

フランシス・ベーコン(1)

歪曲願望とダチョウ

未来を見通し、確実な予見を授ける人間の存在を信じたがる欲求は、フロイトの説く重要な作用力のごく一面にすぎない。フロイトはこの力を「快楽原則」と名づけた。これによって私たちは、内部の願望や欲動に応じて世界を単純化したり歪曲したりし、ネガティブな体験やフラストレーションを遠ざけたり押し込めたりする。快楽原則は精神装置の主要な原則で、精神に働く刺激の量を減らそうとする。この欲求は、人間に事実のままを伝える「現実原則」とつねに対立する。

対立は決して決着がつくことなく、一生続く。日常生活では、快楽原則の現象に対して多くの表現が見つかる。「希望的観測」、「現実歪曲」、「現実否定」などだ(2)。

飛べない鳥のダチョウは、こうした現象の代表例になっている。狩猟家や肉食動物が全速力で近づいてきたとき、ダチョウは何をするだろうか。砂地に頭を突っ込み、見られないように願うのだ。あわれなダチョウ。この話はもちろん作られたもので、名誉毀損もいいところだ。実際は、勇敢なダチョウが自分の身を守る気になれば、強力な足でライオンの頭を打ち砕くことも、人間の体中の骨を折ることもできる。つまり、ダチョウの話は鳥類学的なナンセンスというよりも人間特有の行動の比喩なのだ。ダチョウの政治という言葉が政府お得意のやり方を表すのもうなずける。それは、問題解決能力はおろか認識する能力すらないのに、やたらと自分を大きく見せたがることだ。

快楽原則が有害な形で現れると、経済システムにも影響を――それも危険な影響を与える。それについて、以降のページで論じていく。まずは暗示について、そして次に認知的不協和および抑圧の結果について、さらに投影とスケープゴートについて、そして最後に、もっとも作用が強く、もっとも危険な表出形である集団神経症を取り上げる。だがまずはひとつずつ順番に見ていくことにしよう。

暗示「我思う、ゆえにそれあり」

暗示、あるいは月並みにいえば「思い込ませる」とは、合理的な思考を排除して他者や自分を感化することだ（後者は「自己暗示」）。その際、個人は思考、感情、イメージを無批判に受け入れる。(3) 無意識の構造に働きかけられ、ろくに考えずに行動する状態だ。経済学でよく使われる「見えざる手によるかのように」という状態である。暗示という概念はもともと催眠術(4)から誕生し、とくに戦後ドイツの映画監督たちを刺激してミステリー作品をいくつも撮らせた。たとえば恐ろしいマブゼ博士は、トランス状態の人に、明日、殺人を犯すよう喜々として命令を出し、歩く道具となったその人は意識のある状態で何も考えずにそれを実行してしまう。『ドクトル・マブゼ』は、少ないカット割りに劇的な音楽を重ねて殺人シーンを進める。最初は、アスファルトを歩く足が映し出される。カットが切り替わる。犠牲になる人物が通りに現れ、辺りを見回す。切り替わって、殺人者からの主観ショット。犠牲者へ近づいていく。ここで画面を引いて、コートのポケットから拳銃が出てくる。銃声。犠牲者が身をよじる。カット。パトカーのサイレン。マブゼ博士の犠牲者は息絶え、実行者は逮捕されるが、本当は罪がない[5]。

これはもちろん暗示が力ずく、かつ原始的に表れた例だ。現代社会では暗示の機能はもっとずっと巧妙だ。それを、非常に有名な物語で明らかにしていこう。デンマーク・コペンハーゲンの塔のある家で作られたこの話は、発表後、世界中に広まり、今も多くの子どもたちに読み継がれている。ハンス・クリスチャン・アンデルセンの『裸の王様』だ。

むかしむかし、新しい服のことばかり考えている王様がいた。きれいに身を飾るために、お金をすべて使うほどだった。（…）昼は一時間ごとに上着を替えるので、ふつうの王様であれば仕事をしているところを、この城ではいつも「王様は衣装部屋にいらっしゃるよ！」といっていた。（…）

ある日、織物師を名乗る詐欺師が二人やってきて、この世で最高に美しい布を織ることができると申し出た。色や模様がすばらしいのはもちろん、その布で作る服には不思議な力があって、自分の職に適っていない者や度を超した愚か者には見えないのだという。

「それは見事な服だ」と王様は考えた。「そんな服があったら、この国にいる無能を見つけ出して利口と分けることができる！　すぐにその布を織らせよう」（…）

しばらくして王様はどのくらい織れたか知りたくなったが、愚かな者や身分に適していない者には布が見えないことを考えると気が進まなかった。自分に心配の必要はないと信じていたものの、まずは誰かをやって様子を見てこさせることにした。（…）「真面目な古参の大臣に行かせよう」と、王様は思った。「大臣なら布がどうなっているか判断するのにうってつけだ。賢いし、誰よりもきちんと仕事をこなしているからな」。こうして年老いた善良な大臣は、詐欺師たちが何もない織機で働く広間に向かった。「何てことだ！」。大臣は目を見張った。「何も見えないではないか！」。しかしそれを口には出さなかった。

二人の詐欺師は近くへ寄るように誘い、美しい模様ではないか、色はどうかと尋ねてきた。何もない織機を示された大臣は、目を見開いたままだったが、何もないのだからわかりようがない。「神よ。私はばかなのでしょうか？　こんなこと考えもしなかったし、人が知るべきことでもない！　私は大臣の職にふさわしくないというのか？　だめだ、布が見えないなどと口にするわけにはいかない！」

「何もおっしゃっていただけないのですか？」。織物師が尋ねた。

「いやこれはすてきだ、まったく最高だ！」。大臣は眼鏡を出して眺めた。「この模様、この色――大変気に入ったと王にお伝えしておこう」

街は華麗な布のうわさで持ちきりだった。できあがる前に王様も布を見たくなった。（…）広間を訪れた王様は思った。「何だと！　何も見えない！　何てことだ。私はばかなのか？　王の器でないと？　これほど恐ろしい事態があるだろうか」。そして王様はいった。「何とすばらしい出来だ。最高の称賛を授けよう！」

お供の者たちも王様のように「何とすばらしい出来でしょう！」と口々にいうと、間近に迫った祝典のときにお披露目してはどうかと勧めた。

こうして王様は豪華な天蓋の下、街を進み、通りや家々の窓からそれを見る人は声をそろえていった。「王様の新しい服ときたら目もくらむようだ！　あの長い裾をご覧よ！　何て美しい！」。誰もが見えないことをひた隠しにしていた。そんなことが知れたら、能なしかばかと思われてしまう。これほど厄介な服はなかった。

けれど、一人の子どもが声を上げた。「王様は裸だ！」（…）

ついには全員が騒ぎ出した。「王様は裸だ！」。民の言葉が正しいように思えて、王様は動揺した。けれど「今は耐えるしかない」と考えた。そして従者は歩みながら、見えない裾を掲げた。(6)

王様の古い障害

あらゆるメルヘンの中で一番の成功を収めた暗示の物語はこうして終わる。王様の現実逃避の根本には服への執着があり、ナルシスティックな障害や、ゆがんだリビドーが表れている。(7) 衣装部屋で鏡に向かい一時間おきに着替える王様は、詐欺師が訪れる前から精神障害の犠牲者だった。神経症的な承認欲求のために、新しい服を次々と手に入れずにいられなかった。王様の自己意識を保てるのは衣装部屋だけだ。詐欺師たちはただ、病んだ人物の熟れた果実をもぎ取ったにすぎない。

その際、詐欺師は非常に巧妙な暗示を用いている。王様の病んだ自己顕示欲に訴える一方で、利口と愚か者の判別という意識上の部分も満たす約束でうまく目くらましをしている。これによって二人は犠牲者に合理化の機会を与えた。つまり、論理的な説明で非合理な行動を正当化したのだ。王様はすぐに喜んでそれを受けた。

もちろん、約束自体はまったく滑稽なものである。なぜなら、利口と愚か者は相対的な概念だからだ。愚か者にとっていくらか知的な人は利口だが、知能の優れた人から見ればそうではない。しかし、王様は手法の単純さに引きつけられた。それまで相対的だったものが、突然、絶対的かつ具体的に把握できるようになった。服が見えない人は愚か、見える者は立派。世界がそれほど単純だったら世話はない。

こうした目くらましは詐欺師の本当の意図を隠し、王様の内心の願望を制御する部分にアクセスしていく。すべてがさらされる物語のラストも、まさに王様の心理状態そのままだ。華美な天蓋の下を裸で進む姿に、完全なナルシストと露出狂ぶりが提示されている。子どもに欺瞞を暴かれても行列を続けたことがさらにそれを証明する。

詐欺師と家臣の間に生じる関係もやはり教訓的だ。布が作られている間、家臣は現実を解釈する役目を引き受ける。そしてそれができるのは、病的な功名心と虚栄心で国民と向き合う立場だからだ。全員が「ダブルバインド」の状況にある。つまり本当のことを口にすれば、愚か者の烙印を押されるリスクを負い、かといって話を合わせれば、王様を笑いものにして罰を受ける恐れがある。こうして混ざり合う利己心、日和見主義、社会的強制は、子どもが大声を上げなければ延々と続いていただろう。だからこそアンデルセンは、社会で知性がもっとも信用されていない存在に現実原則の重要な役目を割り当てた。社会的強制を破ることができたのは、その子どもだけだった。

ワルラス、フィッシャー、そして経済学の機織り

『裸の王様』は、現代の経済のドラマと問題についても多くを語っている。そこに象徴されているのは、不適切な手段を用いて市場の複雑性を学術的に説明しようという試みだ。言い換えれば、事実にも論理にも耐えない公式で、現実をうまくとりつくろおうとすることだ。この公式が力をもつ

のは、近年の例からわかるように、人が暗示にかかったときだけだ。先に要点をいえば、裸の王様は私たち全員で、暗示をかける欺瞞の力は経済学だ。それでは、本章の経済的核心を追っていこう。

市場の決定的機能である需要と供給から話を始めよう。先ほどの物語では、王様の服の補充（供給）と、新しい衣服への欲求（需要）だ。需要は高止まりか上昇傾向にあり、供給は安定している。『裸の王様』では、市場が機能していれば、全般的な過剰供給も、それによる販売損失も起こらないという原則が生きている。供給したものは必ず買われ、勤勉な仕立屋も、織物師も、染色師も、染料職人も、繊維産業すべての生業が成立する。

経済学がまだ若く、物資が乏しかった一九世紀初頭、経済学者は現実の世界を同じように見ていた。社会はありったけ生産し、ありったけ消費し、それによって進歩と繁栄をたっぷりと味わう。完璧に近づいていくこの世界で必要なのは、働く意志と体力だけだ。腹をすかせた市場では、どんな商品も買われる。要するに、一九世紀初期の著名な経済学者、ジャン゠バティスト・セイの「販路法則」の根本となる公式だ。

供給不足がどこまでも繰り返される時代であれば、これは最高の手だった。セイの法則は、全体の幸福を得るために個人の能力の集結だけを求めるからだ。いつか市場が満たされ、需要が低下する恐れがあること――『裸の王様』の例でいえば、王様が服への欲求を失うこと――など、セイは考えなかった。それも当然だ。調達難、社会的困窮、戦争、疫病といった当時の欠乏状態を見れば、需要の低下など、異常か皮肉な考えだっただろう。

セイの法則を土台にして、経済学者で数学者のレオン・ワルラスは「一般均衡理論」を確立した。セイと同じく、ワルラスは市場を物々交換のレベルに抑えた。貨幣を物々交換の道具と見なし、その入出を物品のようにとらえることで、貨幣の役割を合理化している。この理論の公式は、物—金—物ではなく、物—物だ。

貨幣に関連するダイナミクスが認められていないため（利上げ、指数的成長の可能性、貨幣創造のメカニズム、インフレなど）、商品価格の動きは均衡価格の周辺に落ち着く。売れない製品は高いということなので、市場の「オークション」で最適な価格に修正される。

この理論が二〇世紀に入ってからもずっと完璧な経済学のイメージに暗示をかけ、すべての市場ができるだけ自由に動き、政府の介入がなるべく少ないのがよいとされた。

「一般均衡」の暗示は、アンデルセンの織物師の暗示と同じ働きをする。富をどんどん生む理想の市場は、物語でいうところのこれまでにない完璧な服だ。貨幣市場には貸付、金利などがあり、成長と進歩を大きく変動させる存在といえる。マクロ経済を停滞させないという点で、貨幣はふつうの商品と同列に扱っていいものではないはずなのに、その事実がワルラスの理論からは単純に排除されている。スイスの経済学者ハンス・クリストフ・ビンスヴァンガーは、この点を明確に指摘した。ビンスヴァンガーによれば、ワルラスは「説明モデルの構想においてもっとも重要な基準を守っていない。単純化するときには（モデルに単純化は不可欠だ）、説明しようとする問題を放り出すほどやりすぎてはいけない」。貨幣経済である現代経済は、金銭を抜きにしたモデルでは説明できないと、ビンスヴァンガーは説く。[8]

同様のことは、アメリカの経済学者アーヴィング・フィッシャーがワルラス流のシステムを使って作った貨幣理論にもいえる。フィッシャーは需給の均衡に「取引均衡」を加え、貨幣量にも配慮する必要があるとした。「貨幣数量説」によると、中央銀行は貨幣量をコントロールすることで、貨幣の流通速度、ひいては景気に影響を与えられる。マネタリズムの中核をなすこの理論には、ワルラスのモデルと同じくらいの訴求力がある。これは簡単に制御できる世界を約束するのだ。フィッシャーの理論を合理化している要素は数学的均衡だ。つまり、キャパシティにまだ余裕があって貨幣の供給量を増やした場合、需要が増え、製品の生産量も増えるということだ。[9]

しかし、フィッシャーのモデルも結局は検証不能だ。数量均衡は明確に数値化できない要素にもとづいているため（流通速度も総貨幣量も測定できない）、観察者の立ち位置により、つねに正しいか間違っているかのどちらかなのである。それなのに、数量均衡が証明されることはない。こうして経済学の機織りでは、今も人間の論理という美しい布が表面上は織られているが、その布は実際にはもろい。経済学とメルヘンの違いは、自分が織るのは破れない本物の布だといまだに信じる学者がいることだ。

繁栄の向こうに何があるか

しかしこれがすべてではない。前述したとおりセイの「一般販路」システムは、作れば売れるという考えにもとづいている。だが、現実はだいぶ前からそうではなくなっている。資本主義によって生み出され、資本主義の人間すべてが恩恵を受ける繁栄は、飽和した市場を作った。論理のルールに従えば、非常に高いレベルで停滞プロセスに入ったことになるはずだ。要するに、偉大な経済学者たちが夢見てきた楽園のような状態である。

ジョン・メイナード・ケインズは「孫たちの経済的可能性[10]」について熱弁し、「実質金利がゼロになったら」、つまり「生産性と収入が高くなって需要が満たされたら」、そのとき「資本を蓄積する刺激はなくなる」と想像している。誰もが好きなことだけすればよく、仕事量は一九三〇年代の二五%ですむと考えた。

この予測について問題なのは、経済がそううまく発展しなかったことではない。問題は、こうした楽園が存在を許されていないことにある。なぜなら、市場はとっくに私たちのニーズに従うことをやめ、今では私たちの生活が市場とそのメカニズムに従い、とにかく成長を求められる形になっているからだ。このパラダイムは労働を生み、職業生活と個人の自尊感情の根本を作っていく。働く者は評価され、業績を上げた者は敬われ、目標を達成した者は褒められる。

ナルシスティックな弱さから新しい服を手に入れずにいられなかった裸の王様と同じで、私たちは魂の安寧を保つために絶えまない成長を必要とする。では、ニーズがゼロに近づいたらどうするのか。そう、作ればよいのだ。多数のサービス企業は、次から次へと新しい需要を作ることに注力している。需要がある状態を維持しなければならない。それに使われるのが、マーケティング、宣伝、PR活動だ。

こうした職業がなければ需要行動は劇的に変わり、あの世界金融危機もかすむような深刻な状況が実体経済に生まれるだろう。私たちは生き延びるために需要に暗示をかける。消費はトレンドになり流行になる。そうして気づくと、私たちはまた王様の衣装部屋にいる。王様と同じく、今の私たちは本当に物がなくて苦しんでいるわけではない。それよりも、広告やメディアが暗示をかける「主観的欠乏」に悩まされている。ここでいう「主観的」には大きな意味がある。気づかぬうちに世界観が変わり、経済の性質が完全に変わったということだ。市場の成長は私たちの行為がもたらした快適な結果ではなく、原因的な生存条件になっている。成長するか、崩壊するか。それが現代の選択肢だ。

このシステムで最大の弊害と思われるのは、裸の王様の場合と同様に、需要がなくなることだろう。もしそんなことが起きたら、王様の夢のような時間は、悪夢の時間に決定的に変わってしまう。そもそも、快楽原則の幻想世界を壊すような現実原則のショックを、誰が望むだろうか。裸の王様は望まない。そして、王様とともに私たちもまた見せかけの威厳を保って世界を闊歩している——

それもまったくの裸で。

経済学の認知的不協和

アメリカの心理学者レオン・フェスティンガーは、世界を自分の願望に合わせて解釈したがる心理を画期的な理論にまとめ、フロイトのアプローチを豊かに現代化した。フェスティンガーのモデル「認知的不協和」は、矛盾した状況や事実を、人は自分にとって協和して見える状態に変えようとするという考えだ。簡単にいえば、人間は自己との衝突を避ける。その際、必要に迫られて、半意識の抑圧と似た道具を持ち出すことがある。つまり、無意識を自我でしっかり守って、矛盾した状況を矛盾として見ないのだ。

フェスティンガーの同僚、ダヌタ・アーリック、アイゼア・ガットマン、ピーター・スコーンバック、ジャドソン・ミルズは、消費の点から認知的不協和について端的な証明を行った。彼らは自動車購入者の行動を分析した。車を買ったばかりの人を対象に、さまざまなメーカーや車種のパンフレットを渡し、その中からひとつを選ばせた。結果は驚くべきものだった。自分のよりも上位の車、高級車を選ぶという仮定が覆されたのだ。八〇%近くの人が自分の車のパンフレットを手に取った。他車のほうが優れていたら自分の選択が脅かされかねないことを避けたのである。

同様に、各経済学派でも不協和の排除が働いている。知りたくないことはきっぱりと無視し、正当な異論をイデオロギー的に否認して、なかったことにする。マネタリズムのシカゴ学派はケインジアンにマルクス主義の疑いをかけ、ケインジアンはシカゴ学派をマンチェスター学派リベラリズムの一角に追い払う。[11]逆にいえば、完璧を名乗る各学派はその自己顕示においてどれも変わらない。

抑圧、否認、現実歪曲がひとつになったこうした行動にぴったり来るのは、愛と女性性の女神、アフロディーテのアレゴリーだ。[12]これは別によい意味でいっているのではない。アフロディーテは確かに美しく魅惑的な女神だが、美しさでいえば、ヘラやアテナなどオリュンポスの他の女神ほどでない。けれどアフロディーテには他者と競うのに有利な技があった。彼女を無敵にした、いや、あらがい難い魅力を与えたのは、魔法の帯だ。

これはアフロディーテの夫へパイストスが最上の金で編み上げたもので、この帯を身につけると誰をも魅了できるという魔法がかけられていた。アフロディーテはまさに「魔法のような」魅力を得て、その姿を目にした者を恋に落とした。どうやらへパイストスは自分が贈った物の影響も、妻の貞節も考えなかったらしい。アフロディーテは夫以外の神や人間を気に入るとその帯を使った。戦いの神アレスを長いこと愛人にし、その合間にポセイドン、ヘルメス、ディオニュソス、人間ではアドニス、アンキセス、アルゴー号の船員ブテスと関係をもった。男たちはみな金の帯の力に取り込まれたり、関係を楽しんだりした。

経済学のイデオロギー化もこれとよく似ている。もともと美しい現実にさらに美しい外見を与えて、完璧に見せているにすぎない。イデオロギーには、ある目的に向けた論理の魔法が働いている。

――現実を計画に合わせ、計画を現実に合わせせないのだ。アフロディーテの帯が今も力を発揮するところでは、イデオローグと彼らの「ビューティフル・マインド」が活動し、その力は実際に強く人を引きつける。結果はごく一部を挙げただけでも「現在価値換算」、「効率的市場仮説」、「ブラック＝ショールズ方程式」などの公式や定理に表れている。イデオローグは完璧な数字で完璧な世界を描く。ほれぼれするような思考力だ。

こうして完全性を喧伝し世界に向けて証明することで、人は資本主義にかたどられた市場経済を傷つけて弱め、本来持つ最高の武器を手放している。それは、自らを現実に順応させる能力である。十分に考えられた資本主義とは、フレキシビリティーがあるかぎりどんな困難な挑戦にも対応できるものなのだ。資本主義は社会国家の創出によって共産主義や社会主義に対峙してきた。新しい力とイノベーションで経済危機を抜けて生き延びてきた。内部の改革や現代化によって深刻な経済不況を脱却してきた。こうしたことが達成できたのは、イデオロギー化に陥らなかったからだ。そして何よりも資本主義は、自分を批判するものから学んできたのだ。

ドイツのエッセイスト、ヴォルフ・ロッターは、『市民資本主義』（未邦訳）で分析している。「資本主義は挑戦を受けるから強い。対立するものから解決策を得ていく。資本主義の批判者はどうだろうか？　彼らは異なる意見を聞きたがらず、現実と考えが一致しなければ、気分を害して飛び上がり、強情に地団駄を踏むのではないか？　結構だ。資本主義はそのあいだにオファーを変える。批判者が足踏みをしているあいだも、資本主義には成長力がある」[13]。これ以上適切な表現はない。

いま「市場の自由」を大声で叫ぶ者は、その凝り固まった学問体系で資本主義から自由を奪っている。実際のところ、資本主義にはもう外部の敵はいない。そちらはひとりでに片がついている。最大の敵は内部の中枢にいて、資本主義を合理的にしようとしながら、逆に非合理的にしている。資本主義を崩壊させるものがあるなら、彼らにほかならない。この不幸の原因を、アリストテレスとトマス・アクィナスは、人間の自己欺瞞の原理について考察したときにすでに看破していた。両者の結論によると知性に間違いは存在せず、「間違いを起こすのは意識でなく、空想である[14]」。

ジークムント・フロイトはこのテーマについて、美しい歴史哲学的な考えを導入している。フロイトは人類の発展を三段階で可視化した。第一がアニミズム的段階で、現実を自然の力と協和させる治療師や魔術師の力を指している。「アニミズム的世界観では、人間は自らを全能ととらえている。宗教的世界観になると全能を神に譲るが、本当には手放さない。神にいろいろと働きかけて自分の望みに誘導することを続けているからだ。科学的世界観では、もはや人間の全能の余地はない。人間は自己の矮小さを知り、すべての自然の理と同じく死にも屈服している。だが、現実の法則を計算する人間精神の力を信頼することで、原始的な全能信仰のかけらが生き続ける[15]」。

全能思考、空想、現実が混ざり合う危うさは、歴史の例が教えてくれる。今日まで影響を及ぼすその例は、教会の免罪符販売だ。これによってユダヤ人迫害の大部分、さらに私たちの病的な金融市場観が説明される。

第5章

市場のスケープゴート

――投影、抑圧、そしてその犠牲者

隠れよ、星の光！
俺の暗く深い願望を照らすな！
目よ、手を見るな。
もし実現すると
目が見るのも恐れるようなことを
起こしてやろう。

ウィリアム・シェイクスピア(1)

地獄の苦しみと煉獄

暗示を成功させるには、それほど多くのファンタジーは要らない。ときには、他人を支配したいという純粋な本能だけで、ゆがんだすばらしい妄想や意見を人の頭に仕込み、急所を突いたりたぶらかしたりすることができる。大事なのは、どこから着手するかだ。それさえわかれば、権力の代表者は自らの意見を他者の頭に植えつけ、それを見事に花開かせることすらできる。

面白いのは、独占が進んだシステムほど、病的な欠落症状の危険にさらされているということだ。近年の資本主義も同じ状況を示している。鉄のカーテンが開き、東側諸国が瓦解してからは、突然、何もかもが可能になったように見えた。自己の原理で世界を作り、何の妨害もなく社会生活を送ったり、思い切った実験に取り組んだりする自由を人々は手に入れた。その結果、社会国家の完全な解体、企業構造の再組織化、それによる株主価値の重視という現象が起き、さらには絶対的な利益志向や経営者の性別の限定という、海賊や盗賊のそれとたいして変わらない上位規律も生まれた。

一三世紀初め、カトリック教会も似たような状態にあった。教会はある面で異邦人流入や民族大移動後の平和をまとめていた。敵対者は徐々に排除された。イスラム教徒の集団をはるか遠くへ撃退し、十字軍では相手の中核地域まで追撃するほどだった。北方からの異邦人に対しては一方では戦い、他方ではカトリックのいい方をすればキリスト教化した。当時の教会は史上最大の権力を誇っていた。

そしてこれを信者に感じさせるため、教会は人生における究極の問いにまで解釈を下し、神の意向によって人生が決まるという構想に全世界を押し込めた。

このうちのひとつが、天国と地獄の神学的解釈だ。古代、前古代における異教のあらゆる神話では、天国は神々のもので、悪霊や悪魔は冥府を徘徊し、死者の魂はそこをさまよって永遠に苦しんだ。この両極性についてはキリスト教も神話と変わらない。ただキリスト教の場合、魂の永遠の追放先は、死者の地と選ばれし者の地に分かれ、殉教者と聖人は死後、天国へ旅立てるとされた。

第三の場所——煉獄の暗示

けれど、私たちのような人間はどうなるのだろうか。大なり小なり罪を犯している完璧でない人間、完全に悪でも善でもない人間、つまりすべての人間は死後どうなるというのか。これまでの行いのために天国に縁のない人間は、パウロからアウグスティヌスまでの教父が語ってきた永遠の罰を受けるしかない。当時のイメージでいう凍えるほど寒く、燃えるように暑い場所で、決して蘇らないように埋められるのだ。

しかし、一三世紀の教会がこの希望のないイメージを終わらせた。教会は人々に励みを与え、フランスの中世史家ジャック・ル゠ゴフのいう「第三の場所」への希望を作った。そこは天国でも地獄でもなく、赦されうる罪を浄化する場となる。改悛と責め苦の場で、その先には天、つまり楽園が待っていた。

すなわち「煉獄」は必ず希望の場所としてイメージされる。告解や祈りや行動で悪を退け、罪を悔いる者は、浄化の炎を受けた後に赦されるのだ。

この希望によって国家宗教のキリスト教は、ほとんどの人に永遠の暗がりしか約束しない異教を打ち負かした。

しかし浄化の可能性は、教会の指導者をさらに太らせ、しまいにはシステムそのものの肥大化もあおった。煉獄の影の面が、免罪符の販売だ。[2] 免罪符の働きは単純だ。買って自由になれ！　財産を寄付せよ！　寄付をするなら、司祭、修道院、司教に渡せ！　そうすれば煉獄の時間を大きく減らせる――。ドイツ・ケルンに近いアルスドルフで発行された免罪符を見ると、悪質なメカニズムのすべてが読み取れる。その文章は神聖さに約束と恐ろしい脅迫を組み合わせ、数々の司教の名を挙げて神の権威で飾り、教皇の代理として書かれている。

我らが聖母と教会の子、この手紙を受け取るすべての者に対し、聖ゼーヴェリンのローガー、サレルノのフィリップ、（…）リッダのアンドレアス、以上、神の加護を受ける大司教が死後の安寧を伝える。（…）われらの望みは、ケルン教区アルスドルフの聖なる識者カストールの教会が栄え、信者からつねに敬われることである。そのため、（…）教会の照明、装飾、他の利益に助けの手を差し伸べる者、または死の床でいくばくかの財産を寄贈する者すべてに免罪符を授ける。（…）ローマにて一二九五年、ボニファティウス八世在位元年に発行。

悪魔による諭し

この文面を無視できる者などいるだろうか。免罪のシステムを効果的に働かせ、信者の心を揺さぶるのに聖職者が手っ取り早く用いたのは、短い作り話だった。煉獄を説く聖職者たちは絶えず物語を伝えて、教区民を承服させようとした。こうした作り話は、人々の心情に強く訴えたに違いない。信者の足を教会へ向けさせたのは、怨霊、悪魔、不死の魂、地獄の苦しみの物語だった。この目的のひとつは神と教会に対する服従、もうひとつは金銭であり、その結果、教会と修道会、中でもフランシスコ会、ドミニコ会の托鉢修道会が巨大化した。免罪符の熱はヨーロッパ中に広まった。修道院や司教は街という街に使いを送り、市民の財産で懐を暖めた。そう時間のかからないうちに、殺人、さらにはこれから犯す罪まで免罪符であがなえるようになった。

ビジネスとしては完璧である。罪と死後の生が、何百年もの間、現金と交換できたのだ。免罪符の販売は、史上最初の純粋な大型投機であり、史上最後の確実な大型投機である。信仰で自動的に暗示をかけ、ひとつの文化圏すべてを覆い尽くした。もちろん、開始当初から神学者は免罪符の弁明に苦しんだ。報酬を得て買収される神を、いったいどう正当化できるというのか。免罪符の販売は、宗教改革者のマルティン・ルターが支配システムに抵抗した決定的な理由のひとつだった。そしてこれがのちの教会分裂に発展する。

ルターがヴィッテンベルクで意見書を掲げたころ、その地域では悪名高いドミニコ会修道士が教皇の名の下に魂の安寧を約束しては信者たちから財産を集めていた。修道士の名前はヨハン・テッツェルといい、彼を批判する文書の中に今でもその口上が残っている。

おまえたち、ドイツの民よ
われこそが聖なる父、教皇の使いだ。
その私が今

一万九〇〇〇のカライン(3)を授けよう。
多くをこの箱に入れた者には
その親、妻、子とともに
罪の免償が与えられよう。
お金が箱の中でチャリンと音を立てれば
魂は地獄から天国へ飛び上がる。(4)

神の恩赦にとくに頼ったのが、金貸し、商人、高利貸などの富裕層だった。地獄で苦しむ彼らを描いて、聖職者はよく説教を飾り立てた。たとえばハイスターバッハの修道士カエサリウスは、ユトレヒトのゴデスカルクという高利貸もする農民についての話を披露している。

ある夜、ゴデスカルクは近くの粉ひき小屋から石臼が粉をひくような音が聞こえてくるのに気づいた。(…)強欲なゴデスカルクは小屋へ向かい、扉を開けると、悪夢のような光景を目にした。黒い馬が二頭、その横には同じく真っ黒の、恐ろしい姿をしたものが立っていた。悪魔はゴデスカルクにいった。「さっさと動け！　中へ入って、おまえのために持ってきた馬に乗れ！」。あらがうこともできずに、ゴデスカルクは馬に乗った。悪魔とともに馬で駆け、地獄の深くまで降りていった。そこには、ゴデスカルクの母親と父親がいた。次に、炎でできた椅子があった。この椅子の罰を受ける者は、容赦のない永遠の責め苦を加えられる。悪魔は告げた。「おまえは三日後にここに戻って、この椅子の罰を受ける」。ゴデスカルクは小屋で意識を失っているところを家族に発見され、寝室へ運ばれた。見せられた罰は避けようもないことを悟ったゴデスカルクは、懺悔も贖罪も拒否した。こうして懺悔もせず、最後のパンとぶどう酒も口にせず、最後の聖油も受けないまま、地獄に葬られた。[5]

投影と集団精神障害――ユダヤ人迫害

以上の話が現代の世界と何の関係があると思うかもしれないが、この影響は大きい。なぜなら、煉獄の伝説が広まるとともに、金貸しなど金銭にまつわる仕事への偏見も強まったからだ。聖書の中にも、汚いカネの投影（訳注：自分の悪い面を認めたくないとき、他の人間にその悪い面を押しつけてしまうような心の働き）の材料はたくさんある。「もし私の民、貧しい隣人に金銭を貸すならば、高利貸のようなふるまいをしてはならない。決して利子を取ってはならない」（出エジプト記二二章二四節）。「金銭を愛する者には罪しか残らず、利益を求める者はそのために破滅するだろう」（シラ三一章五節）。「神と富に同時に仕えることはできない」（マタイ六章二四節）。「何かを得ようとして人に貸したところで、何の恵みがあろうか。罪人でさえも、貸した分は返してもらうつもりで罪人に貸す。それよりも敵を愛せよ。よき行いをし、何も求めることなく貸せ」（ルカ六章三四節）。

こうした下地の上に、金融に対する屈託のない関係を作ることは難しい。教会はさらに、倫理や道徳に訴えて事態を進めた。自分たちの行いは（免罪符販売の例で見たように）無視するか合理化し、その一方で、同じことを別の形で行う人々をいっそう激しく攻撃したのだ。

告解を聞く聖職者のために聖書の解釈をまとめた「神学大全」の中で、高利貸は獣姦者や小児性愛者よりも下位に置かれている。スケープゴートの典型的な形だ。[6]

高利貸の犯した罪とは何だろうか。彼らは貸付を行って、利子を取る。両替商や質屋、つまりは銀行家の前身で、この時代で初めての大きな投資を行った。その金融取引のおかげで市民階級は栄え、新たな市場が花開いた。だが煉獄で道徳的な罪を金銭化したため、この新たな発展においても教会は受益者であり続けた。紙切れ一枚を発行するだけで、金融取引から生まれる財産を確保することができたからだ。

カネ、投影、そして人種差別

信者の富裕層を手中にしたものの、「不信心者」には教会の教義はまったく効果がなかった。そのため教会は金融経済への敵意をあおりたて、最後には金融経済全体をさらしものにした。いちばんの犠牲になったのは、一三世紀以降、弾劾と迫害を強いられてきたユダヤ民族だ。この問題の不条理な点は、教会自身が両替商、医者、質屋以外の職業をユダヤ人に禁じ、高利貸の立場を強要していたことだ。対してキリスト教徒は、今日でいう「実体経済」の職業が可能だった。

これはヨーロッパ中のユダヤ人に恐ろしい影響を与えた。ナチスの時代まで延々と、株式市場の崩壊から大量の失業まで経済的な苦境はすべてユダヤ人のせいにされた。ユダヤ系の企業家は従順な労働者の恐喝者、銀行家は経済の吸血鬼といわれて迫害された。一度もまともに駆逐されなかったこの妄想は、最後にはまっすぐナチスの強制収容所へなだれ込む(7)。文明社会は周期的に現れる精神的な病の悪化に陥り、その民族は害虫の集まりで、ドイツの国民と発展を汚すという幻覚を見た。

人生に対する合理的なアプローチとホモ・エコノミクスの構想は、現在、自らを社会のために犠牲にする勇ましい労働戦士の構想にすり替わっている。フロイトは語る。「神経症は現実を否定しない。ただ知ろうとしないだけである。精神病は現実を否定し、すり替えようとする」。そうだとすればホロコーストとは、戦地で他殺の上に自殺を重ねる異様な致死性精神病のようなものだ(8)。そしてこれらすべてが六〇〇年も前の、宗教的位置づけをもつ精神障害に端を発しているのだ。

心理学的に見れば、ユダヤ人はつねに単純な投影の犠牲者だった。その作用は神学や庶民が手に取る書物で複製され、世代をわたって伝えられてきた。投影はよく用いられる防御のメカニズムで、妄想において特別な役割を果たす。無意識のうちに自己の願望やイメージを外部に転写する。それも物や人に転写する。ナチスの強迫妄想は、繰り返される扇動的な演説を通じて弾け飛び、迫害、略奪、やみくもな破壊を引き起こした。

凶事の根幹に話を戻そう。教会はユダヤ人への憎しみをあおりながら、自身は営々と富を集めた。シトー会が金貸しをしていたことは文書に残っており、他の修道院も担保に応じて信用供与を行っていた。支配層も利子で潤っていたことは変わらない。バロック時代まで、貴族は貸付でもうけた金で城を建てた。イギリスは海外取引で富を築いたが、それは大銀行ができて貿易信用を行ったことに起因する。ヨーロッパ中の王侯たちも信用貸付を行っては税金で返済させて豪奢な生活を送っていた。

抑圧された金融市場

カネと金融に対する偏見は、ユダヤ人に対するルサンチマンと同じく、キリスト教的文化の伝統に何百年も刻み込まれている。こうした市場で働く人々に対して、私たちは経済危機がないときは当然のように、まるでリスクなど一切ないかのように自分たちの金融の成長を任せきっている。だがいったん均衡が崩れると、私たちは道徳という武器を手に、「今まで不当に信じ込まされてきた」とその人たちを攻撃する。こんな行動を人間は何千年も前から繰り返している。

この問題の背景には、もうひとつ、金融取引と「現実」の経済との乖離がある。概念的に完全に不条理な構造だ。そもそも現実以外のところに何があるのか。人間が考えられる範囲では、「非現実」「非常識」「本当でないこと」くらいだ。私たちは金融経済を――おそらく本能的に、よく考えもせずに――そんな場所へ追いやっている。これは重大な錯誤だ。銀行のない実体経済など、ありえない。投資家や金融業者のいない仕事環境など考えられない。金銭は世界だけでなく、私たちの幸福も左右する。

この言葉を私たちは認めようとしない。しかし、偏見を取り除くためには、次のことを自問する必要がある。金融市場の批判者がすべて正しかったら、実際どうなるのか。批判者たちは自分の高額な著書を、職場も賃金もないどんな市場で売るつもりなのか。そもそも何について執筆するのか。今より貧しくなる幸せについて？ 金融経済を改革するとは、金融経済をあるがままに見つめることだ。システムに不可欠な、システムに統合された一要素として、あるいは社会の快楽原則の激しい衝動にも簡単に抑圧されない要素として、金融経済を認識することだ。

投影と快楽原則をもっとも強烈に示す歴史的な事例を紹介し、金融市場の性質および視点を広く検討した今、次のテーマが見えてきた。現代における快楽原則が享楽的に展開する、消費の現状についいて次章で論じよう。

第6章

満たされないエリュシクトン

――消費、成長、そして世界の消耗について

私に彼女の物をくれ！
私を彼女の憩いの場へ！
あの胸元の首飾りを、
愛の快楽の靴下止めをくれ。

ヨハン・ヴォルフガング・フォン・ゲーテ(1)

愛という財産

本書では魂の深淵へ旅することを約束した。しかし、まだ根本的な感情、愛と憎しみについては語っていなかった。これは消費欲望に関わる問題であるため、本章で取り上げよう。消費欲望とは、ときに行きすぎることもある物や財産への愛情だ。経済に愛は関係ないと主張するのはまったくのナンセンスである。実際はその逆だ。愛と欲望の問題を理解した者は、経済学の根本的な問題も認識できるとまでいえる。

精神分析は、最上位の感情である愛を把握するために、哲学や生理学のような「大人」の視点からでなく、小さな子どもの視点から説明を行ってきた。目はよく見えず、言葉が話せず、世界のことが何もわからない乳児の視点で愛を見つめてきた。乳児が最初にさらされる力は、プラスとマイナスの刺激、つまり快楽と不快である。精神分析家のメラニー・クライン(2)は、子どもが満足とフラストレーションの間を行き来する様子を的確に描写した。母親の乳房は、絶対的な幸福の対象にもなれば、絶望や無情な剥奪の対象にもなるという。その決め手となるのは、食料を求める子どもの欲求が満たされるかどうかだ。

つまり、子どもは極端な状態を生きている。そしてまた子どもは奇妙な経済状態にもある。世界に何も与えず、受け取ることしかできないのだ。生き延びるためには手に入れることを望み、手に入れる必要がある。これは人間の成長の基本だ。与える以上のものをもらわなければならない[3]。ジークムント・フロイトは、愛の発達に関する論文でこう表現した。「最初の性欲動として見られるのが、摂取する、食べるという行為である。これは愛の一種で、対象の個別存在を終結させることを含んでおり、アンビバレントな心理ということができる。性器期前の肛門サディズム期になると、対象への欲求は、その損傷や破壊を問わない掌握衝動の形で現れる。こうした愛の前段階は、憎む対象に対する行動とたいして変わらない。性器が発達して初めて、愛は憎しみと対置する[4]」。

乳児の愛が対象を摂取したい純粋な衝動からできているように、現代の消費社会も人間の最初の刺激で成立しており、社会精神的に高位の段階に至っていない。

現代社会は、子孫の保護にしろ、社会の繁栄の達成にしろ、長期的な視野に立って生産を行わない。消費を唯一のよりどころに生産を行う傾向はますます強まっている。過去の社会と違うのは、とにかく何かを消費せよというアピールが着実に強くなってきていること、そして「何かが必要だ」という思いに人々がつねにとりつかれていることだ。この問題については経済学の暗示を考察した

第2部第4章ですでに言及した。本章では消費の根本的な分析を行う。読者にとっては、単純な欲求がいかにして抑え難い中毒に変わるのか、豊かさを作るはずの成長がなぜ衝動的な自己破壊に向かうのかを眺める思考の旅になる。旅の始まりは、古代ギリシャの王族の物語だ。神への罪を犯したために恐ろしい報いを受けた男、エリュシクトンの物語を、オウィディウスが『変身物語』で伝えている。(5)

エリュシクトンと飢餓の炎

むかし、ペラスゴイという誇り高い民が聖地に暮らしていた。彼らは女神デメテルに美しい森をささげた。しかし、この森はきれいなままではいられなかった。

エリュシクトンは、神々をないがしろにすることで知られ、祭壇に花などをささげるようなことは決してなかった。エリュシクトンには、古くからあるデメテルの神聖な森を鉄斧で傷つけたという話が伝わっている。

この森にはまるでそれ一本で森のような巨大な樫の木がそびえ、長い歳月をうかがわせていた。幹や枝は碑文や布や花輪で飾られ、数々の祈りがささげられたことを表していた。木の精たちはしばしばそこで祝いの輪舞を踊り、手を取りあって幹の周りを回った。樫の幹は一五人もの人間が手を広げてやっと届くほどの太さがあり、その高さはふつうの木が草花を見下ろすように、他の木々のはるか上に達していた。それでもエリュシクトンに聖木を大切にする考えはなく、家臣に切り倒すよう命令を出した。そして、ためらう家臣たちを目にすると、斧を奪って叫んだ。「たとえこれが神の愛木でなく、女神そのものであろうと――今こそ緑の頂は地に伏すのだ！」。エリュシクトンは斧を振り上げ、一撃を加えた。すると樫の根元が震え、うめき声が聞こえてきた。同時に葉と実が急激に色を失い、豊かな枝は枯れた。傷つけられた幹へ目をやれば、ぱっくりと開いた樹皮から血が流れている。それはまるで、祭壇にささげられた巨大な牛が首元から血をしたたらせているようだった。

誰もが恐怖で身をすくませたが、一人が勇気を奮って凶行をいさめ、忌まわしい斧を止めようとした。エリュシクトンは陰惨な目つきで見返すと告げた。「その信心に褒美をやろう！」。そして斧を木から男へ向けると、男の首を切り落とし、再び幹に斧を振り下ろした。その瞬間、樫の内側から声が聞こえてきた。「私はこの木に住まい、デメテル様に仕えるニンフ。死に際しておまえに告げよう。この罪の罰は必ずや下される。それが死した私の慰めとなろう」。

さらに激高したエリュシクトンは何度も斧を振るい、とうとう木はぐらつき、縄でなぎ倒された。樫の重みで辺り一帯の木々も倒れた。(…) 木の精たちは嘆き悲しみ、喪に服してデメテルを訪ね、罰を与えるよう訴えた。デメテルは願いを聞き入れると、その美しいこうべをうなずかせた。女神の動きとともに、たわわに実った農地の穂も揺れて垂れた。デメテルの考えた罰は、もし罪人《つみびと》の嘆きが犯した罪に値するならば、これ以上ないほど悲惨な罰だった。エリュシクトンは身を滅ぼす飢餓で責められたのだ。

この呪いの効果は絶大だった。エリュシクトンは食べても食べても満たされなくなった。

とどまることなく、海のもの、地のもの、空のものを求め、卓を埋める食べ物を前に腹が減ったと訴えた。食べながら次の食事を欲し、その量はひとつの街や民をまかなえるほどだったが、エリュシクトン一人には足りなかった。腹に詰めるほど欲求は増した。まるで大地のすべての水を受けてもあふれず、遠くの川まで吸い尽くす海のようだった。また、いくら薪をくべても勢いのつかない貪欲な炎のようで、用意するほどに次を欲して食欲は旺盛になった。こうしてエリュシクトンの喉は食べ物を飲み下しながら、もっとくれと訴え続けた。しまいに財産を食いつぶすと、この父にはもったいないような娘だけが残った。哀れにもエリュシクトンは娘まで売ってしまう。

だが、娘には動物に変身できる力があったため、買い手から逃れて戻ってきた。娘が変身できることに気づいた父は、

何度も娘を売った。娘は馬、牛、鹿、鳥になっては貪欲な父親に食料を調達した。しかし、この強力な災いがすべての財産を使い果たすと、(…)エリュシクトンは自分の手足を食べ始めた。この不幸な男は自分の身を養うために、その体を食べ尽くした。(6)

もうひとつの欲求

この物語を心理学や経済学の言葉に変換するのにややこしい理屈は要らない。[7] エリュシクトンは、依存症の典型的な臨床例だ。中毒の対象を得ようという強い欲求に苦しめられる、過剰摂取の傾向を端的に示している。本人と周囲に対するマイナスの影響も明らかだ。[8] 経済学的にいえば、原始的市場を消費によって自己破壊することであり、そのトリガーはデメテルの呪いによってセットされた強迫だ。これは、破壊だけを目指す戦争経済だ。

そもそも、エリュシクトンはなぜ森へ入って呪いを誘発させたのだろうか。彼は宴会に使う広間を作って、友人たちによいところを見せたかったのだ。彼の行動のもととなったのは、消費にも大きく関係する論理、承認欲求だった。[9] 豪華な広間の建設はナルシシズム的な行為であり、同時にゆがんだ社会的行為といえる。身近な例を挙げれば、エリュシクトンの行為は、自意識を保つために定期的に車を買い替える人間と似ている。エリュシクトンにとっての広間が、その人の場合は自動車になる。偉大さ、パワー、すなわち精力を示すのにふさわしい入れ物なのだ。

承認欲求は（エリュシクトンから車の所有者まで）採算性の高いビジネスフィールドだと考えることができる。そこではもっぱら私たちの自己表現願望が取引される。こうしたビジネスフィールドのひとつ、ファッションは、グローバル経済でも活気に満ちている。この業界には一考の価値がある。

新しくて古い帽子――ファッションのルール

ファッションとは、ご存じのとおり、内面、厳格さを重視する人向けのものではない。ドイツの文筆家ハインリヒ・フォン・クライストも、この問題には手を焼かされた。クローゼットでの騒動を終わらせるために彼の口から出たのは、着飾った女性の美を称える口笛ではなく、あざけりの言葉だった。「今日、ナイトガウンと呼ばれていたものが、明日にはイブニングドレスになり、また逆転する」。

クライストの不機嫌な抗議の向こうに見えるのは、国際経済の成功モデルだ。次々と変わるファッション、それに対して大量の顧客が支払う金銭は、何百年も続く工業国の経済的優位に手を貸してきた。絹、麻、ダマスク、ビロードが地域全体を豊かにし、今もその地域を支えている。フランドル地方、イギリス南部、イタリアのポー平原は、繊維需要の恩恵を受けて富を築いた。

ファッションとは、個人とグループ、先駆者と模倣者、同調圧力と規格逸脱の間で行われる複雑な心理ゲームだ。その過程はロジックでは外見の姿だけの問題だが、ロジスティクスでは輸送路、会計では販売と利益の問題になる。

さらにファッションは、芸術、また個人と社会の精神状態の問題でもある。美術史家のエルンスト・H・ゴンブリッチは、ファッションを「希少価値のゲーム」と端的に表現した。[10]

ここには人間のさまざまなタイプが見てとれる。個人主義者ができるだけグループから抜けだそうとする一方、グループの多数はその逆を求め、できるだけ目立たず、無難に済ませようとする。対して、三つ目のタイプは、同調できるモデルを探し続ける。第一と第三のタイプ（作り出す人と流行に敏感な人）が、ファッションを動かす決定的な役割を果たす。

しかし、この第二の不活発なタイプ（現状維持の人）を動かさなければならない。それにはかなりの手間とパワーと説得がいる。流れに乗らないと悪目立ちすると思い始めたとき、第二タイプはやっと動き出す。「作り出す人」の目標はこのとき達せられるが、すぐにまた新しいものを作って「流行に敏感な人」を取り込んでいく必要がある。なぜなら、デザインが一般的になって、大量に見られるようになった時点で、限界効用に達するからだ。ある素材とある色とある造形の組み合わせへの愛情がふつうのことになってしまうと、服が買われるたびに「流行に敏感な人」への効果は失われていく。

この意味で現代のファッションは、一八世紀末までのスタンダードと大きく違う。当時は、個人の地位や社会階級が、明らかな形で服装や帽子と結びついていた。身分に合った服装をしない者は、その階級にあると見なされなかった。人が帽子をかぶるのは、肉体的な生存のためでなく、社会的な生存のためだった。王の息子であるエリュシクトンが、社会での存在のために広間を必要としたのとまったく同じだ。こうした階級規律はファッションの革新を何百年もの間ほぼ進ませなかった。

革新は集団の決まりごと――つまり慣習によってつねにコントロールされた。状況は、社会構造が柔軟になったことで劇的に変わった。古い構造の打破、民主社会の平等性によってファッションは甚大な利益を得た。社会が自由になるほど、トレンドの追求は活発かつ迅速になり、モード界の利益は高まった。

この産業は、市場経済の疾患症状をとくに印象的に示している。ファッションとは性質上、変わりやすく短命だからだ。もともとこの性質をもつのはほかに株式相場くらいしかない。基本的には人間の衝動に訴えかけることによってのみ、ファッションは動く。そしてこの業界は何十億ドルものカネを動かす。

被服の消費は、米国民だけで年間二〇〇億着、一人あたりに換算すれば衣服が六八着、靴が八足となる。たくさん買えば、ごみも増える。一人が一年で捨てる服は一二キロ。もっとも使用される繊維、ポリエステルは、世界中で五〇〇億トン製造されている。衣料品チェーンZARAだけで一日に一〇〇万着を製造する。

服飾産業のグローバル化は南北問題も浮き彫りにし、人間をこれ以上ないほどわかりやすい二つのグループにわけた。貧困層と富裕層だ。私たちが着る服の多くは、バングラデシュ、インドネシア、中国の縫製工場で作られているが、これらはヨーロッパの企業の依頼で安価に製造されている。第1部第3章でバングラデシュの縫製工場によって示したように、これは道具的暴力の一例だ。

ファッションが成功するには、数を獲得しなければならない。市場を支配し、拡大させ、最大の状態まで推し進める必要がある。この状態に到達すると、「市場の飽和」が訪れ、縮小と衰退が後に続く。しかし、これを巧みに行う者は、不毛な地でさえ豊作を生み出す。「山登り」はつい最近まで経済の荒れ地だったが、今や「アウトドア・イベント」に変わった。それ以来、人工繊維でできた「呼吸する」インナーウェアが高い値段で売れている。以前であれば、こんな値段をしたのはラクダの毛でできた登山用靴下くらいだった。不平家のハインリヒ・フォン・クライストならマイクロファイバーの流行について「今日、着ていた合成樹脂の上着を、明日にはソフトシェルと呼んで山に登る」とでもいっただろうか。

指数的成長と指数的破壊

いろいろ検討してきたことで、問題の核が見えてきた。それは市場の成長、そして破壊の成長だ。もう一度エリュシクトンの話に戻ろう。経済学者のハンス・クリストフ・ビンスヴァンガーはこの物語を、環境に対する現代人の破壊的怒りの例として挙げ、それが指数的成長にも指数的破壊にもつながると論じた。ビンスヴァンガーはこの傾向をエリュシクトンだけでなく、ホモ・エコノミクス全体の特徴とした。

こうした成長偏向や成長強迫はどこから来るのだろうか。メラニー・クラインとジークムント・フロイトが論じた無力な乳児の例で考えてみよう。子どもが母親の乳房への欲求を満たす体験をする。乳を飲んで満腹状態になり、食料の摂取が止まる。数式で単純化すれば、空腹（K）＋食料（S）＝満腹（0）、あるいは$K+S=-1+1=0$だ。[11]

すなわち子どもは否応もなく自己の欲望にとらわれてはいるが、満足することは知っている。けれど、エリュシクトンは呪いによって満たされなくなった。食料への欲求は指数的に増えていく。彼の状況を数式にしても空腹＋食料＝満腹とはならず、空腹（K）＋食料（S）＝さらなる空腹、つまり$K=S^x$になる。空腹は数式的、かつオウィディウスが比喩に用いた炎のように絵画的だ。その欲求は満足を目指して中毒と化している。

ドン・ファンの法則

消費社会を解剖すると、同じメカニズムが見つかる。システムが現状の成長から補給を受けるほど、次の期にはさらなる成長が必要になる。消費のサイクルは速くなる。もし空腹が満たされた状態になれば、停滞だ、問題だという評価が下されるだろう。そしていま私たちは実際に、この重大な経済評価を行う岐路に立っている。停滞は有害なのか。ゼロレベルの満腹は有害なのだろうか。もし問題があるなら、それは誰にとってなのか。

たとえ楽観的な未来像でないとしても、この問いの答えは簡単に出る。需要側からすれば、消費者にとっての満腹状態はそう悲劇的なものではない。乳児の場合と同様に、満足感と結びつく状態だろう。あるいはファッションの例でいうと、もしトレンドのサイクルがもう少し速度を落とせば、帽子や服はもっと長く着られるし、人気を保つことができるはずだ。ちょっと身につけただけでピンクの帽子を青の帽子に替えたりせず、消耗してから捨てればよい。

だが、供給側からすれば、市場の飽和にはすさまじく破壊的な作用がある。生産量が激減して労働時間が短くなり、製品が売れずに雇用が失われてしまう。製造が減れば収入も減り、人々が金銭を使わなくなる可能性がある。つまり、システムはゼロレベルを保たずに縮小する。その先に待つのは、縮こまって動かなくなった状態――経済危機だ。なぜこうなってしまったのだろう。消費が停滞すると、国民経済全体に深刻な結果をもたらす。消費で動く経済でゼロレベルが存在するのは、成長と縮小の過渡期だけで、多くの自給自足派が望むように継続はしない。

要するに、エゴイスティックかつナルシスティックな人物がごく自然に求める状態（食事、セックスなどで）、つまり、リビドーの高まりに従って不足のない満足を目指す状態は、経済システムにかかった呪いといえる。そこからはさらに、グローバル経済の満たされないシステムが生まれている(12)。

つねに生み出される食欲は、市場の生存原則だ。この欲求をフロイトや発達心理学の言葉に置き換えれば、経済のドンファニズムといえる。悲劇の女たらしにちなんだこの行為は、他者を消費することだけに欲動エネルギーを働かせる。ドン・ファンであれば女性に手を出すところを、消費主義は財産やリソースに手を出す。消費しないところに待つのは不況だ。

つねに上昇を求める消費と中毒行為をうまく表した例を、ホメーロスが残している。巨人と生死にまつわる戦いの物語、ギリシャの英雄の中でも偉大かつ有名な人物の物語だ。トロイア戦争でアキレウスの盟友として登場したオデュッセウスがその主人公となる。

贅沢に溺れたポリュフェモス

これは、トロイアが破壊され、侵略された後の物語だ。故郷を目指すオデュッセウスは、苦難の旅路をたどっていた。彼は部下とともに巨人キュクロプスが住む島にたどり着いた。かつては鍛冶の技を持ち、ゼウスのために働いたキュクロプス一族だが、この島の巨人たちにもうその技術はなかった。法や議会も市場も知らず、農業の知識ももたずに暮らしていたと、ホメーロスは記している。

一族でもっともたくましいのが、海神ポセイドンの一眼の息子、ポリュフェモスだった。オデュッセウスたちが上陸するまで、ポリュフェモスは単なる羊飼いとして暮らしていた。昼は羊を豊かな草地へ連れていき、夕方には洞窟の家に戻ると、羊の世話をして乳をしぼってはチーズを作った。だが、オデュッセウスが現れたことで、満ち足りた巨人の生活は一変した。オデュッセウスと部下たちは、帰宅したポリュフェモスに洞窟の中で出会い仰天する。泊めてくれないかと頼む一行に対してポリュフェモスが返した答えは明快だった。「すぐさまポリュフェモスは二人の船員をつかみ上げた。二人の頭はつぶれて、地面に血が滴り落ちた。その体を引き裂いて山積みにすると、ライオンのようにむしゃぶりつき、内臓も肉も骨も残さなかった[13]」。

ポリュフェモスは新秩序の消費者になった。以前の彼は羊がいて安定した原始的な経済に暮らしていれば満足だった。しかし、人間の肉を口にしたことで事態は変わった。エリュシクトンのように、欲する量がだんだんと増えていったのだ。ホメーロスの記述によると、それは若干指数的ですらある。最初は二人の人間を食べ、次の日には四人を食い、さらに強い酒も二杯飲んだ。酒の匂いは、閉じ込められているオデュッセウスたちのところまで届いた。オデュッセウスは名前を問われ、「ウーティス」――ギリシャ語で「誰でもない」と答えた。

この物語のラストは有名だ。二日目の夜、ポリュフェモスが酔って眠りについたとき、火のついた杭が巨人の酒池肉林を終わらせた。「オデュッセウスたちは尖ったオリーブの木を担いで、巨人の一眼に突き刺した。（…）燃える杭を突き立てたまま回すと、傷口から熱い血があふれた。（…）ポリュフェモスの恐ろしい咆哮は、湿った洞窟中に響いた[14]」。叫びを聞いた巨人たちが駆けつけると、閉ざされた洞窟から「目がつぶれた！　やったのは《誰でもない》！」と、ポリュフェモスの声がした。巨人たちは言った。「しょうがないやつだ。やったのが誰でもないなら夢でも見ているのだな。われらが父ポセイドンに治癒の祈りをささげ、騒ぐのはもう仕舞いにしろ![15]」。

心理学的に見ると、ポリュフェモスは実際に閉じ込められた存在だ。彼は、訪問者の血と肉への欲望にとらわれている。たっぷりとある羊という基本財産ではなく、数の乏しい人間という贅沢品を求めている。象徴的にいえば、この贅沢品のせいで目がつぶれて感覚を奪われ、仲間にばか者扱いされて思考力を奪われる。

もちろん、消費心理を表すもっと穏やかな寓話はほかにもある。しかしポリュフェモスの行為は、豊かさのために現実との接触を失う社会とぴったり合致する。消費みずからが洞窟を作り、そこには贅沢品への愛情にとらわれた人々が閉じ込められている。洞窟の中で人々が見るのは、鳥の丸焼きが空から降ってくる古い楽園の夢だ。消費にセットされたエデンの園だ。だが、その代償を考えると、楽園は一瞬で地獄に変わる。

「過食」の行き着く先

悪夢のような消費社会の一面――勢いづいた中毒と自己破壊がもっとも表れているのは、健康の分野だ。「過食社会」の犠牲者として、米国民の一七・九％が最新の統計で過体重に分類されている。[16] 糖尿病、心臓循環器系の障害、内臓障害など、肥満を原因とする疾病に使われる医療費は、全体の一〇％を占める。これは年間三八〇〇億ドルに相当する。[17]

なぜ人々は食べすぎるのか。なぜ過食する人は増えているのか。[18] 原因は糖分だ。この基本食材の供給と利益計算が問題なのだ。

基本的に食品は栄養があって安価でなくてはならない。これはかつての富裕層や権力者が最初に学んだ教訓だった。大量の市民が腹をすかせれば、宮殿になだれ込む危険な敵になる。そのため、製造と保存が容易で、輸送に適した食料が必要だった。ここで登場するのが、糖類、とくにグルコース（$C_6H_{12}O_6$）だ。糖分は作るのも運ぶのも簡単で、体のエネルギー源となる。エネルギー源の組み合わせでもっとも手軽なのが、糖質と脂質だ。

工場で製造され、長期保存が可能な食品は、コストの抑制が可能だ。いっぽう人間の体は、エネルギーの摂取に満腹感で応える。ただし、満腹感が得られるのはものを食べた瞬間ではなく、消化が始まってから、つまり食後一五分ごろからだ。この時間のずれが問題になる。ハンバーガー三個程度なら、まったく満腹感のないまま三分ほどで食べてしまえる。しかし、それらが含有する糖質と脂質のカロリーは、成人の一日摂取量を軽く超える。

これが過食症の大きな問題で、一度の食事が一五〇〇キロカロリーを超えることも少なくない。こうした食事法では人は太るというよりも脂肪が増える。しかも問題はこれで終わらない。脂肪増加にも時間差の原理が働くのだ。ハンバーガーはすぐに体脂肪となって現れず、何週間か後に脂肪となって体につく。体の信用貸付とでもいうものが着々と進む。「今日食べた貸しは、未来に支払う」羽目になる。このメカニズムは貨幣のメカニズムと変わらず容赦ない。貸付ではドル、ユーロで処理されるところが、ここではキロ、ポンドになる。

脂質中毒は格差問題と化している。できるだけ費用をかけずに栄養を摂るならば、どうしても脂質と糖質に頼らざるをえない。これは、脂肪の多い人＝低所得者、スリムな人＝高所得者という驚くべき公式を生む。食料が不足しているのが当たり前で、金持ちだけが「豊満な体形」をしていた時代とは逆だ。この逆転劇は保険制度の費用だけでなく、内面の健康にもしばしば影響を与える。過食症者は、うつ病、不安障害、罪悪感も患っていることが多い。

これらは突き詰めれば、「肥満が増えれば、経済が成長する」というゆがんだ実体経済の計算に行き着く。医療費は妥当に計算すれば国内総生産、すなわち経済成長の一部になる。肥満が増えて保険制度に負荷がかかるほど、総決算には都合がよい。言葉を換えれば、社会は経済的困窮層を太らせて病気にし、さらなる成長を獲得することができるのだ。

成長と一体性

オウィディウスには「抑え難い欲望の炎」が登場した。歴史を振り返れば、それが宗教的なものにしろ、世俗的なものにしろ、社会の管理機構がこの種の成長を抑制してきたことはすぐにわかる。ただ現在、成長は抑えの利かない炎のような段階に来ている。こうした形の過剰を否定する物語や神話は、ほぼすべての文化圏で散見される。ギリシャ神話のアロアダイはつねに成長を続けてオリュンポスの神々を滅ぼす寸前まで行ったし、フランスの物語には恐ろしい巨人ガルガンチュワが、そして聖書には怪物リヴァイアサンがいる。

流通する巨人たちの姿を解釈するのに長い時間は要らない。成長の炎は、とくに経済では均等に分散されるわけではない。誰かが他者よりもうけている。たとえば一般に高利貸と呼ばれる業種では、借り手よりも貸し手が過当に有利になっている。そのため、国民の基本財産がまだ確保されていないような分野で、爆発的な成長が見られた場合、それは詐欺師や犯罪者に富が流れ込んでいるという偏見とつねに結びついている。

セベクとホルス——そして黄金の山

一体性と「度を超さないこと」（デルフォイの神殿入口に掲げられていた格言）は、過去の社会にとって理論の面でも道徳の面でも非常に価値があった。これに関する美しい伝説がエジプトの伝承にある。それはコム・オンボの神殿で語られてきた、死をつかさどるワニの神セベクと、人間に優しい神ホルスの対立の物語だ。両者はかつてこの古い都市をともに治めていた。

二神の統治する世界は幸せだった。コム・オンボの一帯には穀物が豊かに実り、鉱山が尽きせぬ金で街とエジプト全体を潤した。互いの協力における治世が何百年も過ぎたころ、セベクは単独での統治を求めた。セベクは突然ホルスに戦いを挑み、この地の富はすべて自分のものだと宣言し、ホルスも人間もセベクのためだけに農地や鉱山で働くよう命令した。要求を拒絶したホルスと人間を、セベクは追放した。街から人はいなくなった。

セベクは目的を達したと思った。そして不死の魂を冥界から呼び出して、すべての仕事をさせた。

不死者は金を求めて掘り、セベクのために神殿や宝殿を建てた。セベクは幸せだった。だが、そのうち穀物の蓄えが尽きると空腹に襲われた。そこで不死者に、耕地へ行って収穫をしてくるよう命じた。ところが不死者たちは頭を横に振って、大きくほえ始めた。黙れというセベクに、一人の不死者が歩み出て告げた。「地上でもっとも横暴な神よ。あなたはもっとも豊かで力のある王となるためにわれらを呼び寄せた。そして見よ、われらは命じられたとおりのことを行った。金や宝石を掘り出して、豪奢な建物を造ることはできる。しかし、セベクよ、われらは死の国のものだ。生きたものを殺すことはできず、命令どおりに麦を刈ることはできない」。

深く絶望したセベクは、ホルスと人間の元へ使いを送り、戻ってくるよう頼んだ。これ以降、二神はまた権力を分け合うようになり、両者で使うひとつの神殿を建てた。この神殿は今もコム・オンボで見ることができる。

セベクは、権力と富をつねに拡大させたいという欲望によって民に無理を強いる非社会的存在だ。これは生産可能性曲線を使って考えればよくわかる。生活必需品の需要が満たされないかぎり、贅沢品の需要は本当には起こらないという簡単な公式だ。コム・オンボの生産可能性曲線は、発展途上国のそれと重なる。これもまた最終的にはセベクの過ちだった。彼は富や贅沢への飢えを満たしたが、いっぽうで、自分の食料もなくてはならないことを忘れたのだ。

ジークムント・フロイトは社会感覚の根源を考察した際に、こうしたさまざまな物語の道徳について、次のようにまとめている。「人がのちに社会で公共心として有用だと思うものは、根源的なねたみから生じている。誰かが抜きんでてはならず、みなが同じ存在で、同じものを持つべきという考えである。社会的正義とは、自ら多くを断念し、他者にもそれを控えさせ、あるいは同じくそれを要求できなくさせることとなる。こうした平等欲求が、社会的良心と義務感の根である」[19]。

バックドラフト——炎の呪い

本章も終わりに近づいたのでまとめに入ろう。経済システムは成長という物神《フェティッシュ》を作り上げた。これは富に対する愛情を意味する。この物神は債務に苦しめられ、薄い布一枚でつながった危険な状態にある。この布は何年か前に弱まって裂けそうになったが、中央銀行の緊急措置によって補強された。おかげでぎりぎりのところにとどまっているものの、債務の苦しみは増える一方だ。この大バクチに勝つために必要な信用を、量的緩和策、つまり紙幣の発行という鎮静剤で何とか作り出している。

このような措置で確かなことがひとつだけある。エリュシクトンがすべての資源を使い果たした後、娘の身を売って自分の欲求を満たしたように、私たちもシステムの維持のために最後の融資を未来から引き出さざるをえない。今日の借用書の名義は、後の世代だ。そして私たちは、たったひとつの考えと希望を根拠に、未来の世代が債務のツケを払わなくてすむよう願っている。それは、すべての借金を帳消しにするくらいの富を無から魔法のように生み出すアイデアを誰かがどこかで考えてくれるのではないかという思いだ。まだ希望があると口にできるだけ私たちは幸せだが、その希望もいつかは消える。

オウィディウスの炎のたとえに合わせて、ニューヨークの消防士の「バックドラフト・ファイア」という言葉を使ってみよう。炎と闘う消防士にとって、この言葉は、炎を上げずに煙っている火事を意味し、酸素不足で室内が陰圧になった状態を表している。その状態に酸素が入り込むと、室内に残った可燃性の気体によって大爆発が生じ、排煙が巻き上がる。ほんの小さな火花でも強力な爆風が吹き、二五〇〇度にもなる高温の炎が舞い上がる。

同じことが私たちの成長にも起こった。長期にわたって工場や実体経済で炎が燃え盛り、金融市場でも静かに火がくすぶっていた。しかし、その炎の性質がいま完全に変わった。今日、金融市場や銀行の資本の手の中に成長が凝縮して集まっている。このシステムは実体経済に多くのエネルギーを分け与えることなく育つ。生命を排した空間に引きこもり、炎を上げずに煙っている。そして力を集めている。フロイトの乳児のようなやり方で自らを愛し、ただただ乳を吸うだけで、与えることはできず許されてもいない。では、このバックドラフトはどこで終わるのだろうか。答えはわからない。確かなのは、状況によっては消防士にもある補償が、経済にはないことだ。

第7章

黄金のロバ

——金銭という物神と欲望のメカニズムについて

マネーは私にとって「瞬間」だ。
マネーは私の「ムード」だ。

アンディ・ウォーホル(1)

アヒルの国、資本、犯罪

道徳や人間性や秩序を愛する者は、神話を読んでも心から楽しめないだろう。神話は矛盾しているからだ。すばらしい象徴や物語や登場人物によって至高の美が体現されるいっぽうで、生々しい暴力の欲求や性的願望のやみくもな解放、サドマゾ的な衝動の誘惑など、道徳や善良な慣習が禁じるあれこれが神話の中では可視化される。道徳と秩序は崩壊する。善は悪と混じり、善意が犯罪と化し、悪行が償われないまま終わる。もしかしたら神話が人を混乱させる部分はここかもしれない。神話に出てくる正義は、たいてい意図的でない一時的な復讐の周辺現象ばかりなのだ。とくにこれは財産や金《きん》や金銭が関わる場合によく見られる。この場合、正義を目ざす努力はほぼ完全に消滅する。高い価値のある宝が実物であろうと象徴であろうと、遠からず悪行は行われる。死刑に値するような重罪を、経済の言葉を使って「キャピタル・クライム」というのもうなずける。

だが、大罪の話に進む前に、子どものエンターテインメントの王国を少しのぞいてみよう。安直に思えるコミックも時にはものごとの核心を突く——いや、アヒルのようにつつくことがわかるはずだ。では、いざアヒルの国へ、そして世界でいちばん裕福なスクルージ・マクダックの金庫へ向かおう。その金庫には、ドナルドダックの伯父であるスクルージ・マクダック（アンクルスクルージ）の世界でいちばん大事なものがしまわれている。

それは、金庫にあるどの金貨よりも価値のある小さな硬貨で、ビロードのクッションにのせられて、ぴかぴかに磨かれた小さなガラスのドームに収まっている。スクルージが初めて稼いだ一〇セント硬貨、「ナンバーワン」と呼ばれる幸運のコインだ。この硬貨を礎にスクルージの帝国は築かれている。彼にとってはなくてはならないもので、もしなくしてしまったら帝国は崩壊してしまう。ディズニーの原作者カール・バークスが考え出した幸運のコインは、完璧なお守りだ。自分の運勢に対するスクルージの信仰がそこにはぎゅっと詰まっている。コインがあるかぎり、不安は感じない。

だからスクルージは自信をもって無謀な発掘や征服の旅に出ていき、ヨーゼフ・A・シュンペーターのいうような、決定的な経済利益のためにすべてのリスクを覚悟する勇敢な企業家でいられる。けれどももしコインがなくなれば自信は崩壊し、スクルージ・マクダックは意気消沈した老いぼれのアヒルになってしまう。

コインの価値はその額面をはるかに超えている。まるで生きているかのように幸運をもたらす。フロイトならば、スクルージをアニミズム文明に分類するだろう。これは前宗教的段階で、事物にも霊魂があると考え、人間の運命とトーテム（社会集団と特別の関係を持つ動植物などのこと）を結びつけたものだ。

幸運のコインには、心理学で両極（双極）性といわれる内的緊張も顕著に認められる。幸運のコインは極端にしか働かないのだ。コインが手元にあれば、幸運の女神がほほ笑んで財産が蓄積し、金庫にたまった金貨のプールで泳ぐことができる。コインがなくなれば、人格と経済の危機に直面し、それに終止符を打つには再び魔法の道具を見つけるしかない。スクルージの症状を見ると、コインの喪失によって彼は去勢されるともいえる。ダックファミリーの世界には一見すると性的要素がないが[2]、心理学的には、幸運のコインは物神《フェティッシュ》かつフェティシズムの対象であり[3]、それを失う不安はしばしば被害妄想の形をとる。ただし、コインへの心配が描写されるのは、「アヒル目線」では魅力的な魔女マジカ・デ・スペルが登場するシーンだけだ。マジカはスクルージの財産ではなく、幸運のコインのみを狙っていた。

生命よりも金銭が優先し、人間性は（ヒューイ、デューイ、ルーイの体現する）抜け目なさと、（ドナルドの体現する）怠け癖くらいしか存在しないダックバーグの街では、もっとも目標の定まった経済専門家はスクルージでなくマジカであることに誰も気づいていない。マジカは、強欲な老富豪のように節約したり金銭をためたりするのではなく、スクルージもドナルドたちも発明家のジャイロ・ギアルースも夢にも考えなかったことを実現しようとしていたのだ。彼女は、触ったものをすべて黄金に変える「ゴールデンタッチ」を作り出そうとしていた。これを実現するには、スクルージのコインを溶かして「賢者の石」を作り、永遠の富を得る必要があった。

富に関連してついでにいうと、マジカの存在と機能には神話との面白い共通点がある。神話でプルートといえば富を意味するが、プルートはほかに死、冥界の権力をも表す。そしてうまくできたことに、マジカの故郷はヴェスヴィオ火山の麓にある。ここはローマの詩人オウィディウスが、死者の国への入り口と位置づけたところだ。マジカの計画が達成すれば、二〇〇〇年以上前と同じ場所に富と死が並んで再生することになる。

ゴールデンタッチの経済的深刻さに話を戻そう。先見性のある人ならば、マジカの願望の副作用について警告を発するだろう。英国の経済学者アーサー・セシル・ピグーが「外部性」と呼んで有名になった現象だ。ここでは外部性がとくに顕著に表れている。たとえばマジカの計画には、黄金が食べられないことが考慮されていない。ゴールデンタッチが実現すれば、触った食べ物はすぐさま黄金に変わってしまう。この意味では、マジカが計画を達成できないのは運がよいといえる。そうでなければ、最高の富に囲まれながら惨めに餓死してしまう。

もちろんマジカはそこまでひどい役割を与えられていない。けれど、マジカのモデルである神話のミダス王は、単純に物語創造の楽しさから作られている。こうした人物像ができたのは、私たちに似ているからだ。いくつかの多国籍企業のやることを観察してみればよい。目先のもうけを求めて先の結果を考えない企業の行動は、マジカとどれだけ違うだろうか。金銭は、価値を維持する道具という経済的機能で関心を呼ぶ存在ではなく、最高の価値がある存在、社会の目的になっているのだ。それ自体が権力で、人間の生活を左右する最高機関で、哲学者であれば「内発的」価値とでも呼ぶ存在だ。
まさにこの問題について、ドイツの哲学者ゲオルク・ジンメルは『貨幣の哲学』[4]で分析している。貨幣には私たちの無形的願望、つまり安心を求め、成功を欲する願望も含まれることをジンメルは見抜いた。貨幣は限界のない可能性の材料になった。財布や口座に多少の額があることで、それを使ってできることを思い描けるのだ。願望を実現するかどうかは二の次——場合によっては望まれもしない。

こうして見ると金銭は鮮やかな白昼夢だ。何千何万の形で夢想される願望を支えている。物的に失いやすく、移ろいやすいと思われる金銭だが、その空想的な意味合いは揺るがない[5]。そのため、貨幣市場の危機は社会の真の精神的危機にもつながる。財産の消失は経済的価値を破壊するだけでなく、何よりも夢を破壊する。その原因は、いっぽうでは金銭の力にあり、他方では白昼夢を愛する私たち自身にある。金銭は夢と現実をつなぐ一枚の布のようなものだ。もしそれが破れれば、幸運のコインをなくしたスクルージのように私たちは無力になる。ここからは不可分の緊張関係が読み取れる。金銭とは願望の市場への入り口だが、その反面、不安を生み出す大本でもある。貨幣経済に暮らす者は、財をなくす心配の中にも生きなければならない。つねにより多くを欲しがる人間的衝動には、不安の響きが混じっている。私たちはそれを多かれ少なかれ自覚しており、強盗や失業などの不幸で所有物が消滅することを恐れている。増加する富を失う不安は緊急時に高まる。夢と悪夢はそろって成長する。要するに、金銭[6]とは神経症的物質なのだ[7]。

貯蓄口座と「怠け者の天国」

以上の関係は、金銭の保管機関――銀行とのつきあいによく表れている。何十年もの間、銀行は財産の安全な預け先とされてきた。非常に効果的な宣伝戦略だ。その効果は、自分の代わりに金銭を働かせて(8)ひとりでに金銭を増やそうと、銀行が人々に暗示をかけるほどだった。こうした教えを聞いて、疑い深い市民でさえ、財産の取り扱いに絶大な信用保証がついたと錯覚した。欲深なスクルージと比較してみよう。彼ならほかのアヒルを信用してその手に自分のお金を渡すなど決してしないだろう。代わりにスクルージは財産を金庫に貯めた。

ひるがえって、私たちの貯蓄はずっと冒険的だ。預かったお金を他者に貸しつける機関に資本を移してしまっている。「信用貸付」という言葉の純然たる意味にこだわれば、銀行は私たちの信用を別の借り手に渡してしまう。ここから生じるのは、最終的には賭けで成り立つトラストチェーンだ。預金者は銀行を信頼し、銀行は借り手を信頼し、借り手は未来とそれによる幸運を信頼する。その際、所有と非所有の間で移動が行われる。なぜなら、銀行の預金残高、すなわち銀行が預金者と投資家の資本で有している分は、必ず貸借対照表の貸方に記載されるからだ。銀行はただ借りているにすぎない。利益は、さらに貸した資本から得るしかない。こちらは借方に記入される。

問題は、資本が企業、家庭、工場、長期債券に結びついているかぎり、すぐさま元の形に戻せないことだ。すべての預金者や投資家が一気に自分のお金を取り戻そうとしたとき、これが問題になる。そんな事態を避けるには、日々、信頼を得なければならない。カウンタースタッフの誠実そうに整えられた外見もその努力の一環だ。きちんと髪を分けた地味な人間が無謀な冒険をするだなんて誰が思うだろうか。広告もそうした努力のひとつだ。「自分の代わりにお金を働かせよう」というスローガンは、永久機関を約束するようなものだ。一度動かせば、自分は怠けていても利息が勝手に生まれる「怠け者の天国」ができあがるのだ。こうした幻想はどれも非常に重要だ。銀行、貨幣、堅牢性に対する信頼は、経済成長の資本なのだから。「手堅い」経済と呼ばれるものは、その実、外的印象で誘導された感情のギャンブルといえる。

感情と金銭が結びついたことで、関心の対象に一歩近づいた。それは、強迫的だったり病的だったりする金銭のさまざまな姿だ。ジョン・メイナード・ケインズもこれを考察し、以下のように分析的希望を表明している。「所有物としての金銭に対する愛情は、いささか嫌悪すべき病的状態であり、犯罪性と病性が半分ずつ入り混じった傾向として、身震いとともに精神病の専門家に引き渡すようなものだと認識されるだろう(9)」。

そう、金銭は物神だ。その歴史が太古の時代、フリュギアのミダス王の国で起きた過ちに始まるのはいかにも似つかわしい(10)。ミダスは狡猾で、黄金と現世の富に倒錯的なまでの執着を見せた王だった。あるとき、この国にディオニュソスの一行が立ち寄り、騒ぎ、飲み、女と交わりながら進んでいった。すべてがうまくいっていたのは、狂乱の夜に、ディオニュソスの教育係であるシレノスがふらふらと暗闇にさまよい出すまでだった。朝早く、シレノスは宮殿前のバラの中で酩酊して眠りこけているところをミダス王の従者に発見された。ミダス王はシレノスを助けると、ワインをさらに大量に与え、世界の秘密を教えてくれるならディオニュソスのところへ連れていこうと約束した。

すると、シレノスは生命の川について驚くような話を始めた。この川を渡った者は、長寿の人々が幸せに暮らし、戦も病もない楽園の地へ行けるという。唖然として聞いていたミダス王は、納得いかない様子で頭を振った。話はこれで終わりだった。そこで、王はシレノスを送っていった。感謝したディオニュソスに願いを叶えてやると持ちかけられたミダス王の答えは、病も憂いもなく満足して長生きできる楽園での生活ではなかった。王はそれよりも財宝を望み、触ったものがすべて黄金になることを願った。言い換えれば、「絶対的な満足」と、「同じほど大きな満足を約束する黄金という媒介」という二つの選択肢を前に、ミダス王は黄金を選んだのだ。物神は楽園を超えたということだ。

ディオニュソスはけたたましい笑い声を上げてミダス王の願いを叶えた。そしてすぐまた王がやってくるのを見て、いよいよ笑わずにはいられなかった。ミダス王はすべてを黄金に変える力を止めてほしいと訴えた。宮殿、従者、愛する娘、水や食事までも黄金に変わってしまったからだ。王は財宝に囲まれながら飢えていた。ディオニュソスは願いを聞き入れると、王をパクトロス川へ連れていき、その力を洗い流した。

ミダス王が体験したことは、経済学の限界効用理論が倒錯的に激化して実現された例だ。限界効用では、財が増えるとともに、財に対して人が感じる価値も高まる。だが満足点に達すると、その主観的な効用は低下していく。王は主観的価値と財そのものがもつ客観的価値を区別できず、どんどん増える黄金にばかり注目して自分の基本欲求には目を向けなかった。限界効用の行き着く先はまったくの損害だった。

ミダス王の願望は、ユーロ危機の緊縮財政にも共通するものがある。緊縮財政においては、節約こそが経済システムの未来を守る唯一絶対の治療法と見なされる。外部性や副作用はここでもまったく無視されるか、あるいはおとなしく受け入れられる。緊縮財政の提案者らが若者やその未来のために身を挺すると主張するいっぽう、ユーロ危機に見舞われた国ではまさに若者の失業率が五〇%を超えている。そしてそのことに、誰も驚いた様子はない。

強欲、吝嗇、所有中毒

ミダス王は自ら望んだ富から逃げ出した。面白いのは彼の動機、強い欲だ。強欲は心理学的には吝嗇《りんしょく》と密接に関係する。ドイツ語の強欲（Gier）と吝嗇（Geiz）はともにゲルマン語の「gir」を語源とし、ラテン語では「avaritia」、英語では「avarice」と一語で表される。強欲と吝嗇という基本性質が病的になった形、強迫神経症を追っていこう。

まだ精神分析が存在しないころから、文学はこの病的作用について認識していた。モリエールの『守銭奴』（一六六八年）の家では、金銭が何よりも優先され、愛玩物のように慈しまれている。もっとも顕著なのが第五幕、守銭奴アルパゴンと、彼の娘の恋人ヴァレールが対話する場面だ。二人は愛について語る。ヴァレールが口にするのは恋人への愛、アルパゴンが語るのは盗まれたばかりのお金への思いだ。愛情と対象愛、リビドーと倒錯、性と物神崇拝《フェティシズム》が交わることなく語られる。

アルパゴン　（…）いったい何がおまえにそうさせた？
ヴァレール　お尋ねになるのですか？
アルパゴン　もちろんだ。
ヴァレール　それにそそのかされても仕方ないと神が認めてくださるもの――愛です。
アルパゴン　愛だと？
ヴァレール　はい。
アルパゴン　ずいぶんと美しい愛だな。わしのルイドール（筆者注：フランスの金貨）への愛か！
（…）
ヴァレール　確かに宝です。旦那さまの持っていらっしゃる中でも貴重な宝でございます。けれど、もし私にお預けくださったとしても、旦那さまが失うことにはなりません。あの宝を私にくださるよう伏してお願いいたします。それがいちばんよい方法なのです。

アルパゴン　ならん！　どうしたらそんな考えが起こるのだ？
ヴァレール　私たちは忠誠を誓い合い、互いに離れぬと約束したのです。
アルパゴン　それは結構な誓いで、ご立派な約束だ！
ヴァレール　ええ、一生一緒だと契りました。
アルパゴン　さて、どうかな。わしが引き離してやろう！
ヴァレール　私たちを分かつのは死だけです！
アルパゴン　こいつ、すっかりわしの金にやられておる！（…）
ヴァレール　どうぞお気に召すようになさってください。すべてを耐える覚悟はできております。けれどどうかひとつだけ。もし何か不正があったのなら、それはすべて私のせいで、お嬢さまにはまったく責任はございません。
アルパゴン　何をいっておる！　どうして娘が恐ろしい犯罪になど関わるのだ？　とにかく私の財産を返してもらおう。どこに連れていったか吐け。
ヴァレール　え？　連れ去ってなどおりません。今もご自宅におります。
アルパゴン　（横を向いて）おお、私の宝箱よ！　――家から出ていないのだな？
ヴァレール　はい、旦那さま。
アルパゴン　それなら早くいいえ。指一本触れていないのだな？

ヴァレール　私が？　触れる？　何てことをおっしゃるのです！　この身を焦がす愛はこれ以上ないほど純真なものです！

アルパゴン　（横を向いて）わしの宝箱に焦がれているだと？[11]

哲学者のゲオルク・ジンメルは、モリエールのように金銭の中にエロスの力を認めている。「強欲な人は、崇拝すべき人物に対するように金銭を愛する。ただ存在してくれて、存在することがわかっており、ともにあると感じられれば、それだけで幸福を得られ、対象との関係を具体的に楽しまなくても構わない[12]」。手元に置いて集める行為には神経症の根があり、病的な強迫行為に至ることがある。「強欲な人はお金を何かの享楽の道具として使うことを初めから意識的に避け、主観とは隔絶したところに置きながら、所有を意識することでその距離をつねに克服しようとする[13]」。

ここでもまた物神的性質が明らかになっている。金銭はパワーと喜びのシンボルとなり、空想の中でもっとも強く働く。愛情もほかの刺激もこれを超えない。アルパゴンの宝は、光り輝く権力の塊だ。節約は（経済学の教義ではよりよい未来のための現在の制限なのだが）、喜びを伴う強迫、また目的そのものとして力を発揮する。

アルパゴンにはほかにも心理経済的に興味深い特徴がある。うるさいほど秩序を愛し、残酷なほど強情で自己中心的であることだ。こうした特徴が現代のハイスピード経済の根幹を成しているのは偶然だろうか。システムは成長強迫に陥り、リソースへの欲だけで生き延びているのではないだろうか[14]。

アルパゴンの性質は経済の外観を形作るだけではない。経済が心理学的変形に向かう過程も示している。フロイトは金銭愛、秩序、ナルシシズムの結合について論文「性格と肛門愛」で記した。[15]「ここで述べる人物には、以下の三つの性質が必ず組み合わさる特徴がある。彼らは非常に几帳面で、倹約で、身勝手である」。フロイトはよく見られるこうした性質に幼児発達の肛門期を結びつけ、結論を出した。「もっとも多く見られるのは、一見ひどくかけ離れているように見える金銭への関心と排便という、二つのコンプレックスのあいだに生じる関係である」。

お金と便

お金と便を組み合わせるのはこじつけのように感じるかもしれない。たぶんそのためなのだろう、フロイトが一九〇七年にこの論文を発表したときの批評は散々だった。しかしそれでも、この説は論理的といえる。フロイトの説明はこうだ。

本論考の起点は、無意識の生産物（着想、空想、症状）の中では、便（金銭、贈り物）、小児、ペニスという概念は区別しづらく、取り違えられやすいということである。（…）非難の余地のない形で繰り返せば、こうした要素はまるでそれぞれが等価で、互いに代替が可能であるかのように無意識の中で扱われることが多い。小児と便の同一性は「子どもを授かる」という表現にも表れている。便は最初の贈り物で、愛する者に語りかけられるばかりの乳児が体から出して、自発的に自分の愛情を示すものである。基本的には乳児が見知らぬ者を汚すことはない。（…）乳児は素直に便を出して愛情をささげるか、自体愛を満たし、のちに自分の意志を主張するために便を我慢する。後者の場合には強情さ（わがまま）が構成される。つまり強情は肛門期のナルシスティックな固執に起因する。(16)

フロイト派のテオドール・ライク、ヴィルヘルム・ライヒ、メラニー・クラインは、このアプローチを検証し、さらに磨きをかけた。それによれば、金銭と小児期の「肛門成長期」には強い関係があるという。ナルシスティックな刺激は、成長の過程で便からもっとも価値のあるものへ移行する。それが社会の基準となる金銭だ。フロイトが名づけた「便への関心」は、「金銭への関心」へ移行することになるのだ。

興味深いことに、俗語やメルヘン、神話にも、お金

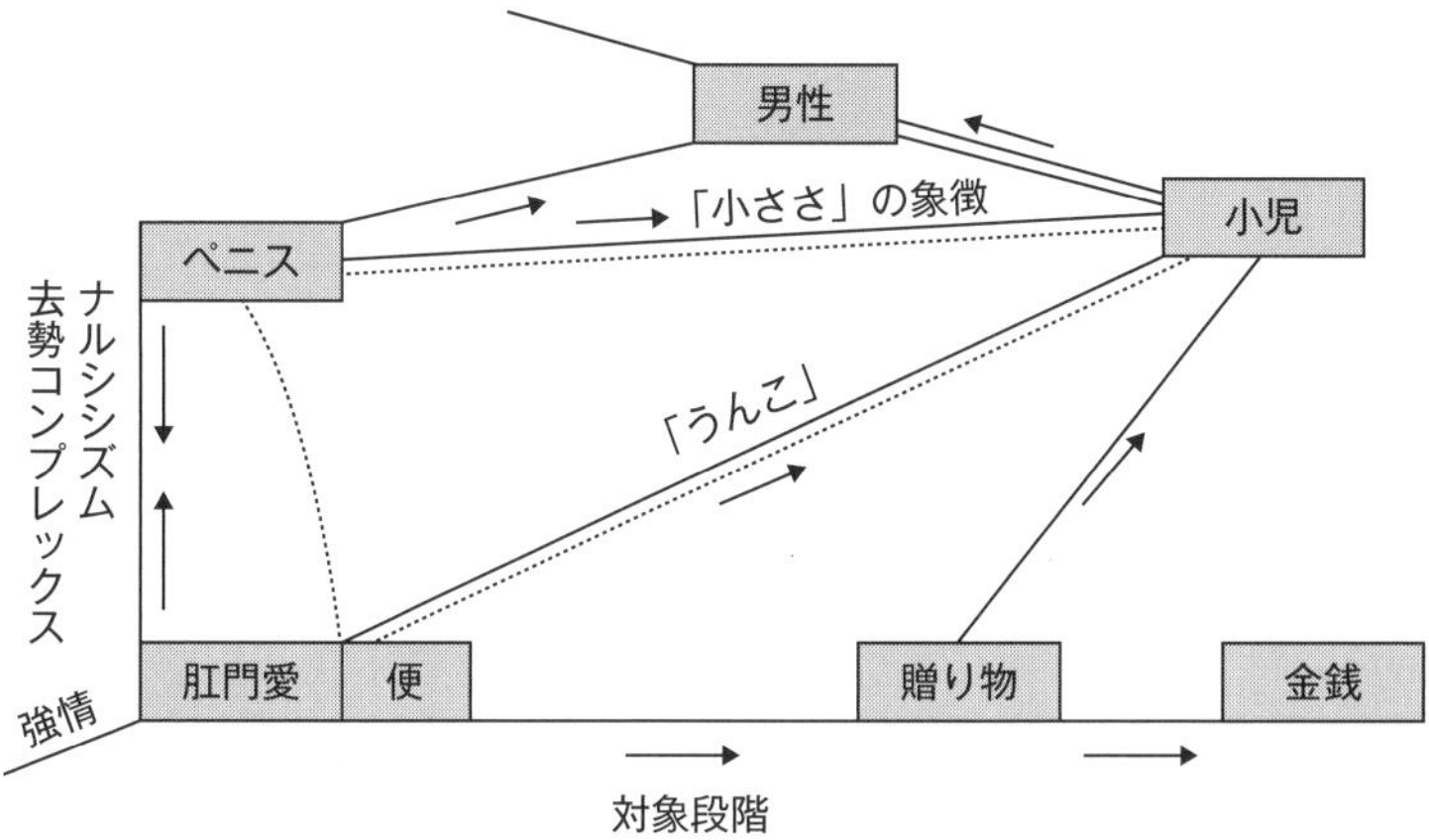

と糞便の明らかな関係が見られる。たとえばドイツ語にはDukatenscheißer（金貨をひる者）という言葉がある。古代バビロンの神話ではお金のことを「地獄の糞」という。フロイト自身、悪魔にもらった金《きん》が、悪魔が去ると糞に変わったというメルヘンを引用して「お金と便の深い関係」を示している。

黄金のロバが作り出すもの

中でも鮮烈なのは、シャルル・ペローが一七世紀に書いたフランスの童話『ロバの皮』だ。ある王の一家は幸せに暮らしていたが、王妃が病気で亡くなってしまう。そこで王は家来に命じて、亡くなった王妃と同じくらい美しい女性を探させる。だが、そんな女性はなかなか見つからず、王はふと、自分の娘と結婚すればいいと思いついた。絶望した王女は名づけ親の妖精に助けを求めた。賢い妖精には、王の相姦のたくらみをすげなく断ってはいけないこと、承諾してもいけないことがわかっていた。そこで、決して叶わない条件を出すよう王女に教えた。

王女は父王に、空の色のドレスを作ることができるならと告げた。だが、王はこの条件を達成してしまう。次の二つの条件（月の色、太陽の色のドレス）も同じだった。弱り果てた王女が再び妖精を訪ねると、今度は王の弱みを突くように教えられた。王のもとには金貨を排泄して国を豊かにするロバがいたが、その皮を望めという。けれど、娘の結婚の承諾のほうが貴重なロバよりも重要だった王は、ロバの皮を剥いで与えた。

王女は宮殿から逃げ出す。その後も見つからないように顔をすすで汚し、ロバの皮をかぶっていた。その奇妙な姿から、王女は「ロバの皮」と呼ばれた。しかし、週に一度だけは皮を脱いできれいなドレスを身にまとう。その姿を鍵穴から王子が目にし、二人は恋に落ちる。最後には父王の罪も許される。

この物語を正しく解釈するには、ロバが神話で男性性を象徴していることを補足しなければならない。金《きん》、排泄物、男性性の関係は、フロイトが明らかにするずっと前から強くいわれていたのだ。

似たような例に、グリム童話『テーブルとロバとこん棒(17)』がある。

三人の息子と一匹のヤギをもつ仕立屋がいた。その乳は一家の大事な食料だった。ヤギに毎日よい餌を食べさせるよう世話をするのが息子たちの仕事だった。ある日、長男がヤギを牧草地へ連れ出し、日も暮れるころに十分食べたか尋ねた。

「おなかいっぱいだ。もう葉っぱはいらない。メー、メー」。

けれど、家に帰ったヤギは父親の同じ質問にこう答えた。

「どうやっておなかいっぱいになるのさ？　お墓を跳び回っただけで、葉っぱなんか一枚も見つからなかった。メー、メー」。

これを聞いた父親は怒って長男を家から追い出した。弟たちのときも同じことが繰り返された。とうとう自分でヤギを連れ出す羽目になった父親はヤギのうそに気づく。罰として頭の毛を刈ってから、父親はヤギを追い出した。その間、息子たちはよその土地へ行って職人の修業をしていた。長男は家具職人、次男は粉屋、三男はろくろ細工師の下で働いた。修業が終わると、三人はそれぞれ親方から、たいして価値がなさそうに見えるがじつは魔法の力のある贈り物をもらった。家具職人の長男は、「ごはんの支度を」というとごちそうを出すテーブルを受け取った。粉屋の次男に与えられたロバは、呪文を唱えると金貨を出した。三男のもらった贈り物はおなかを満たすことも裕福にすることもないが、全員の役に立つもの――「袋から出ろ」というと悪い人を殴ってくれるこん棒の入った袋だった。

上の二人は帰る途中で泊まった宿屋の主人にだまされて、魔法のテーブルとロバをふつうのものとすり替えられてしまう。二人はだまされたことにまったく気づかず、家に帰って父親に魔法の力を見せようとするがもちろん何も起こらない。しかし幸い、末の弟に狡猾な宿屋の主人のことを手紙で知らせることができたので、三男が修業を終えて戻るときにこん棒の力でテーブルとロバを取り返したのだった。

金銭と男性性、性的能力の密接な関係は、悪を打ち負かす三つ目の贈り物にはっきりと表れている。この武器、こん棒は、まさに最強の英雄ヘラクレスも使っていたものだ。

フロイトの弟子のテオドール・ライク[18]も一九五一年に論文「金《きん》と便」で、アステカ人が金を「神の排泄物」と呼んでいたと書いている。ここでまた、一見浅薄そうな映画作品とそのサブテキストについて見てみよう。ジェリー・ブラッカイマー製作の娯楽作『パイレーツ・オブ・カリビアン』

を覚えているだろうか。

この作品ではまさに、呪いのかかったアステカの金貨を巡って話が進む。強欲ゆえ金貨に触れた海賊は、永遠の罰を与えられる（それをジャック・スパロウが策略を講じて現実を覆し死なせる）。媒介である金銭は、消費者である海賊を支配し、魂を奪い、その物欲に応じた報いとして永遠の飢えと渇きを授けた。バルボッサ船長とブラックパール号の船員はミダス王の追随者だ。ハリウッドはよく考えている。

きっと読者の幾人かは、何をいっているのかと頭を振って、こんなわけのわからないテーゼを受けつけようとしないだろう。私たちもこのテーゼを目にしたときは同じように思った。けれど精神分析が正しいとすれば、ギリシャ神話の中でも有名な物語によってこんな手がかりも得られる。地上で最強の男ヘラクレスの物語だ(19)。

半神半人のヘラクレスは傑出した英雄であるだけでなく、悲劇の人物でもある。精神の錯乱に襲われて自分の子どもたちを殺してしまったのだ。

贖罪として、ヘラクレスは残忍な王に仕えて難題を解くことになった。五番目の課題が、エリスの王アウゲイアスの家畜小屋を一日で掃除することだった。

アウゲイアスは古代ギリシャでもっとも裕福な王だったといわれる。この王の牧場や家畜小屋にはとても優れた牛がいた。美しいうえに神の恵みを受け、決して病まず、次々と子を産んで増えた。ここから、神話の経済学的解釈が始まる。家畜数はつねに、そして指数的に上昇するので、前述したアーサー・セシル・ピグーの「外部性」がすぐにも生じる。とくに、際限のない繁殖は困った結果を招くのが予想される。完璧な牛が通う草原は、大量の糞で埋まり、その臭気とともに半島中にペストが広まった。所有者のアウゲイアスはこの事態にまったく手を打たず、国民たちはあれではくその足しにもならないと揶揄した。

任命を受けてヘラクレスがやってくると、アウゲイアスはただ面白がった。二人は事の成否に牛の一割を賭けたが、王はあれほど大量の糞を片づけるのは不可能だと踏んでいた。仕事に取り掛かったヘラクレスは、ちょっとした技を使った。きれいな川の流れを家畜小屋のほうへ変えると、牛糞を洗い流し、一日もたたないうちに課題を達成したのだ。賭けに勝ったのだからヘラクレスは裕福になるはずだった。ところが、アウゲイアスには牛を渡すつもりなどなかった。ヘラクレスはしかたなく手ぶらで引き揚げた。

この物語には、本章で論じてきたことがすべて含まれている。男性の性的能力、外部性、貪欲と吝嗇、糞便、そして金銭。牛はかつて地中海全域で富の象徴だった。古代アテネの硬貨には牛の名がつくものがあり、古代クレタのコインに倣って牛の頭部が刻印されている。

ふたたびフロイトを思い出そう。フロイトによれば富、金銭、金《きん》は糞便につながるだけではない。それらは、精神分析でいうところの神経症にもつながっている。清掃の義務を負ったヘラクレスの潔癖性、賭けの支払いから逃れたアウゲイアスの貪欲と吝嗇がそれだ。後者には、フロイトの指摘した強情さも含まれるだろう。

黄金の子牛と内発的競合

聖書にも富の象徴として牛が登場する。イスラエル人による黄金の子牛の踊りは、子牛を雄牛の象徴の一部として解釈すれば、そして偶像崇拝という宗教的意味だけでとらえなければ、やはり経済的な解釈が可能だ。[20]

こうした観点から見ると、黄金の子牛の物語は、競合する権力の衝突も伝えている。シナイ山で神がモーセに永遠の結びつきを約束し、聖なる十戒を伝えている間、下界の人々は世俗の物神である金銭をあがめていた。二つの高位の「内発的」価値が対立している。

本章の最初ではマジカ・デ・スペルの地獄へ目を向けた。そこで、権力を巡るこの旅を天国へ視線を移して終わることにしよう。

あなたはもう行ったことがあるだろうか、天国へ。私たちはある。その天国は地上からわずか一五メートルくらいのところに広がっていた。ヴェネツィアのサン・マルコ寺院でのことだ。訪れたことのある人なら、中央に全能者キリストが君臨する天空の、息をのむような美しさをご存じだろう。バロックのように雲で覆われず、一面に塗られた陽光で満ちている。この天空はまさに太陽そのもので、純金でできている。

金色はキリスト教のイコノグラフィーで、あるときから急に悪を象徴しなくなった。金色は、楽園、信仰、強さの色とされる。つまり、果てしない富を前にして、誰もが欲深くなるわけではないということだ。だが、そのためには学習が必要だ。聖夜を伝える福音書に、そのすばらしい模範がある。生誕の日、イエスはベツレヘムでおむつに包まれ、みすぼらしい様子で飼葉桶の中にいた。その横にいたのは誰だったろう。金銭と黄金と権力を象徴する動物、牛とロバではなかっただろうか。

第8章

ポリュクラテスと快楽主義的なマゾヒズム

——楽しめ、しかし、楽しみすぎるな

それは、罪悪感を文化の発展における最重要の問題として提示するという私の意図に完全に呼応する。文化の発展の代価として罪悪感が強まり、幸福が失われたことを私は示そうとしたのだ。

ジークムント・フロイト(1)

フランスの哲学者、ジャック・ラカンによれば、現代文明の掟は「楽しめ！」だ。この掟は私たちの生活を取り囲み、文化や倫理のあらゆる枠組みから私たちの生活に迫り、私たちの存在の中にじわじわとしみこんでいく。映画でも、政治でも経済でも、果ては倫理や宗教を通してさえも、私たちは「楽しむこと」を求められる。それは欲求ではなく、もはや使命だ。思いきり楽しむのが不得手な人は、たちまち、「どこかおかしい人」というレッテルを貼られる。悪徳に反対する倫理的議論にさえ、快楽主義が登場する。人々が刹那的快楽に反対するのは、結果として長期的快楽が損なわれるからだというのだ。

もし死後に生が続くとしたら、キリスト教の一般的な伝統ですら、一種の快楽主義的論理に従うことになる。現世で身を慎み、罪を犯さないよう心がけた者は（そうした人が現世で約束されるのはたいてい短い快楽だ）、死後は永遠の安らぎを通じて持続的な快楽を約束されるのだから。同じことは、聖書の「もしあなたの右の目が罪を犯させるなら、それを抜き出して捨てなさい。五体の一部を失っても、全身が地獄に投げ入れられないほうが、あなたにとって益である」という教えにも通じる。[2]

こうした功利主義を、そして利益や私利私欲の追求を先に立って行うのが経済学だ。では、経済学にとって人間とは何なのだろう？　経済学にとって人間とは、利益の最大化をひたすら追求する生き物だ。言い換えれば、物質的な意味での欲望や喜びを追求するのが、経済学から見た人間ということだ。学問としての中立性や分析性を自称しても、経済学とは事実上、一種の価値の教えであり、こう言ってよいのなら道徳の教えでもある。そして、その暗黙の価値規範は、財産の最大化こそが人間の目ざすべき唯一の目標だと人々に教え込む。

哲学者にして数学者でもあり、神学者でもあったアルフレッド・ノース・ホワイトヘッドによれば、欲望や快楽に引かれるのは神ですら例外でない。しかし西洋の文化の中には、この巨大な希求にあえて逆行する流れがつねに存在していた。それは、巨大すぎる幸福に疑念や警戒感を抱いたり、あまりにも高位なものに不安を抱いたりする精神態度だ。これを端的に表すのが、次に語るポリュクラテスの伝説だ。

この章では欲望と快楽の可能性（もしくは不可能性）を論じるが、それとともに経済における躁うつ病（双極性障害）的な局面を論じ、さらに旧約聖書のヨブ記を引きながら神学的な考察も行う。そして、「快楽主義的なマゾヒズム」という新しい概念を議論に取り入れ、なぜ私たちがあまりに巨大な幸運や幸福感を手にしたとき、いつか罰が下されるように感じてしまうのか、その深い根拠を探っていこうと思う。加えて、なぜ人は尊大や傲慢になることに不安を感じるのか、なぜ進歩を恐れ、なぜあまりにも強大になり神に近くなることを恐怖するのかを検証していく。

幸運を呪われたポリュクラテス

ヘロドトスは、その昔サモス島を支配した強大な僭主についての大変興味深い話を伝えている。その僭主の名はポリュクラテスという。ヘロドトスによれば、ポリュクラテスはあまりに幸運に恵まれすぎたために神々の怒りを買い、激しい復讐を受けた。

詳しい経緯をここに報告はしないが、ポリュクラテスはオロイテスに殺され、遺骸を磔柱に吊るされた……屍は、雨のときにはゼウスに洗われ、晴れのときには日光によってすべての水分を奪われた。これが、数々の幸運に恵まれたポリュクラテスの最期だった(3)。

事態が起きるずっと前に、ポリュクラテスの娘は父親の死を夢で見て、父親の親友であり同盟国の王でもあるエジプトのアマシスにそれを知らせていた。アマシスはそれを受けて、ポリュクラテスに忠告を試みた。「アマシスより、ポリュクラテス殿に一筆申し上げます。よしみを結んだ友の幸福を聞くのは嬉しいことではありますが、神の妬み深さを知る身としては、貴殿のあまりに大きな成功が心配でなりません」。

アマシスは、持論の根拠を続けて述べる。彼は、神々の話ではなく、一般的な経験や常識を引き合いに出している。

私としては、自分自身にも愛する人々にも成功を願ういっぽうで、障害や妨害に遭うことをも願うものです。言い換えれば、人生において万事何事にも幸運であるよりは、幸運と災難に順に出会うことを願うということです。というのも私はいまだかつて、何事にも幸運に恵まれたあげく、世にも悲惨な最期を遂げなかった人の話を聞いたことがないからです。

アマシスはさらに言う。

ですから、どうぞ私の忠告を聞きいれて、ご成功について次のような手段をおとりいただきたいのです。貴殿がもっとも貴重とお考えになるもの、そして失えば貴殿の心をもっとも痛めるものをよく思案し、それを投げ捨てて二度と人間の目に触れないようにするのです。それでもなお、幸運と不運がかわるがわるに起こらなければ、私の暗示した方法を試みられるがよろしい。

ポリュクラテスは友に言われたとおり、自分にとってもっとも貴重なものを探した。妻や子どもにとっては幸いなことに、ポリュクラテスは家族よりも、印章付きの指輪に高い価値をおいていた。かくしてポリュクラテスは、その美しい装飾品をおごそかに海に投げ捨てた。ポリュクラテスはこれで、神々の怒りを解くという望みは叶うはずだと信じた。上機嫌のポリュクラテスは城で大きな宴を開き、すべての臣民を招いて、運命との和解を人々とともに寿《ことほ》ぐことにした。宴の日、水揚げしたばかりの巨大な魚を漁師が王に奉納し、魚はそのまま調理され、招待客に供されることになった。高位の客たちの前でポリュクラテスが魚の腹を開くと、突然、かの指輪が転がり落ちた。この一件を知らされたアマシスは、ポリュクラテスとのつながりを断った。その後、サモスの王ポリュクラテスは、敵の奇襲にあい、前述のような非業の死を遂げる。

経済の循環

ポリュクラテスの巨大な幸運についての話はその含蓄ゆえ、さまざまな側面から光をあてられてきた。この物語にまず着目したのは、精神分析と犯罪学の研究者だ。ジークムント・フロイトとジョン・カール・フリューゲルはこの逸話を、自己破壊の衝動と結びつけて考えた。だが、幸運を自分自身で罰するという考え、そして幸運を何かで相殺しようという考えは、経済の分野にも移し替えられる。個人の心で展開するのと同じ力学は、社会全体という地平でも見つかる可能性がある。社会とはつまるところ、そこに参加する人々の心理的状態と感情の集合体にほかならないのだから。

今の経済は一種の「うつ病（depression）」にかかっていると経済学者や政治家やジャーナリストが言うのをしばしば耳にしないだろうか？　経済危機の発生以来しばしば聞かれるこうした分析を人々は当然のように受け入れているが、経済がうつ病だという分析は本当のところ、妥当ではない。今の経済に心理学的スクリーニングを行ったとしても、うつの兆候はおそらく表れない。経済は今、うつ病よりむしろ双極性障害（躁うつ病）に陥っている。実際、今の経済の傾向には躁うつの患者のふるまいと共通する点がある。それは何につけ「度を過ごす」ことであり、良い時には躁を、悪い時にはうつの症状を引き起こす。

ポール・サイモンは『アメリカの歌』の中で、人生とはいつも「幸運な時ばかりではない」と歌う。この考えは、私たちが人間の歴史をどうとらえ、どう解釈しているかを象徴している。「幸運な時ばかりではない」ことを何よりもはっきり示しているのが、経済のサイクルの存在だ。大まかにいうと、過去数百年の西欧の経済はずっと成長を続けてきたが、子細に見るとそれは、好調と低調を揺れ動きながらの成長だった。経済学の歴史の中では、経済というシステムになぜ安定的・均一的な成長が起こらないのか（人間でいうならこれは、子どもが大人になるまでの過程に、背が縮む時期が何度もあるようなものだ）を説明したり解明しようとしたりする試みが、繰り返し行われてきた。では、経済がかすかにでもポリュクラテス・コンプレックスのようにふるまう可能性はあるのだろうか？ つまり、良いことや上昇することがいつも罰や危機と結びついている可能性はあるのだろうか？

ポジティブな不公正

「不公正」という言葉には、非常にネガティブな意味合いがある。不公正とはたとえば、道義にもとる出来事であり、体系的なものから外れた何かであり、人々が了承しない何かであり、本来であればまったくちがう道をたどるはずの何かだ。正義が損をし、堕落が得をするのは明らかに不公正であり、ゆえに人は「不正」や「不公正」という言葉をふつうマイナスもしくは軽蔑的にとらえたり、もっと単純にネガティブな意味合いで理解したりする。

だが、人々が忘れがちなのは、ポジティブに見える不公正の可能性だ。たとえば、自分には値しないと思うような良いことが起きたときがそうだ。この「ポジティブな不公正」に関して、新約聖書にはたいへん有名な話がある。「ぶどう園の労働者のたとえ」がそれだ。ぶどう園の主人は、すべての労働者に同じ賃金を支払った。一日中働いた者も一時間しか働かなかった者も、同じ一デナリオンの賃金を受け取った。終日働いた労働者はこれを不公正だと感じ、申し立てをした。

注目してほしいのは、「自分は不公正に扱われている」と不満を述べた労働者が、前もって決められた賃金を正しく支払われている点だ。不公正の度合いからすれば、不服を言うべきは、相応以上の報酬を得た「短時間労働者」のほうだ。相応より少ない賃金を受け取った者は一人もいないが、ぶどう園の主人は「ポジティブな不公正」を為したわけだ。聖書の他の寓話と同じくこの物語は、神の国の矛盾した性質を示している。こうして見ると、「神は本質的に公正か、否か」という議論にひとこと言い添えたい気もする。神様は、公正ではないのだ（やれやれ）。

ポリュクラテスに話を戻そう。彼の問題は、自分の仕事や働きに対して妥当と思われるより多くを与えられたことにあった。私たちもこれと似た気持ちを抱くことが時々ないだろうか？　きわめてポジティブな意味で、自分への代価が妥当でないと感じることはないだろうか？　そういうとき私たちの無意識の中では次のようなメカニズムが働き始める。それは、自分の受け取る富が（物質的なものであれ、非物質的なものであれ）不当に大きくなりすぎると、その過剰な何かによって、ものごとの（正しい）秩序が乱れるのではないかという考えだ。簡単に言うと、「恵まれすぎている」のではないか、「本当ならありえないほど良い目を見ている」のではないか、あるいは「こんなラッキーなことが長く続くわけはない」のではないか、という思いだ。自分がこうした「不公正」の受益者であるとき、つまり不公正によって利益を得ているとき、私たちは不服を申し立てない。だが、そうした直感を抑え込んだとしても、「不公正」や「不公平」や「もらいすぎ」にいつかしっぺ返しがきて、均衡が戻ることを私たちは心のどこかで予感しているのだ。

超越的な、あるいはポジティブなトラウマ

心が抑え込んでいるのは、ネガティブな経験やネガティブな情動だけではない。人間はポジティブな経験にもきわめてよく似た対処の仕方をする。ふつう「トラウマ」と言うとき、その原因に目されるのは非常に深刻でネガティブな出来事だ。だがじつはトラウマという言葉は、ポジティブな出来事にも用いることができる。そして、こうしたポジティブなトラウマは人の考え方や行動に、破壊的にも創造的にも大きな影響を与える。その力はネガティブなトラウマと同じほど強い。不公正な出来事が起きたと感じるとき、こうしたトラウマの力がことに強くなるのは読者も想像がつくだろう（子どもがいちばん頻繁に口にする不平はおそらく、「そんなの、ずるい！」だ）。

現実感覚の座標を揺さぶることができるのは、ネガティブな出来事だけではない。ポジティブな経験にも同様の作用がある。哲学者にして精神分析家でもあるスラヴォイ・ジジェクによれば、人間は自分の心理的な「台地」を平面だと考えるくせがある。心の台地は平坦かつ均整がとれており、さまざまな象徴や出来事や物体と相互に結びつき、構造化され、一種の心理的時空間の論理にのっとって整理されていると、私たちは考えている。心のX軸、Y軸、Z軸はどれも直線で、だからこそ心の中に、出来事や物体や象徴や事実やそれらのつながりを位置づけることができる。このイメージ図はニュートンの時代のユークリッド空間の概念とよく似ている。

だが、心理的空間が物理的空間と同じようだったら？　物理的空間とはユークリッド空間のような理想的な形ではなく、かならずしも直線的でないことがすでにわかっている。強烈な引力をもつ物体がもしそこに出現したら、空間はゆがみ、座標や座標系は直線的・平面的ではなくなる。

心理学についての知識を総合すると、トラウマとはそうした強烈な引力を帯びた物体と同じように働く傾向があるらしい。それは人を引きつける力と突き放す力の両方をもち、心理的な認識をゆがめる働きもある。この点についてここで深い分析は行わないが、重要なのは、情動的な反応の認識は往々にして複雑だということだ。人を強く引きつけるものは、快適で喜ばしい反面、非常にネガティブに受けとめられることもある（憎悪愛のようなものだ）。逆に、人を突き放す何かがポジティブに感じられることもあれば（ある種の映画を観ているときの心地よい緊張感など）、ネガティブ一色に受けとめられることもある（愛情の拒絶や、他者への攻撃性など）。

こうした心理的空間には、人間の空想や倫理的思考や、判断や象徴などが含まれている。そして、ここにも経済の力が働いている（詳しくは、第1部第1章で扱った広告宣伝の力を参照してほしい）。心理的空間にはまた、真の己と理想の己との葛藤や、真の願望と本当は望んでいない願望との葛藤もある。第1部第1章ではこれを「もうひとつの願望」と呼んだが、おそらくこの願望はトラウマの発生において、本来の願望や不安そのものよりも、多くの役目を果たしている。

ポジティブなトラウマに話を戻そう。深刻なトラウマを受けると、自分を取り囲む心理的空間はゆがむ傾向がある。そして極端な場合（物理学でいう「ブラックホール」と同じように）、こうした力が強大になりすぎて他の力を覆い隠すという、通常ではありえないようなことが起きてしまう。

そうした「深刻な」ポジティブ・トラウマについてのひとつの例が、愛だ。あるいは、恋に落ちる過程と表現してもいい。人はただ誰かを好きになるのではなく、それにより、自分をとりまく状況全体を、ポジティブな情動のプリズムを通して見るようになる。恋に落ちた人の心は、ポジティブな情動であふれている。少し前まで興味を覚えていたものが突然色あせて見え、生活がまったく新しい意味をもつように見えてくる。何を、あるいは誰を好きになるかというのは、大きな問題ではない。重要なのは、好きあった二人の人間の関係ではない。それよりもはるかに重要なのは、恋に落ちた人間と世界とのつながりだ。そうした状態の人間にとって、世界は一八〇度といってよいほど変化する。経済の世界において人々が抱える問題は、憎悪にまつわるものよりも、愛情にまつわるもののほうが多い。現代の消費者が抱えるトラウマの大半は、ネガティブなトラウマではなく、ポジティブなトラウマなのだ。

もうひとつ、とても日常的な例を料理の世界から引こう。おそらく読者にも、似たような経験が一度はあるはずだ。たとえばミラノに旅行して、毎晩、上等なレストランで本場のモツァレラチーズを堪能したとしよう。その経験は、感覚に比類のない大転換をもたらし、「おいしさ」の座標軸を――すくなくとも水牛のチーズに関しては――長期的に変えてしまう（ここでのモツァレラチーズは、プラハのビールやウィーンのザッハトルテに置き換えることもできる）。食に関するこうした事件によって、それまで美味だと思ってきたモツァレラチーズの味は日陰に追いやられ、それ以降に食べるすべてのモツァレラチーズの味わいが影響を受けることになる（その人は、ミラノより本当においしいと思えるモツァレラに出会えるまでずっと「あの時ミラノで食べたやつに比べれば……」と言いかねない）。

「高級な」ものや「最高な」ものは恍惚的であると同時に破壊的でもあることが、そして欲望や願望だけでなく不安を引き起こす可能性もあることが、わかっていただけただろうか。こうした「より良い」あるいは「より高級な」世界はその性質上、固定されていないし、見積もりもできない。だが、実体のない性質ゆえそれが危険であることは、議論の余地がない。人間の愛ゆえの行動を思い浮かべれば、それはたやすく理解できるだろう。結局のところ、そうした引力に身を任せるか抗うかは、個人の思考の問題、もしくは自己保存本能の問題ということもできる。

崇高なものの力

「何かを信じるか否かは、たいていの場合、私たち自身の力によらない。だが、崇高なものは抗いがたい圧倒的な力で働きかけ、望もうが望むまいが、人々を説得する」。これはポストモダンや脱構築主義のテクストから引いた文章ではなく、紀元一〇〇年ごろに書かれた古典的論文の抜粋だ。詩学の教師であったロンギヌス（偽）が書いた「崇高について」と題する文章だ。[4]

ロンギヌスが正しいとすれば、崇高なものには巨大な力がある。崇高なものは、人々の理知や論理に訴えかけるのではない。象徴的なものや、もともと抱いていた信念など、心の世界の他の要素と論理的に通じ合うことも求めない。偉大なものは「相手を説得するのではなく、陶酔させる」。[5]崇高なものは、相手を日常とちがう領域に連れていく。理解し慣れ親しんだ世界の外へ、自分で制御できない世界の中へ、崇高なものは相手をいざなう。崇高なもの、超自然的なものはそれにより、偉大な構想や理念を築く力をもつ。

アリストテレスも、「陶酔効果をもつ強烈な幸福感」と「ふつうの幸福感」の対比をしている（ふつうの幸福感は、たとえば薬物のような「強烈な幸福感」を前にすると、色あせてしまう）。強烈な幸福感は、ふつうの幸福感の座を奪いとってしまうのだ。[6]

崇高なものは、人間のほかの経験や論理にはまったく、あるいはほとんど関与しない。「崇高なものは人の判断力を混乱させる。そして理性的なものや、みなが受け入れていたものを消し去ってしまう(7)」。崇高なものは、現実を再構築さえできる。認識されたものごとについての現存する規則から力を奪い、失効させるだけでなく、論理的な秩序をまったく逆にする力ももつ。ロンギヌスによるならば、崇高なものの力はほとんど放縦に近いほど巨大だ。それは「崇高なものが聞き手の感情をかきたて、われを忘れさせ、とてつもない陶酔感を与える」からだ(8)。

だから、崇高なものや「偉大な」出来事が人間の心にトラウマに似た状況をもたらすのは不思議ではない。崇高なものに対する人間の反応は、二通りある。ひとつはポジティブなトラウマを己の一部にし、共存すること。もうひとつは、崇高な何かの経験で呪物的（フェティッシュ）な感情を呼び覚まされ、その体験を何度も繰り返したいと願うことだ。前者はけっして簡単な選択肢ではない。ネガティブなトラウマを日常の中に統合し、何事もなかったように過ごすのが難しいのと同じだ。ポジティブな不公正と崇高の概念について論じてきた今、それらをポリュクラテス・コンプレックスや経済と結びつけるのは、難しいことではないだろう。

「中間」にとどまることができず、「悪すぎる」と「良すぎる」の唐突な交替をどこまでも繰り返すという症状には、歴とした名前がある。調子が良いときは危険なほど気持ちが高揚するいっぽう、調子が悪いときは死にたいと思うほど落ち込み、その二つのあいだでバランスを保てない状態は、専門的には双極性障害と呼ばれる。いわゆる躁うつ病だ。

躁うつ病の経済

次に、躁うつ病の臨床的治療と経済との比較を行い、両者に類似点があるのかどうか、すくなくとも行動や治療のパターンが似通っているかどうかを見てみることにしよう。

現在の経済は一種のうつ状態にあるとよく言われる。経済は躁状態にあるという主張も時おり聞く。だが重要なのは、躁うつ病について次の点を理解することだ。臨床的な観点から見ると、うつ状態と躁状態はどちらも生命体を崩壊させる危険を秘めており、下手をすれば自死をすら引き起こしかねない。そしておそらく同じほど重要なのは、躁うつという病気にはうつ病とはちがう治療が必要だということだ。

抑うつの患者に抗うつ剤を投与するのは、患者の心と体に力を与えるためだ。それによって活力や気分が回復できれば、それは全体にたいへん良い知らせといえる。いっぽう躁うつ病の場合は抗うつ剤だけでは治療にならないし、前向きな気持ちが戻ったとしても、それは必ずしも良い知らせとはいえない。躁うつ病の治療に適している薬は気分安定剤だ。その目的は、気分を上げることではなく、気分を安定したレベルに保つことにある。

経済の状態を表現するときに「躁うつ」という言葉が用いられることはほとんどないが、多くの経済学者は、「落ち込んでいた経済が回復」という表現を、公で話す時にも文書の中でも多用する。

だがこれまで、経済の躁期の治療に重きが置かれたことはほとんどない。この本は、心理学的な見地からシステムを観察するものであるから、さっそく、まずは躁病のほうから話を始めることにしよう。

躁病

双極性障害の躁期を経済的文脈に移し替えるのは、二〇〇七年の危機が起こる前の状況を思い浮かべれば、さほど難しいことではない。当時、きわめて楽観的な査定が行われていたこと（格付け機関はほぼすべての案件の信用度をトリプルAと評価していた）や、将来の成長がどのように（ポジティブに）見積もられていたかを、読者もきっと鮮明に記憶しているはずだ。

GNPは歓喜と繁栄の中で成長を続けるものと思われていたし、住宅価格もまだ上昇が続くと見込まれていた。財政赤字はまったく重要視されていなかった。そして、かつては暗くて憂うつな学問だった経済学は、活気に満ちあふれた分野に変貌していた（経済学自体の双極的傾向については、また後で言及する）。数学的・計量経済学的モデルは何の問題もなく機能し、グローバリゼーションは明るい面しか見せていなかった。そしてすべての人が金融市場を信頼していた。何をすべきか、そして現実に何をしているかを銀行はきちんとわかっているはずだと、人々は思い込んでいた。こうした評価をもとに市場は合理的に——正しくいうならば「過剰に合理的に」——動き、世界中に

「信用」があふれかえった。それは、統率者のいないオーケストラが、あるいは見えざる手が、「もっと利益が欲しい」という人々の願いをきっと聞き届け、すべての人々にすばらしい未来をもたらしてくれるだろうという信頼だった。

だが、現実であり続けるにはあまりに美しすぎたそのシステムは、安定を欠き、自らほころび始めた。ある概念によって人々の価値観や信条をまとめ、法を作り、株式相場や住宅価格に影響を与えていたそのシステムは、幸福な状態をもはや支え切れなくなり、そして、イカロスの墜落のように凋落した（イカロスが落ちたと伝えられるイカリア海は、かのポリュクラテスが統治していたサモス島をとりまく海だ）。

二〇〇七年から二〇〇八年の社会の動きはまさに、自分は飛べると信じて熱狂的に天の高みを目ざしたイカロスと重なり合う。蝋で固めた人工の翼では不可能な高さまでイカロスは飛んだ。翼の秘密である蝋について、彼はあまりよく理解していなかった。その翼は、誰か別の人間がイカロスに作ってくれたものだったからだ（イカロス伝説では、翼を作った天才はダイダロスだが、現代の経済危機ではそれは、経済モデルを考案した数学の天才たちだ）。

それはともかく、躁病（マニー）[9]という言葉はギリシャ語から来ており、もともとの意味は「狂気」だ。躁病には次のような症状がある。

• 活動過多（WHOによれば、「過多な活動を抑えきれなくなる精神状態」）

・過大な自尊心。現在や未来の出来事を過剰にポジティブにとらえる傾向（「信用と自尊心の過剰な肥大」、「通常の社会的抑制の喪失」、「躁状態の人間は、己の目標は他の誰よりも優れていると感じ、その目標への行動が——ほんのわずかでも——ネガティブな結果をもたらすなどまったく思わない。そして目標に向かうとき、いっさいためらいを感じない」）。

この描写は心理学の研究だけでなく、多くの書物や映画に描かれてきた人間のふるまいにもかなり当てはまるようだ。たとえば経済危機が起こる前、人々は現在と未来を文字どおり「熱狂的」に見つめていた。「好況と不況」という絶えまない浮き沈みのサイクルの変わり目に到達しているなど、思いもしなかった。マクロ経済の予測もポジティブ一色だった。国民総生産はずっと成長を続けると予測されていた。それはまるで、「良い風がいつも吹く」という前提のもとで、補助エンジンなしのヨットで海の旅に出るようなものだった。危機が起こる前、私たちはみな、躁病患者と似たような万能感を感じていたのだ。

躁病の患者にはまた、過剰な支出という特徴的な行動もある。これはもうひとつの——ふつうに考えれば——「たいへん危険な行動」へとつながっていく(10)。

躁状態の人はしばしば、非常に熱心に働く。ほとんど、あるいはまったく眠らずに、精力的に働き続ける。躁状態の人はそういう自分を非常に革新的かつ生産的に感じている。彼らは、内なるエネルギーを糧にほぼ休みなく働き続ける。英語ではこういう状態を「真夜中の油を燃やす」と表現するが、問題が起きるのはこの、「真夜中の油」が底をついたときだ。

ここでもう一度、確認しよう。躁とうつは非常に複雑で、精神医学の一分野として活発な研究が進められている。この本ではもちろん経済を何から何まで、躁病の表現形態に合わせて分類するつもりはない。ただ重要なのは、躁病においても経済においても正常と病気の間に中間的な形が存在することだ。そしてその中間的な形は、少なくとも経済的文脈においてはつねにポジティブな形相を見せる可能性がある。経済が躍進しているときの状態と軽躁病（軽度の躁病）を比較すれば、両者に驚くほど共通点があることに気づくだろう。

前述のICD-10によれば、軽躁期の特徴は次のように定義される。「軽い高揚感が一貫して続くこと。欲動や活動が増加すること。強い幸福感や、肉体的・精神的な能力が高まったような気分がしばしば起こること。過剰に社交的になったりお喋りになったり、過剰に親密になったり、リビドーが高まったり、睡眠欲が減少したりという症状がしばしば見られること。ただし、その度合いは仕事に支障をきたしたり社会生活が送れなくなったりするほどではない。人づきあいがよく、気分の高揚した状態の中にしばしば、怒りっぽさや高慢な態度、無作法な行動などの性質が表れることもある」[11]。

経済がこうした軽躁状態にあるとき、景気は上昇傾向になる。商取引の頻度やその相互作用など経済的なやりとりが増す結果、市場参加者は平均水準以上の仕事や受注を得るようになる。将来のスターやビジネス界のリーダーがメディアにもてはやされるのは、軽躁期の過剰な社交性とよく似ている。市場参加者の自尊心や態度はそうした栄光のもとで形成される。

そのほかに現在の経済について、全般的に次のようなことがいえる。私たち現代人は史上もっとも豊かな世代であるにもかかわらず、多大な時間とエネルギーを労働のために費やしている。私たちは休息することが、そして「スイッチを切る」ことができずにいる。経済危機が起きてようやく——しぶしぶではあったが——人々は、スイッチを切ることができた。これは、「もっとゆっくりになろう」「もっとゆっくりしよう」という危機のメッセージだったとも考えられる。このいわば危機の効用に人々がみな耳を傾けていたら、一種の減速が起きて、万人の労働時間が短縮するというようなことが実現していたかもしれない。週に四日間働いて、残りの三日は自分や友人や家族のために時間を費やすというスタイルが生まれていたかもしれない。だが現実には危機の効用は横滑りをして、一部の人が職を失い、一部の人が過剰労働になるという事態が起きた。

興味深いことにハリウッド映画には、「家族や友人や自分自身のために十分な時間がないこと」を——言い換えれば「仕事が人生を食いつぶしていること」を——テーマにした作品が非常に多い。もっと安らぎが欲しい、もっと余暇が欲しいという欲求を抑圧しているのは、どうやら私たちの生活環境だ。なぜ、そうなるのだろう？　なぜそうした欲望を花開かせ、現実の経済の中に実を結ばせないのだろう？　「心が望んでも、肉体はちがう」と主張する人ももちろんいるかもしれない。だがここは、逆さまに考えるべきだろう。つまり、経済という肉体はおそらく休息を必要としているのに、私たちの心がそれを受け入れようとしないのだと。こうして見てみると、二〇〇八年の経済危機と、続いて起きた景気の後退および停滞は、経済が病んでいる表れというより、経済の疲労の表れだとわかる。私たちがやらなければならないのは、経済を病んだ状態から救い出すことではない。経済が必要としているのは休息であって、追加のエナジードリンクや、気分を高める薬などではないのだ。

躁病の症状と経済にはもうひとつ、興味深いつながりがある。それは躁病の患者が最後には「自他を守るために、臨床的な助けを求める」ことだ。昨今の経済には、まさにそれが起きたのではないだろうか。経済の屋台骨である金融経済が崩壊し、それを「通常状態」に戻すために処置が必要になった。同じことは経済全体についてもいえる。全面崩壊を防ぐために莫大な公的資金がつぎ込まれ、中央銀行の利子率は限界まで引き下げられた。だが、本来は事態を通常に戻すまでのはずだったこれらの「臨床的処置」は、この本を書いている今もまだ終わりになっていない。

イギリスのある有名な健康ポータルサイト[12]には、躁病について次のような説明がある。「患者は躁状態から回復すると、躁の時期に行ったことをしばしば後悔する」。経済の躁期が過ぎ去った後には、まさにこうした現象が起きている。誠実な銀行家たちは、悔い改めの装いを身にまとう。欧州最大手の銀行の幹部だったある人物は、とある会議の席で、当時の状況を次のように要約してみせた。「当時われわれが行っていたこと、そして考えていたことは――今から思えば、まさに酔狂だった[13]」。

なぜ経済にとっては、抑うつよりも躁のほうが危険なのか？

躁の症状はたいていが、うつと同じほど危険で、どちらも破滅につながる可能性がある。経済危機や低成長のリスクについては詳細な議論が今も世界中で行われているが、ここではそうした議論の中で見すごされがちな、躁の時期の危険や、成長率が高い時期の危険に焦点を当てようと思う。

これまでのところ、安定を犠牲にして成長を勝ち取るというのが、現代における〝生存の法則〟だった。GDPが成長指向の統計であることからも、それは明らかだ（GDPはあくまで経済活動の統計であって、成功の統計ではない）。一万ユーロを誰かから借りて、一万ユーロ分金持ちになったと思う馬鹿はいない。その金は自分のものではなくただの借金で、いつかは返さなければならないのだから。

それなのに、政府がGDPの三パーセントの額の借金をして（さらにそれを経済への投資に回して）、同じ年にGDPが三パーセント成長すると、みなが――一流の経済学者までもが――大喜びをする。借りたカネと自分のカネとのあいだには大きな違いがあるはずなのに[14]、これら二つの異なるものごとを人はたやすくとりちがえてしまう。GDP（国内総生産）という短い言葉の背後に何が潜んでいるのか、私たちは今一度、よく考えてみるべきだろう。あくまでGDPに固執するなら、その実態が「国内総生産（Gross Domestic Product）」ではなく「債務総生産（Gross Debt Product)」であることを肝に銘じるべきだ。実際には三パーセント増大したのは、債務総生産のほうだ。われらの借金帝国は、そして砂上の楼閣は、危機の後もなお膨張し続けている。

好調だった経済はこんなふうにして躁の症状に移行する。黒字を減らしてでも、危機の前に借金を返済しておくべきだったのに、アメリカでもヨーロッパでも実際に行われた政策はそのまったく逆だった。私たちは自分の国を借金漬けにし、不安定にし、脆弱にし、赤字に左右されやすい体質にした。薬物中毒者が自分でどんどん依存体質を高め、深みにはまっていくのと同じだ。成長の名のもと、私たちは自分で自分をきわめて危険な場所に追い込んできたのだ。

そのやり方が何とかうまくいったのは、安定性と引き換えに一時的な成長を買い入れたからだ。おかげで経済は急速な成長を遂げたが、同時に、残念ながら安定を大きく欠くようになった。いうなれば、非常に高速で走る乗り物を開発したはいいが、いざ車を停止させようとすると爆発してしまうようなものだ。つまり――おだやかな言い方をすれば――責任あるやり方で、乗り物を開発してこなかったということだ。飛行機や建物や列車については、あらゆる状況において「安全を優先する」と、始終耳にしないだろうか？　「安全を優先」するからこそ私たちは、自分の作り上げたシステムに潜む危険に、ほんの小さなものでも細心の注意を払う。なぜ、経済という分野では同じように注意深くふるまうことができないのだろう？　オートバイ乗りを例にとれば、彼らが夏のツーリングでも厚い革のジャケットを着るのは、ツーリングそのもののためではなく、事故に備えるためだ。もっとはっきり言えば、ヘルメットなどいらないというのは、本当に何もいらないということだ。
もし借金がゼロに、あるいはきわめて少ない額にとどまっていたら、経済危機が起きても、国債が二〇〜三〇パーセント追加されるほかには何も影響は起こらなかったかもしれない。基本的な借金額やその利子が低ければ、社会はわざわざ危ない橋を渡ろうとはしなかっただろう。社会を躓《つまず》かせた原因は、危機自体ではなく、人為的に高められていた成長速度の魅惑にあった。社会を危険にさらした原因は、経済の抑うつ期ではなく躁期にあったのだ。

現実の出来事から例を引こう。二〇〇七年にアメリカでサブプライム危機が起こる前、同国の経済はかつてないほど活気づいていた。国内総生産は年ごとに記録的な成長を遂げ、莫大な額に達していた。失業率は低く、企業の競争力や生産性は高かった。そしてシリコンバレーの企業は革新的なアイデアで大躍進を遂げていた。マクロ的な統計に関していえば、暗雲はどこにも見当たらなかった。

夏が来て、暮らしは楽になる。
魚は飛び跳ね、綿花は育つ。
父さんは金持ちで、母さんは別嬪《べっぴん》だ。
だから坊や、泣くのはおよし。(15)

不安のかけらもなかった時代に、嵐は、突然起きた。崩壊が始まったのは、経済の空騒ぎの絶頂期だった。成長の減速は危機の結果であり、原因ではなかった。危機は前触れもなくやってきて、冷酷に人々に襲いかかった。正気を失っていたか、酩酊していたに等しい私たちは突然、借金の重みを突きつけられた。借金とはそもそも、安定的かつ継続的な成長が見込まれる場合のみ、積み上げることができるはずだ。それまで真面目さや用心深さ、入念さや安定性、そして計算高さの権化のように思われ、何事にも用意周到で用心深かった銀行部門ですら他の部門と同じように、秩序だった仕事の仕方よりも躁病的な行動に傾いていた。そうして銀行が倒れ、世界全体が揺さぶられた。「イスラエルの誉れは、おまえの高き所で殺された。勇士らは倒れた[16]」。

だが、それから起きたことは、成長至上のレトリックから想像されるシナリオとは異なっていた。シナリオはこんな具合だった。モノやサービスの需要が落ち込み、企業の生産が後退し、国内総生産の減少と失業率の増加が起こる。国民の購買力は衰え、一部の企業は倒産に追い込まれる。楽観的すぎた計画や見込みが災いして、銀行への借金を返済できないものが（企業だけでなく銀行にも）増加する。銀行は自由に動かせる資金に不足し、カネを容易に貸し出さないようになる。その結果、不動産の危機が起こり、金融の分野が崩壊し始める。銀行は破産したり、政府の助けを必要とするようになる――。

だが、実際に起きたことは、これとは異なっていた。危機が、経済の落ち込みが原因で起きたのではなく、躁期の絶頂で起きたものだったからだ。

ギリシャの落ち込みと、アイルランドの躁

ギリシャ語で「出口」は「エクソダス」と言う。地下鉄から出るとき、人はこの言葉を目にするはずだ。ギリシャの破産問題で世間が持ちきりのころ、悲観的な人はギリシャがユーロから「出ていく」と予測していた。だが、ギリシャの場合、危機の性質はまったく異なるものだった。ギリシャの危機はGDPの成長減速がもとで起きた。つまり、経済の躁ではなくうつの結果として発生したのだ（厳密にいえば危機の原因は、高い期待に現実が追いつけなくなったことにあった）。

「ギリシャ人が二倍必死に働いていれば、これらの問題は起こらなかったかもしれない」。当時の新聞の論評や分析記事の行間には、こうしたメッセージがにじみ出ている。もしもギリシャの人々がもう少し効率的に仕事をしていたら、ルールに従って行動していたら、法を順守していたら、今少し革新的だったら、あの危機は起こらなかったと言わんばかりに。

この分析に私たちは同意しかねるが（これについては、また後で語ろう）、ここではその論理の正体を暴くため、しばらくそのまま議論を続けよう。そして、同じ視点からアイルランドの経済危機を眺めたらどうなるか考えてみよう。もしもアイルランドの人々（とりわけ銀行や不動産や金融の業者全般）があれほど働いていなければ、そしてあれほど効率的でなかったら、危機は起こらなかったのだろうか。アイルランドの銀行があれほど熱心に教えに従い、流行の経済モデルをあれほど

追いかけていなければ、そしてあれほど革新的でなく、法律をあれほどに頼みにして、金融部門は盤石だと信じ続けていなければ――。

一般的な経済危機は、ギリシャ型（抑うつ型）よりもアイルランド型（躁型）のほうがはるかに多い。メディアや知識層の関心はもっぱらギリシャの危機に向けられていたが、アイルランドやアメリカの経済危機はじつは、ギリシャの危機よりもはるかに扱いが難しい。第二のギリシャ危機を防ぐためのアイデアはたくさんの人がもっているかもしれない。だが、アイルランドやアメリカで起きたような躁的な危機については、どのようにすれば再発が防げるかに関して、おおかたの人々は沈黙している。

どちらの経済的状況も、人々に大きな負担を強いる。だが、躁型の環境は抑うつ型の環境に比べて理論面でも実際面でも、はるかに心もとなく感じられるものだ。それは、未知の要素が多いせいかもしれない。理論面では多少のアイデアはあるかもしれないが（利子率を高く保持する。財政黒字を心がける、など）、実際面においては、それもとくに財政政策に関しては、政治が何をどうすれば民主主義的にも妥当な道を行けるのか、人々は理解していない。どうすればよいのか、私たちはろくにわかっていない。だからこそ、躁型の危機はうつ型の危機よりもむしろ危険なのだ。

そもそも借金がなければ、破綻は起こらなかった

経済破綻のいちばんの原因は成長の減速だという主張がよく聞かれる。だが、国家は──そして企業や個人も──GDPや売り上げや歳入の伸びが止まったり減ったりしただけで、破産することはない。言い換えれば、破産するためには、最初から借金を抱えていなければならない。ある国が経済成長の減速に苦しんでいたとしても、それだけでは、経済が破綻する根拠にはまったくならないのだ。経済の再編成は行われるかもしれないし、弱った経済に活を入れるために借金もするかもしれない。生活の水準や国際的な購買力は少しばかり低下するかもしれない。たしかに厳しいときを迎えることにはなる。だがやはり、それだけで国家が破産することにはならないだろう。

企業を例にとろう。収益がしばらくのあいだ──あるいは、かなりのあいだ──低下したとしても、それで企業は即破産しない。破産を宣告できるのは（宣告される、のほうが一般的かもしれないが）、「個人もしくは組織が、借金を債権者に返済することがもはや不可能な法的状態に陥った」ときだけだ。個人の場合も、収入が単に減少するだけでは、遠からずその人が破産に陥ることにはならない。生活が（金銭面において）変化する可能性はある。支出を抑えたり、身の丈に合った住居に引っ越したり、あるいは財産を売却したりという変化は起こるかもしれない。しかし、これらは破産の理由にはならない。借金は仕方のないこととしよう。だが私たちは経済の成長期に高い率

の借金を作り、それを保持し続けた。つまり現在の負債の原因は――これまでに述べてきたように――経済の躁期の中にあるのだ。

不動産の話ついでにひとこと。「人は家を去れば、わが家を失うことになる」というが、「わが家」とはそもそも何だろう？　まだローンを払い終わっていない家は、そもそもわが家とはいえない。人々がその家に住むようになったのは、やはり経済の見通しがバラ色のときだったはずだ。

成長は、問題を覆い隠す

経済の抑うつよりも躁のほうが危険だというもうひとつの理由は、躁期には問題がしばしば隠されてしまうことだ。ともかくうまくいっているのに、何を立て直す必要があるのか？　経済が躁の状態にあるとき、政治家はしばしばそんなセリフを口にする。

ちょうどよい風を受けながらヨットを漕いでいるうちは、エンジンが錆びていることに人はなかなか気づかない。同様に、車で坂道を下るような、重力に逆らうのではなく重力に助けられている状況では、エンジンの不調をなかなか発見することはできない。

人の場合も同じことがいえる。躁状態のただ中にある人はおおかたの場合、自分の何かがうまくいっていないことを、最後に破綻が来るまで認めようとしない。躁の人は自分から医師の助けを求めようとはしない。躁期のあいだ患者はしばしば、自分には薬はもう必要ないと思い込み、服用をやめてしまう。そしてそれが、さらに病状を長引かせることになる。躁が危険だという理由のひとつはそれだ。

GDPの低成長と、巨大な不安

ＧＤＰが伸び悩んでいるとき経済の専門家が主に心配するのは、低成長に伴う失業率の増加だ。失業はやっかいな問題だ。企業全体の活動と生産力が下がると、少なくなった仕事を従業員全員で分けるのではなく、何人かを解雇し、残った人々をさらに厳しく労働させるという事態が起こる（こうした状況になったとき、それまでチームで働いていた人々が競争者に一変するのは無理からぬことだ）。こうしていちばんの弱者が往々にして、経済成長の減速による重荷を背負わされることになる。

だが、成長の減速が失業をもたらすというのは、絶対の真理ではない。たとえば職場が自分に合わなければ、経済の躁期でも人は仕事を辞める。

ＧＤＰの低成長が失業率の増加につながるというのは、ごく一般的な考えだ。経済成長率が低いと失業率が上がると考える人々がいる。たしかにそれは部分的には正しいかもしれないが、ＧＤＰの低成長は失業に関連する最重要な変数ではけっしてない。たとえば日本は長期にわたって低成長の状態にあるが、低い失業率を保つのに成功している。一九九一年からの「失われた二〇年」のあいだ、日本の失業率は二パーセントから四パーセントに上昇し、二一世紀が明けたころには五パーセントまで上がった。それでも日本の失業率はたとえばアメリカのそれと比べて、一九九八年を別にすれば（この年は日本の失業率のほうがわずかに高かった）、つねに低い値を保っている。アメリカの失業率はそれでも、欧州に比べればまだ低く、およそ半分程度だ。アメリカとヨーロッパの失業率がしばらくのあいだ重なり合ったのは、二〇〇九年だけだ。

もうひとつ例を挙げよう。チェコにおける過去最悪の失業率は、隣国スロヴァキアの躁期の失業率と比べても、まだ低いのだ。経済成長はたしかに失業率に関して何らかの役目を果たしているが、それよりもっと重要なのは制度的な要因のほうだ。

抑うつ期

双極性障害の抑うつ部分ばかりを手当てし、躁の部分を放っておくのは、アルコール依存症患者に対して二日酔いの症状だけを処置するようなものだ。それでは問題が気づかれずに終わるだけでなく、病状がさらに悪化する危険さえある。躁うつ病の患者はまさに躁状態のとき、医師の助言をほとんど求めようとしない。だから、少なくともこの点については抑うつ期のほうがましだともいえる。抑うつ期はいうなれば黙想的な時期だが、患者が自分から医師に相談をするだけ、少なくとも希望がある。そして精神科医や心理学者が双極性障害の患者に対してなすべきは、気分を向上させることではなく、安定させることなのだ。

それとちょうど同じように、経済学者のつとめはGDPを高めることではなく、経済のサイクルの振れ幅をできるだけ小さくすることだ。そのためには――つまり、景気の波の谷間を上げるために――唯一可能性があるのは、波の突端を低くすることだ。言い換えれば、経済の抑うつ期のエネルギー低下を解消するには、躁期のエネルギーを低下させなければいけないということだ。

景気循環についての世界最古の記述にも、貴重な暗示がある。聖書の創世記に登場する「七年の豊作と七年の凶作」の話はまさにこのテーマを扱っている。[17] エジプト人は豊作の年にも、育った作物のすべてを食べ尽くさなかった。だから当時のエジプト経済はひどい危機の際も、一銭もそのために費やさずに事態を乗り切ることができた。それだけでなく、エジプトはその時期にたくさんの利益を上げることさえできた。貯蓄しておいた作物の一部を、蓄えのない国々に売ったからだ。

それにひきかえ現代の資本主義経済は、昔のエジプトよりはるかに豊かでありながら、蓄えを作ることができない。その理由はどうやら、生産されたものすべてを――聖書の言葉でいえば「育つものすべてを」――つねに消費しなければならないからだ。かつてのエジプト人が行ったことを指す名称は、現代には存在しない。すべての国家は、破産ぎりぎりまで借金を背負い込んでいる。創世記に描かれているヨセフの行動を書き表そうとしたら、「マイナスの負債のGDP比」とでもいう、存在しない名称をひねり出すほかない。

聖書の時代のエジプト人と同じようにしていたら、私たちは「豊作の年月」のあいだに借金ではなく力を生んでいただろう。もしもそうしていれば、危機が来ても蓄えは枯渇せず、国民経済全体が危険にさらされることもなかっただろう。

国がカネをどこからも借りたり貸したりしていなかったら、経済はどんなふうになるか、ちょっと想像してみてほしい。借金に対処する方法や、借金を何かの基準におさめる方法はいろいろ存在するが（たとえば、ユーロ導入の基準であるマーストリヒト基準は、政府の債務残高をGDPの六〇パーセント以内と定めている。アメリカでは国内債務の最高限度額に関する大規模な議論がこれまでに何度も行われ、そのたび限度額が引き上げられてきた）、蓄えを義務化しようと考えた人は一人もいない。だが、実現すればそれは現在の金融の流れを逆転させる可能性がある。政府は利子を支払うのではなく、利息を受け取るようになる。銀行は、ある分野においては現在と逆に機能するようになる。つまり、銀行が政府から金を借りて、その金を経済に投入する。そして、政府に利子の支払いを求めるのではなく、自分がそれを政府に支払うようになるのだ。

これは、新しい構造と新しいカネの流れがあれば、今までとまったく違う新しい市場が自発的に生まれる可能性を示す好例だ。そうした状況は自然に、そして突然に現れ、現状とは正反対の結果をもたらす可能性がある。市場とは、唯一の高度な原則に従って動いているのではない。それぞれの社会の市場がそれぞれ唯一の特性を発展させる。それは自然なことであって、奇跡でも何でもない。

思考実験として、現代物理の理論を引き合いに出そう。多元的宇宙論と同じように考えるなら、それぞれの世界にはそれぞれ独自の、そしてそれぞれに神聖な経済構造が形成される。多元的宇宙論は、「宇宙とは、すべての部分がこのうえなく絶妙に結び合わさった奇跡だ」という主張への抗弁にも用いられる。宇宙といういわば生命の基盤について、そうした理論に耳を傾ける準備があるのなら、もっと身近な経済や市場という分野にそれをあてはめていけないわけがあるだろうか。だが人々は、市場の神をなおも信じ続けている。市場の神を制限したり、人間の作った掟で抑圧したりすべきでないと人々は信じている。人々の信じる市場の神とは、人間とともに苦しみ、ともに成長し、価値を決定し、人間のすべての特性と一致し、そして公正である神だ。

経済のリチウム

私たちが受け入れなければならないのは、システムが私たち自身と同じようにふるまう可能性もあることだ。人間の気分は変化するものだ。肉体的・精神的なエネルギーが不変の人はいない。人は、ある日には「世界は自分の手中にある」と感じたかと思うと、別の日には「人類は地球に訪れた最悪の疫病神だ」と思ってしまう。「良い日もあれば、悪い日もある」と歌にもある。

乾いた日もあれば、しけた日もある。
すっきり明ける日もあれば、こっそり来る日もある。
大変じゃない日もある。でもおおかたの日は大変だ。

指の間をすり抜けて、床にこぼれ落ちてしまう日もある。
速やかな日もある。でもおおかたの日は大急ぎ。
余計に力を使ってしまう日もある。
…………
子犬を見るのがつらい日もある。
君の肌は白い。でも君は、自分を兄弟だと思っている。
良い日もあれば、悪い日もある。
彼女の小言とともに目覚める日もある。
日が照っているのに、雨が降ってほしいと思う日もある。
うっとうしい日もある。笑っている日もある。
用心棒がいて、中に入れてくれない日もある。(18)

こうした振れ幅が一定範囲におさまっていれば、すべてはうまくいく。完璧に画一的で単調な人生を求める人はいない。だが、人々はこんなふうに想像している。人間には、楽しいと感じる日から少しのエネルギーをとっておき、つらい日や苦しい日にそれを補う能力がある。人間の体には自由に使うことのできるドーパミン貯蔵庫があり、必要に応じてそれを空っぽにもできる。そうしてエネルギーをタイムシフトする能力は、双極性障害の人にも備わっているのだと。

もちろん人間の体の場合、仮にそういう貯蔵庫があったとしても、その容積は有限だ。経済にもそうした貯蔵庫のようなものが存在し、カネという形でエネルギーを回している。経済のエネルギーは、二通りのやり方で操縦される。金融政策（貨幣を独占的に発行）と財政政策（国債を独占的に発行）だ。エネルギーが不足しているときには、これらの政策を通じて一時的に調子を上げてやるのだ。

こうして見ると経済における政治の役割は、双極性障害の治療に用いられるリチウムによく似ている。リチウムは安定剤として働く。経済に「躁うつ病」の診断が下ったら、それが進行しないようにするのが政府のつとめだ。経済がエネルギーを必要としているのならそれを供給し、経済が過熱してバーンアウトを起こしかけているときには、エネルギーの供給を絞らなければならない。双極性障害の患者と同じように、経済もまた、一人ではそれをやり遂げることができない。一人でやり遂げようとすれば破綻が起き、最後には「国有」病院送りになる。問題は、躁病の患者のおおかたが治療を毛嫌いすることだ。なぜ毛嫌いするかと言えば、躁のときには気分が良く感じられるからだ。薬を飲むと、その輝かしい気分が損なわれ、エネルギーが低くなる。だが、それだからこそ患者にはこの薬が必要なのだ。経済でも、事態は非常に似通っている。必要なのは抗うつ剤ではなく、安定剤だ。現在の経済はうつ病にかかっているのではなく、躁うつ病にかかっているのだから。(19)

楽園はすぐそこに

ポリュクラテスの物語と私たちの社会のポジティブな不公正、そして双極的な精神状態については、さらに二つの見方ができる。ここまでは活動としての経済に焦点を当ててきたが、西欧社会全般および経済学という学問にもこの視点は当てはまりそうだ。

社会全般についてまず考えよう。西欧社会の平均的な人間は、存在に関わる問題のおおかたを解消し、先祖と比較すれば、まったくの苦労知らずといってもいい。技術の進歩に目を向ければ、現代人が特異な立ち位置にあることはよりはっきりする。現代人は特別な能力がなくても、まるでテレパシーのように、目の前にいない誰かとコミュニケーションをとることができる。私たちは（飛行機で）空を飛ぶ技術を身につけ、鳥よりも速く、高く飛べるようになった。頭でイメージしたものは、何の制約もなくすべてが実現したり具現できたりするように思える。私たちは映画を作り、神話を作ったが、その多様性やアイデアと象徴性の豊かさは古代ギリシャ神話にも引けを取らない。私たちはビッグ・バンについて——つまり宇宙の発生について驚くほど正確に計算することもできる。星がどのように「生まれた」のかも、私たちは知っている。全世界はインターネット上で光速並みのスピードでつながり、私たちは、遠く離れたところで起きたほんの小さな出来事にも反応することができる。かつて金持ちの特権だった馬は、もう私たちには必要がない。ごくふつうのファミリーカーでさえ、その昔貴族たちが乗った金箔やビロードで飾られた馬車よりも、はるかに速く、はるかに快適だ。

現代にはコンピュータやロボットがあり、人々の仕事をすべてではないが肩代わりしてくれている。そしてその応用範囲は着実に広がりつつある。家庭には水道が完備し、飲み水もお湯も好きなだけ使える。そして家の中のほぼすべての空間は、かのジュリアス・シーザーや快楽主義の信奉者も妬むに違いないほど快適だ。現代の社会システムはまた、(いろいろ欠点はあるにせよ)過去のどんな文明と比べても比類なく有能なものといえる。病気になれば治療を受けられるし、多数の国家においては、もっとも貧しい人でも病気になったときには金持ちとまったく同じ薬をもらうことができる。女性は男性と政治的にも市民としても同等の権利をもち、何にも従属しない自由な生活を送ることができる。子どもは労働を強いられず、遊び、学ぶことができる。

そのほかにも、まだたくさんの点を挙げることができる。私たちが当然だと思っていることのほとんどすべては、私たちの父母の世代にとっては想像を超えた贅沢であり、それよりもっと昔の人々にとっては文字どおりの夢物語だったのだ。古代の神話にしばしば表現されている人類の夢(たとえば空を飛ぶことや、長い距離を越えて相手とコミュニケートすることなど)は、現代では自動化され、特別なことではまったくなくなった。過去のどの時代から眺めても、私たちが今生きている現代は、パラダイスのように見えるに違いない。そして、私たちが現実にパラダイスに生きてはいないにせよ、パラダイスにきわめて近いところにいることはたしかだろう。

希望にあふれた無名の勝者

西欧社会における文明の進歩はしかし、私たちの心に奇妙な感情を引き起こす。それをおそらくもっとも的確に書き表しているのは、イタリア人の精神分析医にして経済学者でもあるルイージ・ゾーヤだ。彼の考えは次のようなものだ。

ヨーロッパは世界を、過去のすべての戦争でもかなわなかったほど広範囲にわたって征服した。欧米の生活様式は世界にあまねく広まり、人類の歴史上初めて、地球全体を文字どおり支配する文化になった。だがその巨大な成果は、人々の心の琴線にはあまり触れてこないようだ。その原因は、征服の土台にあるテクノロジーにも征服そのものにも、魂が存在しないからではなかろうか。西欧の勝利は――あるいは、市場経済と議会制民主主義と消費主義の倫理によって支えられたテクノロジー文化の勝利は――自身に敬意を表するような叙事詩を作り上げなかった。これほど大規模な覇権は、いまだかつて存在したことがない。この流れにまだ屈していなかった欧米以外の国々までもが、今は全力を挙げてテクノロジーの世界に足を踏み入れようとしている。そしてどの国もみな、それまでのイデオロギーから今にも宗旨替えをしそうな勢いで、新しいイデオロギーに伴う暮らしを受け入れようとしている。こうした流れにブレーキやストップをかける試みは、ことごとく頓挫してきた。そして、かつてマルクス主義による実験を試みた国々でも、こうした動きが全開で進行している。

しかし、西欧の生活様式が他のすべてを圧し、他国をすべて〝転向〟させるという状況にありながら、西欧の人々は前向きな興奮をさして感じていない。人々は勝者らしくふるまう気持ちにならない。『イーリアス』には、往時、西洋が小アジアに対しておさめた勝利が綴られている。『ローランの歌』は、サラセン人に対する西洋の騎士の勝利を不朽のものとした。『ニーベルンゲンの歌』は、東方から攻めてきた敵を撃退したことを謳った叙事詩だ。ひるがえって今日、地球全体は西洋の生活様式に完全に支配されているといっても過言でないのに、勝者であるはずの西洋にはなぜか静寂が満ちている。その理由を、私たちは自問しなければならない[20]。


現在の欧米社会における経済的および心理的な落ち込みは、次のように説明できるのではなかろうか。それはつまり、先にゾーヤが説明したような現象の表れであり、それゆえ人々は、ポリュクラテス・コンプレックスに悩まされているということだ[21]。

ここまでの進歩を果たし、ここまで上り詰めた私たちの文明は、どこよりも血なまぐさい文明であり、混乱した見解をもち、感情や思考の下に暗い動機を抑圧している。だからこそ人々は、不当に大きなものを手にしてしまったと、感じているのではないだろうか？　ここでもまたU2の歌の中に、ぴったりの一節がある。

君は罪悪感を抱いている。

何もしていないのに、たくさんのものを手にしたから、そして君は気づく。その思いがけっして消えていかないことに。[22]

欧米の現在の〝抑うつ〟と世界における私たちの位置は、おそらく私たち自身が「行いに対して多すぎる富を得てしまった」と感じているから生まれたものであり、その過大な幸運を順送りにしなかったせいで生まれたものでもある。私たちはすべてを自分の手におさめ、世界にひどい出来事が起きるのを許してしまったせいで、いつか罰を受けると無意識に感じている。いま私たちが抑うつの状態にある真の理由は、世界を支配したからではなく、それをどこに導いてよいのかわからないからだ。言い換えれば、世界と自分自身に意味を与えることができないからだ。

陰うつな経済から、生きる喜びに満ちた経済へ

経済の問題は遠からず、もともと属していた重要でない地位へと放逐されるだろう。そうなれば、心と頭はふたたび、本当の問題に取り組めるようになる。人生や人間関係についての問題、創造についての問題、人間行動についての問題、そして宗教についての問題に取り組めるようになるだろう。(ジョン・メイナード・ケインズ[23])

経済学は初期のころから、陰うつな学問だった。古典経済学の時代において、「経済の終わり」にどう対処するかというのは、学者にとって最大の心配事だった。それはちょうど、患者を癒そう

とする医師と似ている。治療のためには、健康な体がどう機能するかをまず知らなければならず、目ざす目標を理解しなくてはならない。むろん、どんな体も教科書どおりではないし、ほかの体と髪の一筋まで同じだなどということはありえない。健康な人間が確信をもっていえる数少ない真理は、自分がいつか病気になるということくらいだ。

経済学者たちを悩ませてきた基本的な問題とは、次のようなものだ。現在のシステムは最終的にどんな状態へと向かっているのか？　現在のままの経済システムを頭の中でさらに推し進め、先へ先へと続けたら、いったいどこに着地することになるだろう？　先へと進むのが止まったら、どんな状態になっているだろう？　そのときに社会や国家はどんな様子になっているだろう？　社会は公正で平和になっているだろうか？　同時代の人々は、社会が与えてくれるだろう未来図に満足しているだろうか？　アリストテレスの言葉を借りるなら、経済の「テロス」すなわち「目的」とは何なのだろうか？　そして経済の意味は、役割は、位置づけは何なのだろうか？

この本は経済を心理学的な視点から見ようという本だ。だから、心理学がするような質問を次のように問いかけてみたい。システムとしての経済はいつになったら、何の世話も助けも借りずにやっていけるようになるのか？　いつになったら自分自身と、そして自分自身の問題と折り合いをつけられるのか？　経済という肉体は、いつ成長を止めるのか？　いつ大人になるのか？[24]　健康な子どもがすくすくと成長し、大人になったら体の成長はもう期待できなくなるように（その段階で期待されるのは、肉体よりも精神の成長だ）、経済も大人になるのだろうか？　まだなっていないのだとしたら（私たちはみな、経済が成長の途上であると思いたがっている）、いつ大人になるのだろう？

トマス・マルサスは、この問いに答えを出そうとした最初の人物だ。そして、彼の出した答えは徹頭徹尾、暗い内容だった。彼によれば、経済は富める者（資本家）と貧しい者（労働階級）のあいだでますます激しく分裂していく。[25] そして労働階級はいつまでたっても、生存を保証する最低限の賃金で暮らしていくしかない。[26] なぜか？　賃金が上昇すると労働者の数が増え、労働者の増加は労働力の高い補給につながり、労働力が補給されればふたたび賃金が下がることになるからだ。非情な競争のスパイラルだ。学問としての経済学は、ここで突然、貧者にとっては何の希望的観測もない暗いものになった。経済の実体の圧倒的大部分を担っているのは労働者であるにもかかわらず――。

もうひとつ注目すべきは、当時少なからず存在していたマルサス理論の信奉者が、賃金の上昇を不健全だと、そして非生産的だとまで考えていたことだ。貧者の困窮を和らげようとする者はみな、こうした「専門家」からの叱責を甘受しなければならず、イニシアチブの妨害も覚悟しなければならなかった。マルサス寄りの主張によるならば、賃金の上昇は状況をさらに悪化させるだけだ。技術革新を土台にした生産性の向上は、もともと資本をもつ者にさらに多くの資本を与えるが、最初から資本をもたない人には何ももたらさない。それが当然かつ自然なことと考えられていたため、人々にはなすすべがなく、変革の試みはどれも失敗した。学問の「純粋な教養」や「学問的信条」は、現実に大きな影響を与えた。マルサスの遺産からは、資本主義に対するカール・マルクスの批判が生まれた。マルクスによれば、社会に起きているすべての不都合の原因は、個人が資本を所有したことと、市場が誤った方向に導かれたことにあった。

このようにネガティブに始まった経済学という学問はその後、「市場の自由」に前向きな要素を見出し、それを見込むという大きな転換を遂げた。経済学には徐々に躁的な要素が強まり、ほぼすべての問題の解決策を市場のみに見出すようになった。そして、他のあらゆる社会的分野でも経済学の方法論が応用可能だと人々は考えるようになった。経済学の哲学と手法は生物学にまで広がり、生物学の世界で「利己的な遺伝子」などのテーマがもてはやされ、成功をおさめた。

要約すれば、経済学という学問はそれ自体、一種の双極性障害に苦しんでいる。経済学は、市場を「神」もしくは「悪魔」として表現しがちだ。車や民主主義や司法やスマートフォンなど、経済以外のことについては、そうはならないはずだ。社会学や哲学や他の学問も、経済学のように高い期待と失望との巨大な対立を抱えていない。たしかにいわゆる「王の領域」を主張する学問はほかにもあった。社会学はそういうものとして始まり、オーギュスト・コント（コント自身、精神面の治療を受けていたらしい）の時代には、ずいぶん突飛な主張や要求をしていた。神学が「王の領域」を主張し、哲学を神学の一部だと主張した時代もあったし、逆に哲学が神学を従えた時代もあった。だが経済学ほど、学者の信念の方向性次第で大きな矛盾を内包したり、躁とうつのあいだを激しく振れたりした学問はおそらくないだろう。

ポリュクラテス・コンプレックスをもう一度思い出そう。今の経済学の〝失望〟は、高すぎた期待が直接の原因だとは考えられないだろうか？　なぜ私たちは経済学に、そんなにも多くを期待するのだろう？　なぜ経済学が思うように機能しないと大きく失望したり、あるいは、問題などまったく存在しないふりをしようとするのだろう？　経済学を白か黒かで考えるのをやめることは、私たちにとっておそらくおおいにためになる。市場には――人間の創造したおおかたのものと同じく――ニーチェふうに言えば「人間的な、あまりに人間的な」性質があるのだと、私たちはおそらく理解するべきだ。たとえば車はたしかにすばらしい道具で、西欧のほぼすべての家庭は車を所持しているが、いっぽうで車が環境汚染の主たる要因であるのも事実だ。車を買う人はそれによって緑を破壊し、命を縮める病気の発生にも大きく加担する（自動車は経済的観点から見ると、実際のコストよりもはるかに高価な乗り物だ）。それでは馬の時代に戻るべきかというと、そうではないだろう。私たちがなすべきは、より注意深く車を運転し、交通の規則を改善し、より安全で環境にやさしい車を作ることであって、世の中から車を放逐することではないはずだ。

市場もまた、きわめて人間的だ。神的でもなければ地獄的でもない。私たちが経済学を崇拝の対象のように見たり、憎むか愛するかのどちらかの対象として見るのをやめて、ごくふつうの何かとして受け止めるようになれば、すぐにではないかもしれないが、経済学はふつうにふるまうようになるだろう。ケインズも、こう書いている。「経済学者が歯科医のように謙虚で有能な人だと思われるようにできたなら、どれほどすばらしいことだろうか」。

アメリカの冷静とヨーロッパのヒステリー

興味深いことに、欧米がそれぞれ経済をどう受け止めているかという認識の差からも、経済の双極性が見てとれる。一般的には、アメリカはヨーロッパよりも経済指向が強いと思われているが、景気の動向にヒステリックに反応しがちなのはむしろヨーロッパのほうだ。

一九二〇年代から三〇年代に起きた大恐慌を例にとろう。恐慌が最初に始まったのはアメリカで、他国と比べてずっと長いあいだ、ずっと激しく恐慌は猛威を振るった。にもかかわらず、アメリカでは恐慌がもとで戦争が引き起こされることはなかった。異なる民族や異なる国々に対して、責任転嫁がなされもしなかった。特定の集団に対する暴動や嫌がらせも起きなかった。だが、欧州では不況が伝わるやいなや戦争が起こり、戦争は世界に拡大した。それは、世界を震撼させた愚かな戦争だっただけではない。私たち欧州の人間は人種関連でも恐ろしい非道を、想像を絶する規模で成し遂げてしまった。

二〇〇八年に始まったまったく別の経済危機も、やはりアメリカに端を発し、当初は欧州よりもアメリカがはるかに深刻な事態に見舞われた。だが、経済不況の波がやってくると、ヨーロッパでは一種のヒステリー現象や拒絶反応が現れ、一時は欧州連合（ＥＵ）の存続意義が危ぶまれるほどになった（危機が起こった当初、大勢を占めていたのは、事態は米国の中だけでおさまり、欧州まで波及しないだろうという考えだった。現実から遊離した偉大なる分離理論とはその程度のものだ）。恐慌が起こったアメリカでは、自身の通貨——つまりはドル——が危機の一端を担っているという発想を誰ひとりしなかったが、ヨーロッパでは即座にそういう考えが出てきた。アメリカでは、たとえば「カリフォルニアの通貨を引き下げるべきだ」「ドル圏から出ていけば、援助をしてやる」などという提案は出てこなかった。かたや欧州では、経済の動揺がもとでヨーロッパのアイデンティティが問い直されることになった。

欧州では、異なる国々がそれぞれ他国の問題に危機の責任を押しつけ、一時は「ひとつのヨーロッパ」という概念までもが危機にさらされた。このようにヨーロッパでは欧州連合がスケープゴートの役割を果たさなければならなかったのに対し、アメリカ政府は各州に対して「トランプのババ」の役目を引き受ける必要がなかった。アメリカではナショナリストは愛国的な人々として評価や尊敬を受け、危険視されることはなかったが、ヨーロッパのナショナリズムは非常に大きな不安を社会に広めた。現実的にいちばん危険なのは、失業や貧困そのものではなく、それらが憎悪やナショナリズムと結託することのほうだった。

本題に話を戻そう。どちらの危機でも、ヒステリックな過剰反応をしたのはヨーロッパであって、アメリカではなかった。こうして見ると皮肉なことに、年を重ねた賢者の役を果たし、精神的に安定した国家としてふるまっているのはむしろアメリカのほうだ。そのふるまいは、こういってはなんだがヨーロッパよりむしろ教養すら感じられるほどだ。

神学、経済、そしてポリュクラテス

ポリュクラテスの神話に類する物語は、ギリシャ以外の文明にも存在するのだろうか？　運命もしくは天意によってあまりに大きな幸運を手にした結果、最後は不幸に陥る誰かについての物語が？　もちろんそういう物語はある。ポリュクラテスの神話よりもはるかに有名なものだ。それは、新約聖書に登場するヨブの物語だ。ヨブの場合も、そのあまりの正直さを神に愛でられたことが「問題」になったのではないだろうか？

「ウツの地にヨブという人がいた。無垢な正しい人で、神を畏れ、悪を避けて生きていた[27]」。正直者のヨブは、七人の息子を授かるという大きな家庭の幸運を得たうえ、物質的な富にも恵まれた。七〇〇〇匹の羊と三〇〇〇頭のらくだ、五〇〇頭の牛を所持し、「東の国いちばんの富豪であった[28]」。

ところが、神のもとにサタンがやってきて、いくつかの経済的な問いかけをした。

ある日、主の前に神の使いたちが集まり、サタンも来た。主はサタンに言われた。「おまえはどこから来たのだ」。「地上を巡回しておりました。ほうぼうを歩きまわっていました」とサタンは答えた。主はサタンに言われた。「おまえはわたしの僕《しもべ》ヨブに気づいたか。地上に彼ほどの者はいまい。無垢な正しい人で、神を畏れ、悪を避けて生きている」。サタンは答えた。「ヨブが、いたずらに神を畏れるでしょうか。あなたは彼とその家を、そして彼の全財産を守っているではありませんか。あなたが彼の勤労を祝福されたゆえ。彼の家畜は地にあふれるほど増えたのです。ひとつこの辺で、御手を伸ばして彼の財産に触れてごらんなさい。真正面からあなたを呪うにちがいありません」。主はサタンに言われた。「それでは、彼のものを一切、おまえのいいようにしてみるがよい。ただし彼には、手を出してはならない」。サタンは主のもとから出て行った(29)。

こうしてヨブはすべてを失った。財産を失い、社会的名声を失い、子どもを失い、最後には自分の肉体を、さらには心と魂までをも痛めつけられた。サタンは神を利用して、何の咎もないヨブを破滅させた。この物語においてもまた、幸運を授かりすぎることは、そしてあまりにも善良でありすぎることは、危険なのだ。「度を越して正直であってはならない。度を越して賢くあってはならない。自ら破滅したくないのであれば」。聖書からはこんなメッセージが読み取れる。

神と親密になりすぎるのは、見かけに反してやはり危険であることが、聖書に登場するほぼすべての主要人物を通じて示されている。エデンの園を追われたアダム。息子を殺すよう命じられたアブラハム。そしてナザレのイエスに至るまでのすべての預言者たちがそれを表している。イエス・キリストはいまわの時、神から見放された苦しみの中で、なお、神に呼びかけている。「エリ・エリ・レマ・サバクタニ（わが神、わが神、なぜ私をお見捨てになったのですか）」。

神の注意を引き寄せすぎるのは危険だ。「その罰するような目を私からそらせ、私の目が曇りなく見えるようにしてください。私が去り、ここからいなくなる前に(30)」。

宗教的にも哲学的にもきわめて深い意味をもつヨブ記は、さまざまな方向から検証が可能だ。だが本書では、ヨブ記とポリュクラテスの神話との類似点に目を留めるだけで十分だろう。古代ギリシャの伝統においては、人生で何より目ざすべきものは有益性であり幸福であったが、ポリュクラテスの神話はそうした「善きこと」も度がすぎれば危険になる可能性を示している。聖書における次の記述も、これと同一線上にある。「蜜を得たら、ただ足るほどにそれを食べよ。さもなければ、食べすぎて、吐き出すことになる(31)」。

ヘブライ人にとって、もっとも追求に値する善とは、快楽的価値のあるものではなかった。この意味においてヨブ記は、乱暴にいえば、警告の書でもあり痛烈な皮肉でもある。ポリュクラテスやミダス王のように物質的な富にしろ、ヨブのような正直さという精神的な富にしろ、どんなに「善きこと」でも呪物的にそれを求めるのは危険だということを、ヨブ記は示唆している。

ヨブは「非の打ちどころなく、そして正直者で……東の国いちばんの富豪であった」。だが、彼は自分では理解できない罪の可能性ゆえ、息子たちと娘たちを犠牲にしなければならなかった。神はヨブについて語るとき、こう述べている。「ヨブのように非の打ちどころなく、正直で、神を畏れ、悪を遠ざけるものはこの地上にいない」。神からこれほど褒め称えられた人間は、ほかにいない。だが、いっぽうでヨブは想像を絶する苦痛を与えられ（これについては、「ヨブの遺言（Das Testament des Hiob)」という壮絶な文章に詳細な記述がある)、さらに子どもたちの死にも耐えなければならなかった。たしかに、神によって試された後、ヨブはふたたび富を手にし、新しい子どもにも恵まれる。だが、それまでの苦痛と子どもたちの死は、それで埋め合わされるものなのだろうか？　何より重要なのは、いったいどんな原則が事態を支配していたのかということだ。たとえば、モラルに関しても景気循環のようなものが存在するのだろうか？

ポリュクラテスを逆さまに

ポリュクラテスを巡る物語は正反対の側から見ることもできる。つまり、不運続きだった人間が、突然ありえないような幸運を授けられるという話だ。新約聖書に載っている哀れなラザロの物語を例に引こう。

ある金持ちがいた。紫の衣や上等な亜麻布をまとって、毎日ぜいたくに楽しく暮らしていた。ところが、ラザロという名の、全身ができ物でおおわれた貧乏人がこの金持ちの家の玄関の前に座った。ラザロは、金持ちの食卓から落ちるもので飢えをしのごうと望んでいた。だが、犬が来て、ラザロのでき物をなめただけだった。貧乏人はついに死に、み使いたちに連れられてアブラハムのもとに送られた。金持ちも死んで、葬られた。金持ちが黄泉で苦しみながら目を上げると、アブラハムとそのふところにいるラザロがはるかに見えた。金持ちは声を上げて言った。「父、アブラハムよ。私を憐れんでください。ラザロをおつかわしになって、せめてその指先を水で濡らし、私の舌を冷やさせてください。私はこの火炎の中で苦しみ悶えています」。するとアブラハムは言った。「子よ、思い出すがいい。あなたは生前すでに良いものを受け、ラザロは悪いものしか受けていない。今ここでは彼は慰められ、あなたは苦しみ悶えなければならない(32)」。

この話の驚くべきところは、ラザロが生前、善い行いをしたとも悪い行いをしたとも書かれていないことだ。そこにあるのは第一に、いかにも聖書らしい地獄と苦悶の描写であり、そしてきわめて奇妙な原則についての描写だ。それは、ラザロが天国に入ることができたのは生前に何かをしたからではなく、生前に苦しんだからだという原則だ。逆に言えば、金持ちが地獄に落とされた唯一の理由は、彼が生前に非道や悪行をしたからでも、ラザロを見下したことでもない。アブラハムは金持ちに、穏やかな言葉で説明している。「子よ、思い出すがいい。あなたは生前すでに良いものを受け、ラザロは悪いものしか受けていない。今ここでは彼は慰められ、あなたは苦しみ悶えなければならない」。これではまるで、人が苦しまなければならないのは、見返りに良いものを受け取るためだけのように見える。そして、苦難を与えられる唯一の前提条件は、過剰な富と過剰な幸福であるように見える。

ことわざやおとぎ話の中にも、ひどい貧困や苦労を味わったりしたというだけで、幸運へと上り詰める人物は少なくない。たとえば、シンデレラのことを思い浮かべてみよう。それらに鑑みると、いちばん良いのは両極の真ん中をいくことのような気もしてくる。ソロモンの箴言の中にも、つぎのような言葉がある。「二つのことをあなたにお願いします。私が死なないうちに、それを叶えてください。不実と偽りとを私から遠ざけてください。貧しさも富も私に与えず、ただ、私に定められた分の食物で、私を養ってください。私が食べ飽きて、あなたを否み、『主とはだれだ』と言わないために、また、私が貧しくて、盗みをし、私の神の御名を汚すことのないために」[33]。

これは私たち人間の、可能なかぎり良いものを目ざそうとしたり、できるかぎり金持ちになろうとしたり正直になろうとしたりする努力や願望と、根本的に矛盾している。だが、こうした努力や願望があまりに極端になれば、そこには危険が生じる。その点を、人類の最古の物語は警告している。恐ろしいのはそうした物語において、貧乏と裕福、善と悪、正直とふしだらなどの二つの極が、時折、きわめて近い位置に並べられていることだ。

まとめ

この章ではポリュクラテスの神話の検証と解釈を行い、経済や他の分野との関連性を追究してきた。そこから引き出すべき結論は、単に「出来事の発生は極端から極端へと順に振れる傾向がある」ことだけでなく、経済においても心理においても「躁的な状態」は――一見、非常にポジティブに見えたとしても――「抑うつの状態」と同じほど危険だということだ。この主題全般の土台となる要素を私たちは経済と神話と神学の分野に再発見し、それを文字に書き記した。

私たちの精神生活の経済には、一種の付加価値税のようなシステムが根をおろしている。生活に価値が増すほど、私たちは、良いものが増えた分を何かで埋め合わせなければならないというメカニズム――もしくは義務感に陥る。このシステムが経済の中に現れ、景気を良くしたり悪くしたりする力になっているらしい。だが、おそらくこのシステムがあればこそ、私たちの生活は興味深いものになっているともいえる。

私たちがここで論じているのは、強力な快楽主義的・マゾヒズム的原則とも解釈できる。人には、ものごとが自分に都合の良いように運ぶと、自分を罰したくなる傾向がある。このメカニズムはたしかに最初はカタルシスをもたらす。だが、その罪悪感には必ず、「また良いことをしなければいけない」という感情が伴っている。これは心理学が教える「事態をもとどおりにして、罰を受けなければならない」という心の動きと呼応している。もちろん私たちは、何かが行きすぎて、失望や悲しみや空虚がもたらされることを恐れているはずだ。

人はしばしば、意味の意味は無意味だという結論に至るが、同じことはおそらく有益性についても言える。有益性が最高点に達する時は、それが無意味や無益に転じる時でもある。これは、高慢やうぬぼれの虚しさを表す「虚無(ヴァニタス)」という古典的な考えとも通じあう。皮肉というべきは、利益を高めることに照準を合わせ、そのために全力を注いできた社会が、哲学者や思想家から「喜びのない社会」と称されることだ。ここでまた、聖書のコヘレトの言葉から有名な一節を引用しよう。私たちの社会にとって、そして意義よりも利益を求めて努力する私たちにとって、非常に今日的な意味をもっているはずだ。


空《くう》の空、空の空、いっさいは空である。

日のもとで人が労するすべての労苦は、その身に何の益があるか。

世は去り、世は来たる。

しかし地は永遠に変わらない。

日は出で、日は没し、その出た所に急ぎ行く。

風は南に吹き、また転じて、北に向かい、めぐりにめぐって、またそのめぐる所に帰る。

川はみな、海に流れ入る、しかし海は満ちることがない。川はその出てきた所にまた帰って行く。

すべての事は人をうみ疲れさせる、人はこれを言いつくすことができない。目は見ることに飽きることがなく、耳は聞くことに満足することがない。

……

わたしは自分の心に言った、「さあ、快楽をもって、おまえを試みよう。おまえは愉快に過ごすがよい」と。しかし、これもまた空であった。(34)

第9章

ギャンブラーと万物理論

――論理とその結果に対する依存

サイコロ賭博で最高の目は
賽を投げないことだ。

イギリスの格言

「ばくち打ち」の世界

本書ではすでに、サディズム、マゾヒズムという現象が経済と関係すること、そして一見対立するサドとマゾが表裏一体であることを詳しく取り上げてきた。ギャンブル依存は、その危険な表現型のひとつだ。ギャンブル依存については、個人の領域ではすでに検証され、さまざまに論述されているが、経済システムの領域ではまだ手つかずのままだ。この章では、ギャンブル依存性人格障害の一端を解き明かしていきたい。

ギャンブラーと病理

ある意味、病的でなくとも、私たちはみなギャンブラーであり、そのことは普段使う言葉に染みついている。ある人物は「当たり」だったり「外れ」だったりする。私たちは「手札を見られる」のを嫌がるし、ときには「ゲームから降りたい」と願うこともある。偶然の中に論理のつながりを探し、チャンスを見積もり、仕方なく「リスクを取って」、場合によっては心までも売る。まるで、情熱が果てた後にまた買い戻せる質草《しちぐさ》のように。ギャンブルはチャンスであり、人気の高い暇つぶしだ。守られた枠の中で成功と失敗の原理を実証し、学ぶことができる。

だが、ギャンブルはいつ中毒に変わるのだろうか。専門文献にはギャンブラーの性格が次のように書かれている。「ギャンブラーは、抑うつ、神経症、外向性、高リスク耐性の傾向が強い（この傾向は薬物依存者、服役囚にも見られた）」[1]。ギャンブルは、臨床的に見れば危険な形の現実逃避になる。問題から目をそらし、逃げ出す働きをする。これによって精神は安心を得るが、通例、ギャンブルは新たなストレスとなり、経済的負担、精神的負担へと発展していくため、逃避を繰り返す強迫をも生む[2]。

本書の中盤では、フロイトのいう死への憧れとサディズムについて論じた。この二つはギャンブル依存の重要な要素だ。すなわち、消滅（財産）と自己破壊（個人）である。後者のことは死亡統計からも読み取れる。自殺の個人リスクは、ギャンブラーではふつうより三倍高くなる。ギャンブル依存者の七二％が、治療の必要なうつ症状を示すという。

もうひとつ重要な判断基準がある。「ギャンブラーは決定プロセスで非合理になる傾向が強く、そして逆説的ではあるが、非常に優柔不断で、矛盾する状況に耐えられない。それなのに、矛盾する状況へ何度も向かっていく。ギャンブル依存を示さない対照群と比較すると、ギャンブラーは敵対心が強く、社会不適応で、反抗的、攻撃的であり、魔術的に思考し、さらに経験から学ぶことができない」[3]。この「魔術的」思考はとくに興味深い。それはつまり、運命を支配する力を望んでいるということだ[4]。

フョードル・M・ドストエフスキーはこの願望を『賭博者』で印象的に描写している。主人公はギャンブルで多大な財産をため込んだ。

あそこでやめておけばよかったのだ。だが、何だか妙な気持ちが湧いてきた。運命に挑み、その裏を突いて、舌を出してやりたい気持ちだったのだろう。賭けられる最大額、四〇〇〇グルデンを賭けて、負けた。興奮した私は有り金すべてを同じ数字に賭けてまた負けた。茫然自失の体で私はテーブルを離れた[5]。

カジノから株式市場へ

この主人公は偶然を自分のものにして、ずっと手元に置いておけると思い込んだが、それは叶わなかった。この点に関して精神分析は、ギャンブラーは子どもじみた全能空想にはまり込みがちだと論じている[6]。ギャンブラーはいっぽうで、他者に制圧される確実性をも求める。ドストエフスキーの主人公が若いロシア人女性に抱く思いには、二つの矛盾する性質が認められる。彼が女性に向けた言葉を見てみよう。

私はあなたの奴隷です。(…)どうかどうか使ってください、奴隷である私を!(…)私がいつかあなたを手にかけてしまうことがおわかりでしょうか？　それは嫉妬からでも、愛が終わるからでもないのです。私はただ殺《あや》めてしまうのです。あなたを引き裂いて食べたい欲望がときおり強く湧くからです。（…）あなたを殴り、切断し、絞め殺したい欲望に一度ならず抑え難いほど襲われました。（…）もしあなたを殺したら、私も自分の命を絶たねばなりません。そのとき（…）自分の死をできるだけ先へ延ばして、あなたがいないのに生きる耐え難い苦痛を味わい尽くすのです。

のちに彼はこう語る。

悦楽などまったく益のないことだ。ある存在へ抑制なく振るう権力ならば――それがハエ一匹に対するものだとしても――非常に楽しめる。人間とは本質的に暴君で、他者をいたぶることを好むものだ(7)。

ここに提示した自己嫌悪と破壊欲求の矛盾は、フロイトやエーリッヒ・フロムらがサディスティックな性格とその起因について論じたことを思い出せば、完全に解明される。誰かを支配するには、まず、絶対的な奉仕と服従が大事なのだ。サドマゾヒストがコントロールしたりされたりすることを求めるように、ギャンブラーは強迫的にゲームの偶然をコントロールしようとする。そして、自分を幸運の主人にする法則性を導き出せると考える。その妄想はたいてい荒唐無稽な数学的推論や、ツキが回ってきているという空想から成り立っている。

さて、これで経済学の領域にたどり着いた。なぜなら、まさにこの特徴が、カジノのギャンブラーと株式市場や金融市場のギャンブラーをつなげるからだ。[8] ブレーメン大学の心理学者、依存症研究者のゲルハルト・マイヤーはこう述べる。

株式市場のばくちは、幸運に賭けるゲームである。このまともでないシステムにも偶然の成功はあり、それがギャンブラーの行動を推し進める。彼らは、成功したのは自分の能力だと考える。この体験はカジノで偶然勝つよりも強力で、後を引く。反対に失敗すれば、自分の戦略のせいでなく、外的条件が急に変わったからだと言う。この急激な変化こそが株式市場の計量不能性の一部で、短期予測を不可能にしている。[9]

アメリカの経済学者カーメン・M・ラインハート、ケネス・S・ロゴフは、八〇〇年にわたる経済危機の歴史を論じたベストセラーの中で、停滞の原因もしっかり分析している。二人の結論も同じだ。数々の金融バブルから危機が生じるたび、それに強いモデルや公式を育ててきたのは、結局いつも、偽りの確実性だったのだ。人間は新しい危機に直面するたびに「でも今回は違う」といってきた。つまり「今度はうまくいく」という意味だ。この態度が二人の本のタイトル（This Time is Different）にもなっている。[10]（邦訳：『国家は破綻する――金融危機の800年』）

パスカルとギャンブラー

金融市場の重要な道具、確率論がギャンブルから生まれたのも道理である。フランスのメレの騎士ことアントワーヌ・ゴンボーは、当時、よくも悪くも名の知れた賭博師だった。サイコロ賭博に熱中していたゴンボーは、どうすればゾロ目を出せるかを考えていた。自分で計算してみてもうまくいかないので、学術関係のコネを使うことにした。一六五四年、哲学者で数学者のブレーズ・パスカルにギャンブルの助けを頼んだのだ。

ゴンボーの問いはこうだ。二つのサイコロを同時に振って勝つ可能性を算出できるか。計算できるなら、サイコロを一回振って六のゾロ目が出る確率はどのくらいか。パスカルは同じく数学者のピエール・ド・フェルマーと問題に取り組み、対数で近似する公式を発見した。この公式では賭けの勝利に近づけなかったため、ゴンボーはあまり喜ばなかったが、数学界は確率論の誕生の瞬間として二人の健闘を称えている。

今日、確率論は金融市場の大部分をコントロールしている。[11] その信頼性については何十年も前から議論されているが、実際に金融市場の事象に影響を与えているわけではない。見ようとすれば、ケインズのように否定的な目でとらえることは可能だ。「近年の〈数学的〉経済学は、そのあまりにも多くが単なる安酒にすぎない。安酒も、数学的経済学が依拠する憶測の的中も、何だかずさんなものだ。こうした経済学は高慢で無益な数式記号ばかりを見せつけて、現実世界の複雑性や相互依存を目隠しする[12]」。

念のためにいっておくが、すべての計算やモデルが機能不全なわけでないし、すべての公式やアルゴリズムが悪いわけでもない。また、株式市場に投資する者がみなギャンブル依存に陥っているわけでもない。反対に、経済学という学問や、資本主義に彩られた経済のおかげで、一世代前には考えられなかったような進歩が数多く成し遂げられてきた。この進歩を続けるには、アジェンダの病的部分を特定し、削除する必要がある。なぜならそれが市場経済に巨大な損害を負わせる可能性があるからだ。

こう述べるのは、昔から市場経済には負に走る傾向もあったことを認識しているからだ。ギャンブル依存の場合も同じだ。ただしギャンブル依存の場合には、初めからかなり大胆でリスクをいとわない傾向が見て取れる。三人の著名な経済学者の評価を引きながら説明しよう。

ジャン＝バティスト・セイは一八世紀後期の時点で株式市場について次の言葉を残している。「株という賭博には、あらゆる富くじの魅力が詰まっている。すばやい利益の獲得という魅力である」。一九世紀になると、景気研究者のクレマン・ジュグラーが幾人かの投機家の行動を評論した。「好況が続くときに賭け事に興じれば、富くじのように一瞬で裕福になれるという空想と願望にとらわれる」[13]。そして二〇世紀にはケインズがこう語った。「投機家は、企業活動の不断の流れに漂う泡のように無害かもしれない。だが、もし企業活動が投機の混乱に漂う泡と化したら事態は深刻になる。一国の資本発展がギャンブル行為の副産物となれば、課題の達成が難しくなることが予想される」[14]。

以上の引用からは、金融市場の立場が歴史の過程で異なることもわかる。財政に限定的な損害を与える程度だった単独のバブルが、国際的な投機バブルに変わっていき、年金などの公的分野に至るまで強く関係するようになっている。

この現象に取り組んだ経済学者のスーザン・ストレンジは、『カジノ資本主義』と『マッド・マネー』を著して金融市場の事象の再検討に大きく寄与した。「私が案じるのは技術面、つまりシステムの効率性に関してではなく、社会的、政治的な面に関してである。このカジノのような資本主義に、自分の職場や貯蓄、収入を賭ける気があるか質問されたこともないふつうの人々に関してである[15]」。

おそらく、考えるべきはこの部分だ。数学という道具やギャンブルのメカニズムそのものが問題なのではない。問題は、国際化した市場でギャンブルのメカニズムが広く適用されていることだ。それにより、人間の論理が生み出してきたものから時限爆弾が作られた。爆弾に火をつけるのは合理的思考の人間ではない。昨日のアルゴリズムよりも論理のない今日を生きることを重視する、パニック状態の投資家こそが爆弾に火をつけるのだ。

第10章

売春宿経済学

――ハイスピード経済、売春、そして取引の終わり

こうして人は金銭の存在そのものに買春的なものを感じる。どのように使ってもいいという無感情、あらゆる心のつながりを排除したドライさである。

ゲオルク・ジンメル(1)

超攻撃的資本主義の魂

本書の最後ではもう古い神話は語らない。それよりも、生産的な資本主義をゆがませて破壊する超攻撃的資本主義の魂について、新たなイメージを描き出そう。これは一人の人物を主人公にした創作物語ではない。主人公は、現実の経済システムというチェス盤に集まった多数の実在の人物だ。

この生きたチェス駒は、自らの活動性を失っているため、受動的な機能しか持たない。彼らはルールの狭い枠の中で動く。こうしたルールをただ「おきて」と呼ぶことにしよう。このゲームでは「おきて」が深く内面化しているため、彼らは自由に行動している気でいるが、実際は――上手にしつけられて――人の手で作られたルールに厳格に従っている。行為主体のつもりで行動しながら、受け身の存在に制限されている。彼らは駒を進めるように動かされ、どこかの升目に置かれ、唯一死だけを自分で選べる。そのとき駒は取られ、盤上から除かれる。

彼らに用意された場は、私たち自身の世界の経済的悪夢の場だ。そこで売買されるのは、動かない物や原料ではなく、人間、人間のエネルギー、そして人間の魂だ。このシステムはより高度な文明状態を目ざさず、感情装置の中でももっとも古いリビドーの解放を目ざす。

他の製品はふつう、さらなる利便性やワンランク上の生活を約束する。そこには、上を目ざす意欲が内包されていたり暗示されていたりする。だが、経済学の一部である本章の主題はまったく逆の方向へ向かう。

それは、商品化した性欲動、またそれと結びつく超攻撃的な形の資本主義だ。通常の商取引であれば、人物の外見や外的印象の向上を目標とするが、性産業はふつうであれば隠しておく部分を表に出す。性産業はどんな手段を使ってでも自らを満たし、決して満足することはない。生きた体を効率的にやりとりする供給網があり、これはいわばグローバル化の深くて暗い無意識の中で進行する。国連の報告によると、人身取引の犠牲者は二五〇万人を超えるという。推定売上高は数十億ドルに上る(2)。

もっとも奥深くに潜むこの市場が、明らかな攻撃を繰り返すグローバル化経済と心理学的にも病理学的にも密接に関係することを、これから示していこう。いや、密接というよりも、市場経済社会の上層で始まっていることは、システムの最下部ではひどく過酷かつねじれた形になって現れている。リリスの物語から読み取った呪いを、ここでも見ることになる。最初に自由を約束し、次に成長を強く迫り、最後に生命を滅ぼす呪いだ。だからこそ本章を「売春宿経済学」と名づけた。

セルバンテスの買春業の「見えざる手」

文学には、羞恥心、品を繕う気持ちから、売春宿をロマンチックに表現したものが散見される。その種の作品はいわばきれいごとの理想を描写する。理解のあるマダム、愛する客、ともに味わう喜び、個人の幸せ、ときには『プリティ・ウーマン』の幸運まである。以上がモンマルトルのおおよその観光イメージだ。

パリのこの地区は、自由という幻想ゆえ今日でも多くの観光客に賛嘆されている。少しのカンカンと少しのロートレックがあれば、世界はもうばら色にソフトフォーカスされる。それは理想の社会のイメージであり、そのイメージの中では誰もが感情とお金を喜んで差し出し、喜んで受け取る。この舞台の参加者は誰もが自由意志で取り決めを交わし、「感情のバランス」を作り出す。

こんな理想はもちろん空想の中にしか存在しないが、もう少し考察してみる意義がある。ここで目にする現象は、よく知られる経済学の見解にも当てはまるからだ。それは、意志の自由、そして善意の道徳の有害性だ。その一例が世界的大作であるミゲル・デ・セルバンテスの『ドン・キホーテ』に見られる。悲哀に満ちた騎士ドン・キホーテはガレー船に送られる囚人の一団に出くわし、犯した罪について尋ねると、監視から逃してやる。その中の一人が女衒《ぜげん》だった。

騎士（ドン・キホーテ）は四人目に近づいた。白いひげが胸元まで垂れる堂々たる老人である。ドン・キホーテがなぜここにいるのか尋ねると、老人は泣き出して何も語らない。五人目の男が代わりに答えを返した。「こちらの旦那は四年、ガレー船に行くことになっているんでさ。（…）この罰を受けたのは、人間の体で金をもうけていたからですよ。女衒だったわけで、ほかに呪術もやっていたんです」。「呪術は別として」ドン・キホーテは言った。「真面目に斡旋の仕事をしていたのなら、こぎ手よりも船長のほうがふさわしいくらいだ。女衒の仕事は世間でいうほどひどいものではない。利口でなければできないし、秩序の整った共同体には欠かせない仕事なのだから、本来であれば身分のしっかりした者だけが管理すべきものだ。当然、他の役人のように周囲が見張ることも必要になる。証券取引所の仲介人と同じで、人数を制限して明らかにしておくのだ。そうすれば、いま起きている不幸のほとんどは避けられるだろう。口を出す女連中など、無知な者たちがいじくり回してしまっているのだから（…）」。「まったくそのとおりで」老人が答えた。「（…）女衒のことに関しては、否認することなどできませんでした。けれど、それで不正を働いているとは思いもしませんでした。世界中が喜んで、平和に調和して暮らせることを目ざしてきたのです[3]」。

ドン・キホーテの行為はまさに価値の転換だ。不都合に思える事象を禁じずに、現実として受け入れ（合法化して）、事業活動の重要性をもとに法的基準を設けることを訴えている。道徳にもっとも反して見えるものの評判を上げ、名声と地位のある者に管理させよというのだ。

セルバンテスがシステムの本当の誤りだと考えているのは、国家や社会が買春を犯罪と見なすことであって、それを行う人間一人ひとりの不道徳ではない。アダム・スミスと同様、セルバンテスは行為の価値を客観化するうえで、まず実際の影響を考え、道徳的基準で判断しないようにしている。これによって、明らかな悪でなくなった存在は有益なものに変わる。セルバンテスの女衒は、復権した状態においてはひとつの恵みだ。すべての人間の行為は（善悪を問わず）、スミスのいうとおり「見えざる手」で一様にまとめられ、さいごには国民の繁栄という善をもたらす。(4)

セルバンテスとスミスをつなぐのは、ほぼ達成が不可能な理想（汚職ゼロ、絶対的な信頼性、永遠の高潔）を超えて現実を制定しようとする一種の世界観だ。これに関しては本書の途中で少し触れている。こうしたアプローチは、カール・ポパーが提唱した「ゼロ方法」をいくらか思い出させる。完全に合理的に行動し、ひと通りの情報をもつ個人を中心にして理論モデルを構築し、問題の解決を目ざす方法だ。これによって、最適行動と個人の偏差が測定できる。重要なのはゼロ状態に近づくことであって、実際に達成できないことにこだわることではない。(5)

ポパー式の最適売春宿

売春宿をゼロ方法に当てはめると、最適状態は売春婦、客、仲介人がそれぞれ幸せなことだ。ポパーのモデルに従えば、売春婦は自由意志から喜んで体を売り、報酬にも客にも満足した状態となる。客についてあらかじめ十分な情報があり、心身ともに不快だったり苦痛だったりする状況は生じない。客は自分のすることを詳しくわかっており、自分の能力とシステムを評価できる状態にある。性的願望を満たそうとお金を払った途端、客はシステムの一部になる。仲介人の場合も、斡旋と店の管理に見合った給料をもらえていれば、それでよい。

実際、こうしたゼロ状態との近似は、かなり確かな本人の証言の中に見られる。『ドン・キホーテ』で引用したとおり、女衒は自分のことを慈善家のように語り、犯罪者とは考えていなかった。このタイプの現代版が、クレメンス・マイヤーの小説『石の中に』(未邦訳)に登場する。

おれたちはいつもお祭り状態で、女たちはお金をかせぎ回ってたから、夜が終わるのが昼前なんてことも珍しくなかったもんさ。ディスコ、ディスコ、シャンパンだよ。女の管理はきちんとしてたよ。クラウディも一緒に店をまとめてたし。誰がいま悩み事を抱えてるとか、彼女はちょっと休ませたほうがいいとか、クラウディはいつも知ってたよ。おれたちは大きな家族、いや、みんなで結婚してるみたいな関係だった。(…)とっくに引退した身だがプロ意識からいわせてもらうと、いい客引きってのは人間の心理をいろいろわかってなきゃだめだ。でも、うちの子たちは、このおれ、今は年寄りのランディのところでいい生活ができただろうよ。何もかもぜいたくだった。その状況で嫌というやつがいるかね?(6)

とすると、ランディにはおそらくポパーの最適ゼロ点に近い感覚があったということだ。しかしほんとうの現実は、年老いた客引きにとっての現実とは必ずしも一致しない。東欧から女性が何千人もダンサーとしてやってきては、ヨーロッパの風俗業で時間単位で売られている。一日の労働時間は一七、一八時間。頻繁に店を替えられ、周りの女性や役所と連絡が取れないようになっている。かせいだ給料は家賃などとして客引きに徴収されることも多いと、国連の人身取引報告書は告げる。(7)

犠牲者の抱く幻想

つまり、彼女たちの放浪の最初にはたいてい、輝くような西側の世界（キャリア、モデル、金持ち）の幻想と誤った認識がある。そして、ひとたびその中に入ると不安と暴力にいやおうなく従わされ、完全に不安定な状況に置かれる。隔離されて頼るものもない。経済的奴隷を作る完璧なシステムだ。そのシステムは違法な空間に存在し、効率的な利益の最大化を求める。リソースである売春婦を搾取する残虐性には、窃盗症の傾向がある。きわめて攻撃的で、ゆがんだ形の経済システムに見られる性質だ。

現在の金融危機を分析すると、似たようなプロセスが見てとれる。まず、アメリカでローンを組んで家を買いたい人に、「安全なわが家で確かな幸せ、資産価値は絶対に下がらない」という幻想が売られた。投資家には同じく「絶対に下がらない」と謳った資産担保証券が提供されたが、その担保は住宅購入者の負債にすぎなかった。こうした幻想によって膨大な額のドルが動いた。

夢が悪夢に変わると、世界規模の「メルトダウン」の不安から政治家が手を打つしかなくなり、損害を引き起こす一因となった機関の救済を国家が請け負った。投資銀行の成長を当てにして国家財政を奴隷化したことで、とくにヨーロッパで国富が捨て置かれ、その後何年も国の社会的・経済的成長を大きく圧迫している。

風俗業も、ゆがんだ資本主義のシステムも、競争の激しさを主張して行動する。構造は開かれず、ぴったりと閉じている。どちらも裏のおきてによって動き、その構造の中に置かれた者を徹底的に働かせ、服従させる。客とその利益は（感情的なものにしろ、財政的なものにしろ）、人間性や利他主義よりも圧倒的に重要視される。

そして客の要望は、法律よりも優先される。だが、それはしょせん見かけだけだ。お金を払う者は構造の利益を上げるための「資源」にすぎない。売られる人間（売春婦、子ども）も、善意の投資家（貯蓄家、ファンド）も同じだ。両者はシステムにとって単なるエネルギー源にすぎず、（少なくとも投資家については）本人たちが思うような優遇された受益者ではない。改めていうまでもないが、どちらのシステムも、ハイリスク・ハイリターンだ。

聖体拝領の場としての性産業

ビジネスマンが、一般に描写されるように、よく風俗街に出没するのには何か理由があるはずだ。[8]このステロタイプは広告にまで使われている。たとえばサクソバンクがスイスで作った広告だ。ポスターに見えるものは、コンパスのように開いた女性の脚。ガーターベルトと赤いハイヒールを身につけている。その向こうにはヒョウ柄のソファがあり、スーツを着た若いビジネスマンが三人、ネクタイと襟元をゆるめてくつろぎながら、ポスターの端、つまり女性の脚の間を眺めている。大書されたコピーは、「トレードをいつでも、どこでも」。

ささげられた女性の体は、経済的成功を表す。株の世界を描くドキュメンタリーや小説や映画の中に、売春婦や踊り子が登場する率がやたらと高いのも不思議はない。最近でも、いくつもの映画がヒットを収めている。『マージン・コール』では投資銀行のバンカーたちがコールガールと夜を過ごし、『ウルフ・オブ・ウォールストリート』（二〇一三年）では娼婦とドラッグの乱痴気騒ぎが話の大部分を占める。デヴィッド・クローネンバーグ監督作『コズモポリス』（二〇一二年）の主人公、感情を失った外国為替投機家はサイコパス的な衝動を娼婦相手に満たし、ドキュメンタリー映画『エンロン　巨大企業はいかにして崩壊したのか？』は、同社のチーフアナリストの関心が「金、金、女」だったことを証明している。

ドイツの社会学者クラウディア・ホーネガーの論文「銀行の男性社会——サメの水槽の誇示的進化論」によると、女性はつねに「戦利品、成功の物神、威光の対象」として扱われる。ホーネガーによれば、「高いものに価値がある」。高級エスコートサービスは、世界の巨大な金融界の夜を支えるプロだ。そこで成功したければ、女性は以下の行動ルールを守らねばならないという。「性交時はほのめかすように性的なことを伝え、みだらな儀式としぐさを行いながら、自分の魅力を見せつけてそれとなく誘惑する(10)」。

風俗やエスコートサービスの利用は、ブローカーやバンカーのプライベートに限らない。「アポロンとマルシュアス」の章で記したとおり、ロンドンのシティのバンカーが、客と風俗に行くことで手際よく関係を築いて固めることを告白している。「既婚者と風俗に行けたら、単なるビジネス以上のつきあいができる」。

だが、この世界を統べる男たちはいったいなぜこんなことをするのか。買春の何がそんなに彼らを引きつけるのか。ここでまた私たちは、金銭の物神としての機能に直面する。精神分析に照らしていえば、私たちが売春宿で目にするのはフロイトのいう肛門期障害だ。完全に閉じられ、外界から守られた状況では、金銭という媒介は他者の体を自由に使う力になり、サディズム的性質の主要願望につながっていく。すなわち、物神の金銭によって個人の権力の下に他者を従わせる。金銭を通じて人々はポストモダンの「聖なるミサ」をともに行う。そこでは金銭の権力、性的優位や性的能力、支配権が称えられる。ここで浮かび上がってくるのはまたしても昔からの儀式の象徴――「聖なる」場、閉じた共同体、同胞の秘密だ。ささげ物（金銭）は、ユングのいうリビドーの「飢餓」[11]を静める。「ミサ」によって生じる共通の秘密はビジネスでの関係を作り上げる。

経済システムと売春宿の類似性

本章はセルバンテスの陽気でおめでたい売春の最適ヴァージョンで始まった。そのまったく逆である現代の戦慄ヴァージョンでこの章を閉じよう。

ヒューバート・セルビー・ジュニアは、小説『ブルックリン最終出口』で場末の売春婦トラララの運命を描いて、こうしたシステムの残虐性を非常に強烈に表現した。ニューヨークの寂れた酒場で酩酊したトラララは、廃車置き場に連れていかれ、野卑な声を上げる男たちに乱暴に犯される。

一〇人だか一五人だかの完全に酔った男は、トラララを五七番街の角にある空き地の廃車まで引きずって服を切り裂き、車に押し込んだ。誰が一番になるかで何人かが殴り合いを始めた。しまいに男たちは列になり、誰もが笑い声やがなり声を上げた。列の後方へ向かって、ビールを取ってこいと一人が叫ぶ。(…)列にギリシャ人のグループが加わり、近所の男たちも何人かトラララが叫ぶのを眺めながら待っている。(…)その後も「ウィニーズ」からやってくる者が続き、軍の隊舎で連絡を受けた海兵たちも加わった。(…)車がトラララのアソコで臭いと一人が騒ぎ出し、彼女は座席ごと空き地に出され、裸のまま置かれた。(…)トラララのニキビもあかぎれも男たちの影で見えない。誰かが缶ビールを顔に押しつける。(…)次の男が乗り、今度はくちびるが裂けてトラララの顎を血が伝った。(…)男たちは次から次へと犯し、トラララは意識を失った。(…)そばでチャンスをうかがっていた少年たちは不満をトラララにぶつけた。服を細切れにし、たばこを乳首に押しつけ、小便と精液をかけ、尻にほうきの柄を突っ込んだ。すっかり飽きた少年たちは、割れたビンやさびた缶、空き地にぶちまけられた汚物の中にトラララを転がした。[12]

これが売春幻想のもうひとつのラストだ。人間の進歩の中心であるニューヨークの真ん中で、あらゆる人間性とあらゆる文明思想が消滅する。社会的超自我や国家や法律の上に苦労して確立された、感情と利益と財産との交換は、廃車場に崩れ落ちる。そこでは救いのない犠牲者が同じく救いのない残虐性とサディズムによって徹底的に痛めつけられる。

以上の論は読者の目には奇妙に映るかもしれない。実際これまで、経済システムそのものと売春宿を関連づけた経済学者はいなかった。未曾有のものや忌まわしいもの、そして登場人物の心理に対しては、経済学者よりも作家のほうが繊細な感覚があるようだ。ジェイムズ・ジョイスは名著『ユリシーズ』の主人公、レオポルド・ブルームに現代の人間を体現させ、娼家に送った。そこでブルームはサドマゾ的な行為に巻き込まれる。ジョイスはそれを競馬と株ビジネスにからめて語っている。

まずジョイスは、娼家において人格、健康、時間、金銭の浪費が横行していることを指摘する。この前書きだけでもう、金融危機に陥った社会の現代批評と一致している。

その後、ブルームと娼家の女主人ベラ・コーエンのあいだで性的役割の交換が行われる。被虐の立場のブルームは女性の役割を引き受け、加虐側のベラは男のベロに変わる。ジョイスは暴力を男性に、暴力を受ける立場を女性に振りわけた。人物の役割を交換したことで、その意味が明確になる。本書で「硬い原則」と呼んだものを、ジョイスは金融市場と関連づけて披露している。ベロはブルームを責めながら、葉巻をくゆらす投機家やギャンブラーに変わり、サドプレイの最中に株や競馬の損失を嘆いてブルームを馬のように乗り回す。

ベロ　（不平をいいながら、ブルームの上を向いた顔にのしかかって葉巻をふかし、肥えた片脚をさする）　そうかい、キーティング・クレイがリッチモンド精神科病院の副院長に選ばれて、ギネスの優先株の配当が今じゃ一六と四分の三か。まったく何てまぬけなんだろう、クレイグ・アンド・ガードナーから話を聞いたとき、あの株を買っておかなかったなんて。またもやどうしようもない運の悪さだ、ちくしょう。おまけにあの穴馬が二〇対一で勝ち抜けやがった。灰皿はどこ行った、ちくしょうめ。

ブルーム　（棒で突かれ、尻をたたかれる）　ああ、ご主人さま！　なんてひどいことを！（…）

ベロ　（相手の睾丸を乱暴につかみ、わめきちらす）　ほら、走れ走れ、駆け足で進むんだ！　そろそろちゃんと調教してやろうか。（…）

ブルーム　（息を詰まらせながら）　もう駄目です。

ベロ　だめだ、おれがまだだ。おとなしく待ちな。（息をのむ）ちくしょう、こっちだ。栓がはちきれそうだ。（後ろの栓を抜き、顔をゆがめて大きく放屁する）ほら、おまえの取り分だ！（栓をまた入れる）まったく、一六と四分の三か。（…）うろうろ歩き回るのはやめな。お望みのことはしてやったんだ。この先はおまえはもう男じゃないぞ、正真正銘、服従する単なる物だ。さあ、おまえに罰を与える服を持ってきな。その男の装束をはぎ取るんだ、わかるか、ルビー・コーエンちゃん？　頭と肩からたっぷり

と絹布をかぶるんだ、早くしな！(13)

持つべきか、持たざるべきか、それが問題だ

ジェイムズ・ジョイスはフロイトの著作を詳しく読み込んでいた。仕事と賭けで欲望を味わうべロによって、株取引の損失が、精神分析でいう肛門の抑制、ため込む性質とつながる。ベロは放屁をするために栓を抜かなければならない（この放屁は彼女のオーガズムでもあり、改めて肛門期の「宝物」を示している(14)）。

要するにこのシーンでは、肛門に固定したサドマゾヒズム、性的服従、物神としての金銭が、娼家という舞台にひとつになっている。そしてこれをさらに鮮烈にするため、ジョイスはシェイクスピア『ハムレット』の有名な一説、「生きるべきか、死ぬべきか、それが問題だ」に引っかけて表現している。経済の時代に際しては、「持つべきか、持たざるべきか、それが問題だ(15)」と、ジョイスは見抜いた。現代のドラマをこれ以上うまくいい表した者は、経済学者にも心理学者にもいない。

第11章

モンテ・クリスタッロの羊飼い

――一風変わったまとめ

資本主義に暮らす人間

経済学をテーマにした書籍を読む人は、本人が思う以上に経済的な思考をしている。なぜならそうした人々は、読書によって――とりわけ「経済」や「経済学」の見出しのついた書籍によって――利益を得ることを望むからだ。伝統に従うなら、こうした本の最後の章では、全体の有用な点をまとめ直し、重要な点を強調し、全体の要を月並みな刺激語で商品化すると相場が決まっている。再分配、エコ化、中庸、革新、雇用、そして公正！　本来なら、最終章にはいくつものエクスクラメーションマークが飛び交うべきなのだろう。しかし、「公正」ひとつとっても、人により解釈はさまざまだ。だから、こうした常套句を使うと、「業績は再び報われなければならない」と謳う急進的な新自由主義者も、共同の再発見を謳う中庸から急進的なマルクス主義者も、同じひとつの旗を掲げることになりかねない。そして彼らはそれを気にすらしない。

その手の本の最後では未来の予測もよく行われ、いろいろと進言が提示される（「世界を救う一〇の方法」など）。場合によっては予言までなされるが、それらは二、三カ月後には忘れられることを見込んでいる。こうして誰もが成功を求め、市場はもっとも多くを提供した者を正しいと認める。

本書はそんなわかりやすい言葉では終わらない。そもそも精神分析が「これを飲めば病気は治る」というような簡単な言葉で終わるものだと、聞いたことがあるだろうか。いいや、私たちの社会は

――資本主義的市場経済の上に成り立つこの社会は――複雑な構造と果てしない多様性を内包しており、簡単な答えで太刀打ちできるものではない。私たちが本書で成し遂げたかったのは、経済というシステムに鏡を向け、社会の極端な経済化の結果として生じた精神的・実存的な深淵へと読者を案内することだ。

私たちは西洋の人々の疎外を明らかにし、それがどこからくるのか示そうとしてきた。

資本主義に暮らす人間は、関係を理解することより、服従と支配を教え込まれ、自らも学んでいる。時間の乏しい厳しいプロセスの中で、攻撃性を増し、ミスをおかしやすくなっている。人々は最大限の利益獲得を迫られ、経営者たちは短期の利益戦略に走り、人間と資源を容赦なく搾取する。世界規模の不均衡が起こり、多くをもつ者にチャンスと財産が窃盗症的な形で割り振られている。金融経済は非常に高いリスクを追いかけるいっぽう、原始的な儀式や原始的な慣習に従っている。消費行動はどんどん速度を増し、どんどん質を落としながら豊かさの目くらましをし、大量販売の新しい夢を暗示のマジックによって日ごとに編み出し続ける。個別化され細分化された社会は、ただ物を売るためだけに人々の魂にナルシシズムを植えつける。世界観は不安な状態を作り出しながら表面上は安全を約束している。そして、これらの変異すべてが宿るシステムは、躁うつ病的傾向を呈している。

個人と社会の価値の転換

人々はそうしたシステムを、神か運命によって授けられたもののように見ている。本書の目的はそうしたシステムやメカニズムの背景に、読者の目を促すことにある。対症療法ではなく原因を治療しない限り、変化は起こらない。近年、経済的災いが私たちを襲ったのは、創造性もなしにすべてを使い果たそうとしていたからだ。これでは最終的にはシステムの自己破壊につながりかねない。本書では、成長と競争をもう少し抑えても生命を脅かすような害はなく、それどころか救済になり得ることを示してきた。システムの誕生以来、何度も発生してきた危機は、社会の躁的挙動に対する自然の修正メカニズムなのかもしれない。だが、呪ったり否定したりしても、このメカニズムはなくならない。反対に、抑圧すればスパンをいっそう短くしてより大きな新しい損害を生む。有害なものを事実として受け入れ、万一のときに備え、よい意味での抵抗力を示すことが、学問としての経済学、そして社会の制御装置としての政治の課題ではないだろうか。この道を行く者は、多くの偶像を投げ出し、個人と社会の超自我に深く根づく価値の転換を図らねばならない。とくに重要なのが、時間、労働、利益の評価であり、物質的・経済的レベルを超えてその評価を広げていく必要がある。

こうしたプロセスを進んだ先に本当の価値の転換があり、世界共通の新しい利益の概念が創出されるのではないだろうか。中心となるのは、自己目的のためのシステムではなく、人間らしいと思える世界文明のための人間らしい能力の成長だ。

そのために必要なのは、社会プロセスの体系的変化、そして個人の考えの変化だ。どちらが欠けてもいけない。銀行のシステムに異を唱えながら、年金保険口座の利息が三％を超えることを期待する人は、自分の矛盾に気づく目をもたなければならない。同じことは、しきりにグローバル化を批判しながら、買い物で安い値段ばかりを求める者にもいえる。改革を成功させたいなら、必ず両面から着手すべきだ。

数学の弁護——計量経済学の弁護

本書では、数字や確率論の論理をむやみに信じてはいけないと繰り返し述べ、純粋に合理的な存在を信じることから生じる有害な結果に触れてきた。しかしこれは、数学という道具を——できれば金融市場全体を——廃止したいと考える人たちと同じなわけでは決してない。むしろ、数字の道具がなければ事態は悪化すると私たち著者は思っている。これはまた、厳密に科学的なパラメータの適用は許容されるかというイデオロギー的な話でもない。事はそんなに簡単に片づけられる問題ではない。なぜなら数学や推計統計学は、今までも、これからも単なる道具にすぎないからだ。従って、その機能は人がそれをどう使うかに左右される。ハンマーは、絵を掛けるくぎを打つのにも、誰かの頭を打ち砕くのにも使える。数学もこれと同じで、役に立てることも害を与えることもできる。数学が人類の進歩に大きく貢献したことは疑いようもない。けれど、数学はすでに発展を極めたのだろうか。

もし今日の数学や計量経済学が、一〇〇年ほど前のユークリッド幾何学のような状況だったらどうだろう。その当時まで人々は二〇〇〇年以上にわたって、ユークリッド幾何学の公理を信じ続けてきた。ところがこの常識は、一九世紀にロバチェフスキーとボヤイによって否定されたのだ。同じことは、計量経済学にもいえるのではないか。自らの地平を広げることは、計量経済学にも可能なはずだ。ひとつの形だけの経済や成長が可能なのでなく、きっと真の幸福をもたらす持続可能な複数の形があるはずだ。そのために科学は、高度に発展した数学や推計統計学などの道具をもっており、もしかしたら近い未来そこに、システムや市場参加者の体系的な心理学的知見も加わるかもしれない。必要なのは、経済的思考を少なくするのでなくて多くすること、論理を減らさずに今より増やすことだ。偉大な哲学者のバールーフ・デ・スピノザは、『幾何学的手法で論証された倫理学』を言葉でまとめようとした。本書の筆者たちが何かを望むとすれば、それは「心理学的手法で論証された経済学」の確立である。

希望と夢――終わりの物語

実際のところ、現代社会の主要な問題を解く答えは、希望と夢以外にない。そうした夢は無意識の集合的記憶から育つと語ったユングの言葉を信じるならば、古式で神話的に思える夢も認めるべきだろう。問題を解く夢は、戦いと英雄よりも、ある状態への深い憧れに関わっている。それはふつう、率直と好意の状態と呼ばれるもの、つまりフロイトが最終的に文明の病に効く薬として考えた「愛」である。

前向きで内観的な希望の根底を描き出すため、本書最後の物語に南チロルのアンペッツォ谷に住む農民たちの話を持ってくることにしよう。未来に関する偉大な記憶のささやかな物語、『モンテ・クリスタッロの羊飼い』の伝説だ。(1)

岩で赤みを帯びたモンテ・クリスタッロの坂道には、今は急な坂や岩壁しか見えないが、かつてここに立派な城があった。塔や凸壁は気高く谷の上空にそびえ、太陽の光に瞬きながらマルモラーダ山の麓を行く人たちにその姿を見せていた。城には、世界中から称賛される美しい姫が住んでいた。すでに何人もの王子や貴族が結婚の申し込みに来ていたが、みな肩を落として帰っていった。姫は次から次へと断るのを楽しんでいるようで、こんな謎かけを出すのだった。「私のことだけれど私も知らない話を聞かせてちょうだい。それでも必ず私が信じるような話を」

　三つの条件を満たせる者はいなかった。そもそも本人にもわからない姫の話など語れなかった。求婚者が話し始めると姫が青い瞳で見透かすように見つめるので、男たちはすっかり取り乱してしまう。何とか物珍しい話を作り上げてご機嫌を取ろうとしても、姫に笑い飛ばされて帰らされるだけだった。姫の相談役も手を貸して、鋭い質問を重ねては矛盾を突いた。

　ある日、姫は一人の騎士が何とも魅力的な歌を歌っているのを耳にして、誰の作った歌なのか尋ねた。騎士は、あいにく自分ではなく、谷の者が「おかしなベルトルド」と呼ぶ牧夫の作だと答えた。大変驚いた姫は牧夫のことを知りたいと思い、相談役に尋ねた。

「おかしなベルトルドなら知っています。以前は谷によくいるようなごくふつうの羊飼いでした。でもある日、パデオンの牧草地で花を摘む姫さまを目にすると、羊を人に譲って詩人になったのです。それ以来、森を歩き回っております。何でも、姫さまにすっかり恋い焦がれているとか。城まで来て、結婚の申し込みをしたこともあったくらいです。平民の牧夫の出る幕ではないので、追い返しておきましたが」

　これを聞いて姫は怒り、求婚者を選別するのはおまえではなく私だと、相談役を叱責した。そして、すぐにベルトルドを探して、話をさせるために城へ連れてくるよう命じた。

　翌日の朝にはベルトルドは城門に現れた。門番に連れられて大広間へ向かうと、そこにはもう姫と臣下たちがそろっていた。牧夫にいったい何を語れることがあるのか誰もが聞きたがり、姫もまた興味深そうにベルトルドを見つめている。しかしその目は、ふだん見せる求婚者を品定めするような目つきではなかった。

ベルトルドは語り始めた。

「姫さま、本日、私がお話しするのは本当に起こった出来事でございます。けれど、ここではなく、はるか遠くの国、選ばれし者の国と呼ばれる地での出来事です。みんなが平和と協和の国で暮らしていたころのことで、戦争もいさかいもなく満たされていました。いつかその地を離れ、この世で人間として苦労と心配の中に暮らすときが来るとは思ってもいませんでした。あちらでは誰にでも果たすべき役目がひとつあり、姫さまは私たちの女王さまでした。民はみんな、女王さまの公平さと優しさを称えていたものです。でも、私たちがいちばん愛していたのは、女王さまの美しい瞳です。女王さまの目を見て、限りない幸せを感じない者はおりませんでした」

つかの間、言葉を途切らせ、ベルトルドはまた先を続けた。「私の仕事は羊飼いでした。朝早くに羊を牧草地へ連れていき、女王さまの窓の下を通るとき、明るい曲を口笛で吹くのです。それが一日の楽しみでした。こうして私たちは選ばれし者の国に暮らし、その生活が永遠に続くと思っていました。けれど、ある日、天使がやってくると、近いうちに地上へ向かうように告げられたのです。それから天使は私たちがどのくらい役目を果たしたかを一人ひとり調べたのですが、その判定は厳しくて、みんなどこかしら不足があると判断されました。けれど、二人だけは別でした。女王さまと私です。天使はお褒めの言葉をくれて、地上へ降りたらそれぞれひとつ願い事を叶えてくれるといいました。そのとき私はそばにいる女王さまを見て、地上で人間になっても同じように美しい瞳をしていてほしいと願ったのです。天使はうなずくと、女王さまのほうを向きました。女王さまはこちらを見てほほ笑むと、私の一番の願いが叶うようにと望まれました。

そしておわかりでしょう、姫さま、私の望みは実現したのです。天国にいたときと同じ美しい瞳をしていらっしゃる。でも、天使が姫さまの願い事も叶えるかはわかりません。私の一番の願いが叶うように姫さまは頼んでくださったのですから」

そういうとベルトルドは黙り込んだ。女官たちははにかんで眺めていたが、姫はひどく驚きながらもまっすぐにベルトルドを見つめていた。そこへ相談役が口を開け、今の話は三つの条件を満たしていると認めた。姫に関する話であり、けれど本人は知らず、天で起こったことは知りようがないので疑わしいともいえないからだった。「しかし」と告げながら、相談役はベルトルドへ顔を向けた。「おまえの話にはひどくおかしいところがひとつある。私たちがみな選ばれし者の国にいたのなら、なぜおまえだけがそれを覚えている?」。この問いにもベルトルドは落ち着いて答えた。「天国で最後に目にしたものに地上で再び出くわしたときに記憶が戻ったので覚えているのです」

「それは何だ?」

「女王さまの瞳です」。ベルトルドは答えを返した。「姫さまがパデオンの草原にいて、あの同じ瞳をしているのを見たとき、当時の記憶が私にとっての天国の扉を開いたのです」。相談役は息をのみながらも、どうすればベルトルドを退けられるかを考えた。

けれども姫はほほ笑むと、羊飼いからの結婚の申し込みを受け入れたのだった。こうして二人は大きな国を治めて幸せに暮らした。今でもコルティナの羊飼いたちはモンテ・クリスタッロを「ベルトルドの岩」と呼んでいる。

未来に影響を与える記憶、過酷な推進ではなくゆるやかな力——こうしたいかにも童話的な、多数の人にとってはまるでナイーヴなハッピーエンドを読者にお渡ししたところで、私たちは退散しよう。みなさんは落ち着いて休む必要があるだけのことをしてきたのだから。でも、もしマルモラーダ山の麓にあるパデオンの草原、もしくはギリシャのパルナッソス山の麓へ行くことがあったら、デルフォイの神託の門に何と刻まれていたか思い出してほしい。その言葉は、「汝自身を知れ」だ。これについて考え、古い物語や現代の話の中に手がかりを探すには、鏡は要らない。もちろん経済学の教授も要らない。必要なのはほんの少しの勇気だけだ。

トーマス・セドラチェク、オリヴァー・タンツァー　プラハとウィーンにて

謝辞

創造行為のさなかの物書きは、古代ギリシャ人がいうところの「イディオーテース（愚か者）」そのものだ。奇人変人にして私人、そして正真正銘の反社会行為者であり、社会的・個人的な責任を果たす能力をもたない者。この本を書いているときの私たちは、まさにそんなふうだったと想像してもらっていい。私たちは執筆中、思索の殻に閉じこもり、伝説と景気循環のあいだを、国内総生産と聖書のあいだを、そして精神病理学と数学的関数のあいだを行きつ戻りつしていた。誰かに話しかけられても、支離滅裂な受け答えをしたり、脈絡を欠いた考えをぽろりと口にするだけだったりした。狭量、不愛想、不可解――外からはそんなふうに見えていたはずだ。だが、足かけ三年が過ぎた今、数多くの奇行から抜け出して、喜ばしい人間関係を結び直す時がそろそろきた。まずやらなければならないのは、許しの言葉を探すことだ。どうかあれこれを水に流してもらえればと思う。

いちばんに言いたいのは、家族や愛するすべての人々への詫びの言葉だ。たくさんのことを黙って見逃してくれた彼らの助けがなかったら、すべては不可能だっただろう。彼らの励ましや助言は――私たちがそれに気づかぬほど愚かでないかぎり――私たちの支えになり、己の考えが屁理屈の「異空間」に着地しようとしているとき、「正気を取り戻す」助けになってくれた。彼らの愛情は、こうして完成した作品そのものよりも、むしろ賞賛に値する。とりわけすばらしいのは、みなが示してくれたユーモアの心だ。フロイトも言っているように、努力とは人生の喜びを作り出すためのものであるべきだ。今一度、私たちの努力に寛容で応えてくれた人々に感謝する。とりわけ、家族に大きな感謝を述べたい。それゆえまずは、マルケータ、カリン、クリストフ、そしてリアにありがとうの言葉を贈る。

努力が実を結ぶよう専門知識を提供してくれたすべての、少なからぬ人々にも感謝の言葉をささげたい。というのも私たちは、先刻ご承知のようにどちらも心理学の専門家ではないからだ。「学べば理解できる」ことを自らに証明すべく私たちは努力を重ね、自身の考えを学者の面々に提示し、助言や提案に従うようつとめた。とりわけ、精神分析家にして心理学者でもあるロートラウト・A・ペルナーおよびマルティン・エンゲルバークに大きな感謝をささげる。オーストリアのマッツエンおよびウィーンで活躍している彼ら二人は、私たちの草稿に早い段階で目を通し、分析を無償で行い、書かれたものを詳しく調べ、価値ある助言をしてくれた。[注] プラハでは、リリスについての数少ない専門家であると同時に分析的心理学者でもあるヤナ・ヘッフェルナノーバが、同じように私たちを支えてくれた。チューリヒとベルリンでは幸運にも、ユング協会の人々と近く知り合うことができた。とくに名前を挙げたいのは、すばらしい文章を絶えまなく発表して注目を浴びているマックスとヤコブのリュセンスキー兄弟だ。また、スラブ学者で普遍思想についても研究しているアーゲ・ハンセン＝レーヴェは私たちと何度も対話を重ね、数多くの助言をしてくれた。やはりスラブ学者で言語哲学者でもあるアルフレート・ノチシカは神話や存在論についての貴重な話を、時にはナイル川の船の上で、時にはローマ近くのポッジョ・カティーノで聞かせてくれた。

私たちのまわりには稀有な才能に恵まれた学生が何人もおり、セミナーのとき、テーマについてインスピレーションを与えてくれたり、思いがけない視点で私たちに刺激を与えてくれたりした。トーマス・セドラチェクの右腕として活躍し、今は経済学博士であるヤナ・フリヴィニアコヴァにはとくに感謝する。彼女の問いかけにより、私たちのアプローチはいちだんと研ぎ澄まされ、洗練された。ウィーンではヴァレンティン・ウンガーが、エリートの攻撃性についての価値ある研究に貢献してくれた。その寄与とプロ意識に大きな感謝をささげる。

組織としては、プラハのチーム・セドラチェクに感謝を。彼らは、部分的には混乱の極みだったこの企画を、そしてさらに混乱しがちだった私たち著者を完璧にコントロールしてくれた。そう考えると、チームのトップであるモニカ・スミドヴァは本書の陰の魂のような存在だといえる。

ドイツ語を英語に翻訳する際には、英語学の研究者でフルヒェ社の編集者でもあるシルヴィア・アイネーダーの助力を得た。限られた時間で彼女はみごとな働きをしてくれた。私たちの混乱したスタイルに対して、あるいは決めたはずの締め切りに遅れがちなことに対して、一度も不満を口にせず、臨機応変に仕事をしてくれた彼女に、改めて感謝の言葉をささげたい。

そして忘れてはいけないのが、この本が世に出るいわば助産師の役目を果たしてくれた次の人々だ。まず、どれだけ感謝しても足りないのはハンザー出版社のマルティン・ヤニックだ。まだ粗削りな原石のころからこの企画を信じ、折に触れて私たちを勇気づけ、助言を与えてくれた彼に感謝の言葉を贈る。マルティンはいっぽうで、必要なときには——つまり期限を守るという点については——いつも断固たる処置をとった。その結果、私たちは気づいた。期限を定めることで仕事量は凝縮されるが、アイデアも凝縮されるのだと。マルティン、どうもありがとう！　執筆熱にうかされた私たちのそばに、博識でしっかり者の編集者マリア・ケットニッツを置くという提案をしたのもマルティンだ。マリアはすぐれた批判眼をもつすばらしい相棒で、彼女のもとで本書の草稿は格段に向上した。仕上げのときに絶妙なフォローとプロの仕事を見せてくれたハンザー出版社のクリスティアン・コースとそのチームにも感謝の言葉を贈る。

さらに、私たちの出会いを可能にしてくれたグローブアート・アカデミーに、とりわけピッパ・ベルクレディとハイデマリー・ドブナーに感謝する。オリヴァー・タンツァー個人からは、フルヒェ社の編集部にとくに感謝の言葉をささげる。彼らの毎週の仕事はあのころも今も、タンツァーにとっておおいに励ましになっている。

最後に、「無意識の操縦」もしくは「神の摂理」、もしくは「第三の偶然」とでも呼ぶべきものに感謝をしたい。オーストリアふうに言うならば「Es war doch a Glück!」、チェコふうなら「To je ale veliká Stesti!」——どちらも、「それは幸運だった」という意味だ。

二〇一五年六月

トーマス・セドラチェク、オリヴァー・タンツァー

（注）マルティン・エンゲルバークはウィーン精神分析協会の理事であり、ウィーンカウンセリング・グループのコンサルタント兼統括部長。

続・善と悪の経済学 資本主義の精神分析

2018 年 6 月 7 日発行

著　者――トーマス・セドラチェク／オリヴァー・タンツァー
訳　者――森内　薫／長谷川早苗
発行者――駒橋憲一
発行所――東洋経済新報社
〒103-8345　東京都中央区日本橋本石町 1-2-1
電話＝東洋経済コールセンター　03(5605)7021
https://toyokeizai.net/

装　丁…………橋爪朋世
ＤＴＰ…………アイランドコレクション
印　刷…………東港出版印刷
製　本…………積信堂
編集担当………佐藤朋保

Printed in Japan　　ISBN 978-4-492-31506-4

著者・訳者紹介

トーマス・セドラチェク（Tomáš Sedláček）

1977年生まれ。チェコ共和国の経済学者。同国が運営する最大の商業銀行のひとつであるCSOBで、マクロ経済担当のチーフストラテジストを務める。チェコ共和国国家経済会議の前メンバー。「ドイツ語圏最古の大学」と言われるプラハ・カレル大学在学中の24歳のときに、初代大統領ヴァーツラフ・ハヴェルの経済アドバイザーとなる。2006年には、イェール大学の学生らが発行している『イェール・エコノミック・レビュー』で注目株の経済学者5人のうちのひとりに選ばれた。前作『善と悪の経済学』はチェコでベストセラーとなり、刊行後すぐに15の言語に翻訳された。2012年にはドイツのベスト経済書賞（フランクフルト・ブックフェア）を受賞。

オリヴァー・タンツァー（Oliver Tanzer）

1967年、オーストリアのリンツに生まれる。『Der Standard』紙と『Profil』誌で編集者を務めたのち、オーストリア放送協会の通信員として、EUのブリュッセル本部に長年駐在した。2006年に日刊新聞『Tageszeitung Österreich』の立ち上げに参加。2008年に週刊新聞『Die Furche』紙に移り、現在は同紙の副編集長で、外交・経済部門のリーダー。著作には本書のほかに、Josef Tausとの共著『Umverteilung neu: Ideen für die Zukunft von Wirtschaft und Finanzsystem』（2011年）やMarkus Wolschlagerとの共著『Alles wird gut: Wie Wirtschaftskrisen die Welt verbessern』（2009年）がある。

森内薫（もりうち　かおる）

英語・ドイツ語翻訳家。上智大学外国語学部フランス語学科卒業。主な訳書にブラックバーン＆エペル『細胞から若返る！　テロメア・エフェクト』、バーナム＆フェラン『いじわるな遺伝子　SEX、お金、食べ物の誘惑に勝てないわけ』（以上NHK出版）、フォックス『脳科学は人格を変えられるか?』（文藝春秋）、ヴェルメシュ『帰ってきたヒトラー』（河出書房新社）ほか多数。

長谷川早苗（はせがわ　さなえ）

独日翻訳者。訳書にシルト＝ルドルフなど『脊椎の機能障害　徒手検査とモビライゼーション』、ラルセンなど『人体らせん原理とハタヨーガの融合　メディカルヨーガ』、ヘブゲン『筋筋膜トリガーポイント　ポケットアトラス』（以上ガイアブックス）、ビットリッヒ『HARIBO占い』（阪急コミュニケーションズ）。

人名・神名索引

ア　行

カ　行

サ　行

タ・ナ 行

ハ 行

マ 行

ヤ・ラ・ワ 行

事項索引

サ 行

タ　行

ナ　行

参考文献

Adorno, Theodor W. (1967): »Erziehung nach Auschwitz«. In: ders.: *Zum Bildungsbegriff der Gegenwart*. Diesterweg, Braunschweig, S. 117.

Amin, Samir (2012): »Der Sturz der Illusion«. In: *Furche* 41/2012.

Andersen, Hans Christian (1989): *Gesammelte Märchen*. Manesse, Zürich.

Arendt, Hannah (2007): *Vita Activa oder Vom tätigen Leben*. Piper, München.

Arendt, Hannah (2011): *Eichmann in Jerusalem. Ein Bericht von der Banalität des Bösen*. Piper, München.

Aristoteles (1986): *Nikomachische Ethik*. Reclam, Stuttgart.

Aristoteles (1989): *Politik*. Reclam, Stuttgart.

Assmann, Jan (2005): *Ägypten. Eine Sinngeschichte*. S. Fischer, Frankfurt am Main.

Australian Institute of Management (2011); »Worked to Death«. www.aim.com.au/blog/worked-death.

Bacon, Francis (1990): *Neues Organon/Novum Organum*. Meiner, Hamburg.

Baldwin, Robert (2004): *A Bibliography on the Hercules Theme*. Connecticut College, USA.

Banett, J.H.; Smoller, J.W. (2009): »The Genetics of Bipolar Disorder«. In: *Neuroscience* 164 vom 24.11.2009, S. 331–343.

Bauman, Zygmunt (2008): *Flüchtige Zeiten. Leben in der Ungewissheit*. Hamburger Edition, Hamburg.

Bibel, Einheitsübersetzung der heiligen Schrift (1980), Katholische Bibelanstalt GmbH, Stuttgart, http://www.bibelwerk.de/Bibel.12790.html/Einheitsuebersetzung+online.12798.html?mode=normal, abgerufen am 12.05.2015.

Binswanger, Hans Christoph (2006): *Die Wachstumsspirale. Geld, Energie und Imagination in der Dynamik des Marktprozesses*. Metropolis, Weimar.

Blaschke, Bruno (2004): *Der Homo oeconomicus und sein Kredit bei Musil, Joyce, Unamuno und Céline*. Wilhelm Fink, Paderborn.

Bleuler, Eugen (1912): »Das Autistische Denken«. In: *Jahrbuch für Psychoanalytische und Psychopathologische Forschungen* 4, S. 14.

Block, Walter (1991): *Defending the Undefendable. The Pimp, Prostitute, Slumlord, Libeler, Moneylender, and Other Scapegoats in the Rogues Gallery of American Society*. Fox & Wilkes, San Francisco.

Board, Belinda Jane; Fritzon, Katarina (2005): »Disordered Personalities at Work«. In: *Psychology, Crime & Law* März, Band 11, S. 17.

Böhm, Stephan (2009): »Joseph A. Schumpeter (1883–1950)«. In: Kurz, Heinz D. (Hrsg.): *Klassiker des ökonomischen Denkens 2*. C.H.Beck, München, S. 228 ff.
Böldl, Klaus (2013): *Götter und Mythen des Nordens*. C.H.Beck, München.
Borgese, Paul (2015): *Fear Selling*. Fear Marketing Group, New York.
Borneman, Ernest (1986): *Psychoanalyse des Geldes*. Suhrkamp, Frankfurt am Main/Berlin.
Börner-Klein, Dagmar (2007): *Das Alphabet des Ben Sira. Hebräisch-deutsche Textausgabe mit Interpretation*. Matrixverlag, Wiesbaden.
British Medical Journal vom 06.07.2010.
Brodbeck, Karl-Heinz (2002): *Warum Prognosen in der Wirtschaft scheitern. Praxisperspektiven Band V*. S. 23, BWT, Würzburg.
Büchter, Andreas; Henn, Hans-Wolfgang (2005): *Elementare Stochastik. Eine Einführung in die Mathematik der Daten und des Zufalls*. Springer, Berlin/Heidelberg.
Cantor, Paul; Cox, Stephen (2009): *Literature and the Economics of Liberty. Spontaneous Order in Culture*. Ludwig von Mises Institute, Alabama.
Carroll, Michael P. (1994): *The Cult of the Virgin Mary. Psychological Origins*. Princeton, New Jersey.
Carver, C.S.; Glass, D.C. (1978): »Coronary-Prone Behaviour-Pattern and Interpersonal Aggression«. In: *Journal of Personality and Social Psychology* 36, S. 361–366.
Cervantes, Miguel de (1867): *Der sinnreiche Junker Don Quixote von der Mancha*. Aus dem Spanischen von Edmund Boller. Verlag des bibliografischen Instituts, Hildburghausen.
Chandler, Charlotte (2006): It's Only a Movie: Alfred Hitchcock – A Personal Biography, Simon & Schuster, New York.
Cohen, Deborah; Carter, Philip (2010): »WHO and the pandemic flu ›conspiracies‹« In: *British Medical Journal* vom 06.06.2010.
Cooper, David A. (1997): *God is a Verb. Kabbalah and the Practice of mystical Judaism*. Riverhead Books, New York.
Darwin, Charles (1872): *Expression of the Emotions in Man and Animals*. John Murray, London.
Delumeau, Jean (1989): *Angst im Abendland. Die Geschichte kollektiver Ängste im Europa des 14. bis 18. Jahrhunderts*. Rowohlt, Hamburg.
Dilling, Horst (Hrsg.) (2014): *Internationale Klassifikation psychischer Störungen. ICD-10 Kapitel V*. Hans Huber, Bern.
Diogenes Laertios (1998): *Leben und Lehre der Philosophen*. Reclam, Stuttgart.
Dostojewski, Fjodor M. (1986): *Der Spieler*. Piper, München.
Drucker, Peter (2000): »Propheten für unser Zeitalter: Schumpeter und Keynes?« In: Sieglinde Rosenberger (2001): *Demokratie*. Böhlau, Wien.
Ehlers, Jochen (1996): »Jenseits des Lustprinzips: Lesen und Wiederlesen«. In: *Psyche* 50(8), S. 681–714.
Eliade, Mircea (1949): *Le mythe de l'etérnel retour*. Gallimard, Paris.
Epiktet (o. J.): *Handbüchlein der Moral*. projekt gutenberg, http://gutenberg.spiegel.de/buch/-7739/1.
Erne, Eduard; Schneider, Christian (2010): *Herrenkinder – Das System der NS-Eliteschulen*. TV-Dokumentation, UAP-Leipzig.
Faust, Volker (o. J.): »Neurotische Persönlichkeitsstrukturen«. In: ders.: *Psychosoziale Gesundheit von Angst bis Zwang*. www.psychosoziale-gesundheit.net/psychiatrie/neurosen.html.
Feldman, Robert S. (1985): *Social Psychology*. McGraw Hill, New York.
Flugel, John Carl (1965): *Man Morals and Society*. Everyman, Manchester.
Focke, Ingo; Kayser, Mattias; Scheferling, Uta (Hrsg.) (2013): *Die phantastische Macht des Geldes. Ökonomie und psychoanalytisches Handeln*. Klett-Cotta, Stuttgart.
Freeman, Derek (1983): *Liebe ohne Aggression*. Kindler, München.
Freud, Sigmund (1915): Instincts and Their Vicissitudes. Complete Works. Standard Edition, Strachey, James Hg., Band 14., Hogarth Press, London.

Freud, Sigmund (1919): »Das Unheimliche«. In: *Imago. Zeitschrift für Anwendung der Psychoanalyse auf die Geisteswissenschaften* V, S. 297–324.
Freud, Sigmund (1924): *Zur Psychopathologie des Alltagslebens*. Internationaler Psychoanalytischer Verlag, Wien.
Freud, Sigmund (1926): *Hemmung, Symptom und Angst. Nachträge, B: Ergänzungen zur Angst, Gesammelte Werke XIV 197*, in »Freud im Kontext«, Volltextretrieval ViewLit Professional, Info Software, Berlin.
Freud, Sigmund (1959): *Formulations Regarding the Two Principles of Mental Functioning (1911), Freud Collected Papers, IV, 13*. Basic Books, London.
Freud, Sigmund (1982a): *Charakter und Analerotik. Studienausgabe* Band VII. S. Fischer Wissenschaft, Frankfurt am Main.
Freud, Sigmund (1982b): *Das Ich und das Es. Studienausgabe Band III*. S. Fischer Wissenschaft, Frankfurt am Main.
Freud, Sigmund (1982c): *Das ökonomische Problem des Masochismus. Studienausgabe Band III*. S. Fischer Wissenschaft, Frankfurt am Main.
Freud, Sigmund (1982d): *Das Unbehagen in der Kultur. Studienausgabe Band IX*. S. Fischer Wissenschaft, Frankfurt am Main.
Freud, Sigmund (1982e): *Das Unheimliche. Studienausgabe Band IV*. S. Fischer Wissenschaft, Frankfurt am Main.
Freud, Sigmund (1982f): *Hemmung, Symptom und Angst. Studienausgabe Band VI*. S. Fischer Wissenschaft, Frankfurt am Main.
Freud, Sigmund (1982g): *Ichspaltung und Abwehrvorgang. Studienausgabe Band III*. S. Fischer Wissenschaft, Frankfurt am Main.
Freud, Sigmund (1982h): *Jenseits des Lustprinzips. Studienausgabe Band III*. S. Fischer Wissenschaft, Frankfurt am Main.
Freud, Sigmund (1982i): *Psychologie des Unbewussten. Studienausgabe Band III*. S. Fischer Wissenschaft, Frankfurt am Main.
Freud, Sigmund (1982j): *Realitätsverlust bei Neurose und Psychose. Studienausgabe Band III*. S. Fischer Wissenschaft, Frankfurt am Main.
Freud, Sigmund (1982k): *Totem und Tabu. Animismus, Magie und die Allmacht der Gedanken. Studienausgabe Band IX*. S. Fischer Wissenschaft, Frankfurt am Main.
Freud, Sigmund (1982l): *Triebe und Triebschicksale. Studienausgabe Band III*. S. Fischer Wissenschaft, Frankfurt am Main.
Freud, Sigmund (1982m): *Warum Krieg? Briefwechsel mit Albert Einstein, 1932. Studienausgabe Band IX*. S. Fischer Wissenschaft, Frankfurt am Main. *Im englischen Original: The Einstein-Freud Correspondence (1931–1932), abrufbar auf der Website der Arizona University:* public.asu.edu/~jmlynch/273/documents/FreudEinstein.pdf
Freud, Sigmund (1982n): *Zeitgemäßes über Krieg und Tod. Studienausgabe Band IX*. S. Fischer Wissenschaft, Frankfurt am Main.
Freud, Sigmund (2007): *Massenpsychologie und Ich-Analyse*. Fischer, Frankfurt am Main.
Freud, Sigmund (2013): Kleine Schriften II. http://gutenberg.spiegel.de/buch/kleine-schriften-ii-7122/23, abgerufen am 18.05.2015.
Friedman, Meyer; Rosenman, Ray H. (1974): *Type A Behaviour and Your Heart*. Alfred A. Knopf, Greenwich.
Frisch, Max (1985): *Tagebuch 1946–1949*. Suhrkamp, Frankfurt.
Fromm, Erich (1979): *Märchen, Mythen, Träume*. Rowohlt, Hamburg.
Fromm, Erich (1997): *Anatomie der menschlichen Destruktivität*. Rowohlt, Hamburg.
Furedi, Frank (2002): *Culture of Fear*. Continuum International Publishing Group, New York.
Furet, François (1996): *Kritisches Wörterbuch der Französischen Revolution*. Suhrkamp, Frankfurt am Main.

Gerbner, George et al. (1978): »Cultural Indicators: Violence Profile No. 9«. In: *Journal of Communication* 28, S. 176–207.
Gibney, Alex (2005): *Enron – The Smartest Guys in the Room*. TV-Dokumentation, Buchvorlage von Bethany McLean und Peter Elkind, USA.
Glass, D. C.; Snyder, M.L. (1974): »Time Urgency and the Type A Coronary-Prone Behaviour Pattern«. In: *Journal of Applied Social Psychology*, 1974, S. 125–140.
Goethe, Johann Wolfgang von (1971): *Faust I*. http://gutenberg.spiegel.de/buch/-3664/1, abgerufen am 12.05.2015.
Gombrich, Ernst H. (1991): *Die Krise der Kulturgeschichte. Gedanken zum Wertproblem in den Geisteswissenschaften*. dtv/Klett-Cotta, Stuttgart.
Gottschalck, Arne (2011): »Führen wie die Wölfe«. In: manager magazin vom 12.10.2011, www.manager-magazin.de/lifestyle/artikel/a-790488.html.
Grant, Michael (2009): *Lexikon der antiken Mythen und Gestalten*. List, Berlin.
Grimm, Brüder (1999): Kinder- und Hausmärchen. Vollständige Ausgabe. Mit 184 Illustrationen zeitgenössischer Künstler und einem Nachwort von Heinz Rölleke. S. 215–228. Artemis & Winkler Verlag, Düsseldorf und Zürich
Gudehus, Christian; Christ, Michaela (Hrsg.) (2013): *Gewalt. Ein interdisziplinäres Handbuch*. Metzler, Stuttgart.
Gudehus, Christian; Weierstall, Roland (2013): »Disziplinäre Zugänge, Psychologie«. In: Gudehus, Christian; Christ, Michaela (Hrsg.): *Gewalt. Ein interdisziplinäres Handbuch*. Metzler, Stuttgart.
Haarmann, Harald (1996): *Die Madonna und ihre griechischen Töchter: Rekonstruktion einer kulturhistorischen Genealogie*. Olms, Hildesheim.
Haller, Reinhard (1993): »Forensisch-psychiatrische Aspekte der Spielsucht«. In: *Zeitschrift für Suchtforschung* Nr. 4, S. 37–42.
Hare, Robert; Babiak, Paul (2007): *Snakes in Suits*. HarperBusiness, London.
Hayek, Friedrich August von (1945): *Der Weg zur Knechtschaft. Den Sozialisten in allen Parteien*. Rentsch, Erlenbach-Zürich.
Heidegger, Martin (2011): *Einführung in die Metaphysik*. Nach Žižek, Slavoj: *Gewalt*. LAIKA, Hamburg, S. 65.
Hennigan, K. M.; DelRosario, M. L. (1982): »Impact of the Introduction of Television on Crime in the USA – Empirical Findings and theoretical Implications«. In: *Journal of Personality and Social Psychology* 42, S. 461–477.
Herbert, Jaques René (2003): Den Papst an die Laterne, die Pfaffen in die Klapse. Gesammelte Schriften. Ahriman, Freiburg.
Herodot (2001): *Historien. Bücher I–IX*. Artemis & Winkler/Patmos Verlag, Düsseldorf
Hildebrandt, Tina (2007): *»Null Toleranz für Grauzonen«*, Interview mit Josef Ackermann. In: *Zeit* 22/2007.
Hobbes, Thomas (1970): *Leviathan*. Reclam, Stuttgart.
Homer (1979): *Ilias und Odyssee*. dtv klassik, München.
Honegger, Claudia; Neckel, Sighard; Magnin, Chantal (2010): *Strukturierte Verantwortungslosigkeit. Berichte aus der Bankenwelt*. Suhrkamp, Frankfurt am Main/Berlin.
Hood, Bruce (2011): *Übernatürlich? Natürlich. Warum wir an das Unglaubliche glauben*. Spektrum Akademischer Verlag, Heidelberg.
Hood, Bruce (2013): »Der Glaube der Ungläubigen«. In: *Spiegel* 52/2013.
Jelencic, Silvia (2006): *Die nackte Elite. Interviews und Umfragen über das Sexualverhalten von Führungskräften*. edition a, Wien.
Jevons, William Stanley (1871): *Theory of Political Economy*. Macmillan, London.
Joyce, James (1975): *Ulysses*. edition Suhrkamp, Frankfurt am Main.
Jung, Carl Gustav (1911): »Wandlungen und Symbole der Libido«. In: *Jahrbuch für Psychoanalytische und Psychopathologische Forschungen* 3, S. 120.
Jung, Carl Gustav (1977): *Collected Works, Vol. 14*. Princeton, New Jersey.

Jung, Carl Gustav (1993): *Antwort auf Hiob*. dtv, München.
Kampmann, Ursula (2012): *Das Spiel mit dem Glück – Glücksspiele und -spieler aus historischer, philosophischer und psychologischer Sicht*. CPI – Ebner & Spiegel, Ulm.
Kasper, Siegfried; Volz, Hans-Peter (Hrsg.) (2003): *Psychiatrie und Psychotherapie kompakt*. Georg Thieme, Stuttgart/New York.
Kernberg, Otto F. (2013): *Schwere Persönlichkeitsstörungen*. Klett-Cotta, Stuttgart.
Keynes, John Maynard (1930a): *A Treatise on Monetary Politics*. Martino Fine Books, New York.
Keynes, John Maynard (1930b): »Economic Possibilities for our Grandchildren«. In: ders.: *The Collected Writings of John M. Keynes, Vol. IX*. Palgrave Macmillan, London et al. 1972.
Keynes, John Maynard (1963): »Economic Possibilities for our Grandchildren«. In: ders.: *Essays in Persuasion*. WW Norton & Co, New York.
Keynes, John Maynard (1973): *The General Theory of Employment, Interest and Money, Collected Writings Vol. VII*. Basingstroke, London.
Keynes, John Maynard (2008): »First Annual Report of the Arts Council (1945–1946)«. http://www.economicshelp.org/blog/economics/quotes-by-john-maynard-keynes/.
Keynes, John Maynard (2009): *Allgemeine Theorie der Beschäftigung, des Zinses und des Geldes*. Duncker und Humblot, Berlin.
Kierkegaard, Søren (1981): Der Begriff Angst. Gesammelte Werke, 11. Abteilung. Hirsch Emanuel, Hg., Verlagshaus Gütersloh, Gütersloh.
Kindleberger, Charles P. (2011): *Manias, Panics and Crashes. A history of financial crisis*. Palgrave Macmillan, London.
King, Leonard William (Hrsg.) (2007): *Enuma Elish. The Seven Tablets of the History of Creation. Tafel IV*. Filiquarian, London.
Klein, Melanie (2011): *Das Seelenleben des Kleinkindes*. Klett-Cotta, Stuttgart.
Koch, Klaus (1988): *Die Propheten II*. Urban Taschenbücher, Stuttgart.
Konrath, Sara H. (2011): »Changes in Dispositional Empathy in American College Students Over Time: A Meta-Analysis«. In: *Personality and Social Psychology Review* 15(2), S. 180–198.
Kundera, Milan (1984): *Die unerträgliche Leichtigkeit des Seins*. Hanser, München/Wien.
Laplanche, Jean; Pontalis, Jean-Bertrand (1972): *Das Vokabular der Psychoanalyse*. Suhrkamp, Frankfurt am Main.
Lasko, Wolf (1995): Personal Power. Wie Sie bekommen, was Sie wollen. Gabler, Wiesbaden.
Le Goff, Jacques (1988): *Wucherzins und Höllenqualen. Ökonomie und Religion im Mittelalter*. Klett-Cotta, Stuttgart.
Leibniz, Gottfried Wilhelm (1996): *Monadologie*. http://gutenberg.spiegel.de/buch/monadologie-2790/1, abgerufen am 29.05.15
Levebfre, George (1932): *La Grande Peur de 1789*. Armand Colin, Paris.
Lévi-Strauss, Claude (1973): *Das wilde Denken*. Suhrkamp, Frankfurt am Main.
Lobel, Arnold (2013): *Frog and Toad Together. Storybook Treasury*. HarperCollins, London.
Löchel, Elfriede (1996): *»Jenseits des Lustprinzips: Lesen und Wiederlesen«*. In: *Psyche* 50(8), S. 681–714.
Longinus (1890): *On the Sublime*. Macmillan, London.
Longinus (1988): *Vom Erhabenen*. Reclam, Stuttgart.
Lorenz, Konrad (1963): *Das sogenannte Böse*. Schoeler, Wien.
Lotter, Wolf (2013): *Zivilkapitalismus*. pantheon, München.
Luhmann, Niklas (1986): *Ökologische Kommunikation*. Westdeutscher Verlag, Köln.
Luyendijk, Joris (2012): »Ex-City boy: ›It's easier to get people to talk about drugs than insider trading‹«. In: *Guardian* vom 06.07.2012.
Marshall, Alfred (1890): *Principles of Economics*. Macmillan, London.
Mead, Margaret (1970): *Jugend und Sexualität in primitiven Gesellschaften. Band 1*. dtv, München.

Melzer, André (2013): »Digitale Spiele«. In: Gudehus, Christian; Christ, Michaela (Hg.): Gewalt. Ein interdisziplinäres Handbuch. Metzler, Stuttgart.
Meyer, Clemens (2013): *Im Stein*. S. Fischer, Frankfurt am Main.
Meyer, Gerhard (2013): »Zocken an der Börse ist Glücksspiel«. In: *Frankfurter Allgemeine Zeitung* vom 05.03.2013.
Midgley, Mary (2011): *Myths We Live By*. Rutledge Classics, London.
Mill, John Stuart (1848): *Of the Stationary State*, www.panarchy.org/mill/stationary.1848.html.
Molière (1987): *Der Geizige. Komödie in fünf Akten*. Reclam, Stuttgart.
Morford, Mark; Lenardon, Robert; Sham, Michael (2010): *Classical Mythology. Herodotus, 3.40–43*. Oxford University Press, New York.
Morgenthau, Hans J. (1970): *Truth and Power. Essays of a Decade, 1960–70*. Pall Mall Press, London.
Mörtenhammer, Monika (Hrsg.) (2009): *Zitate im Management. Das Beste von Top-Performern und Genies aus 2000 Jahren Weltwirtschaft*. Linde, Wien.
Nanto, Dick K. (2005): *9/11 Terrorism: Global Economic Costs*. CRS Report for Congress.
Naveh, J.; Shakked, S. (1998): »Magic Bowls and Amulets«. In: Klein, Michele: *A Time to be Born. Customs and Folklore of Jewish Birth*. Jewish Publication Society, Philadelphia, S. 145.
Neuerer, Dietmar (2009): »DIW verordnet sich Konjunkturprognose-Stopp«. In: *Handelsblatt* vom 14.04.2009.
Nietzsche, Friedrich (1954): *Also sprach Zarathustra. Werke in drei Bänden, Band 2*. Hanser, München.
Nietzsche, Friedrich (1978): *Jenseits von Gut und Böse. Gesammelte Werke in drei Bänden*. Wissenschaftliche Buchgesellschaft Darmstadt, Darmstadt.
Nietzsche, Friedrich (2013): *Zur Genealogie der Moral. Götzen-Dämmerung*. Philosophische Bibliothek Meiner, Hamburg.
Nolting, Hans-Petzer (2005): *Lernfall Aggression. Wie sie entsteht – wie sie zu vermindern ist*. Rowohlt, Reinbek.
Nunner-Winkler, Gertrud (2004): »Überlegungen zum Gewaltbegriff«. In: Heitmeyer, Wilhelm; Soeffner, Hans-Georg: *Gewalt*. Metzler, Weimar, S. 21 ff.
Ovid (1958): *Metamorphosen. Lateinisch/Deutsch*. Versausgabe. Artemis, Zürich und Stuttgart.
Ovid (2013): *Metamorphosen*. Prosaausgabe. Reclam, Stuttgart.
Pascal, Blaise (1978): *Pensées. Über die Religion und über einige andere Gegenstände*. Schneider, Heidelberg.
Patinkin, Don (1981): *Essays on and in the Chicago Tradition*. Duke University Press, USA.
Paulsen, James F. (2010): »Focusing on Depression in Expectant and New Fathers: Prenatal and Postpartum Depression not Limited to Mothers«. In: *Psychiatry Times* 27 (2).
Perner, Rotraut A. (2012): Der erschöpfte Mensch. Residenz Verlag, Wien.
Perner, Rotraut A. (2013): Die reuelose Gesellschaft. Residenz Verlag, Wien.
Pernety, Antoine Joseph (2010): *Dictionaire Mytho-Hermetique*. Kessinger Publishing, Whitefish.
Peters, Uwe Henrik (1997): *Wörterbuch der Psychiatrie*. Bechtermünz, Eltville.
Platon (1926): *Platons Gastmahl*. Felix Meiner, Leipzig.
Platon (2013): *Timaios*. Edition Holzinger, Berlin.
Popper, Karl (2003): *Das Elend des Historizismus*. Mohr Siebeck, Tübingen.
Ranke-Graves, Robert von (2007): *Griechische Mythologie. Quellen und Deutung*. Rowohlt, Hamburg.
Reghunathan, Rajagopal; Pham, Tuan (1999): »All negative moods are not equal«. In: *Organizational Behaviour* 79/1, S. 56–57.
Reik, Theodor (1951): »Gold und Kot« In: *Internationale Zeitschrift für Psychoanalyse* Nr. 3, S. 183.
Reinhart, Carmen M.; Rogoff, Kenneth S. (2009): *This Time is Different. Eight Centuries of Financial Folly*. Princeton, New Jersey.
Reith, Gerda (1999): *The Age of Chance*. Rutledge, London

Reith, Gerda (2007): »Gambling and the Contradictions of Consumption«. In: *American Behavioral Scientist,* Band 51, Nr. 1, S. 33–55.
Rosa, Hartmut (2012): *Weltbeziehungen im Zeitalter der Beschleunigung*. Suhrkamp, Berlin.
Samuelson, Paul A.; Nordhaus, William D. (1999): *Volkswirtschaftslehre*. Ueberreuter, Wien/Frankfurt am Main.
Sartre, Jean-Paul (1962): *Das Sein und das Nichts, Versuch einer phänomenologischen Ontologie,* Rowohlt, Reinbek.
Schiller, Friedrich (2003): *Wallenstein*. http://gutenberg.spiegel.de/buch/wallenstein-3306/1, abgerufen am 11.05.2015.
Schumpeter, Joseph A. (2005): *Kapitalismus, Sozialismus und Demokratie*. UTB, Tübingen/Basel.
Schumpeter, Joseph A. (2006): *Theorie der wirtschaftlichen Entwicklung*. Duncker und Humblot, Berlin.
Schumpeter, Joseph A. (2009): *Geschichte der ökonomischen Analyse*. Mohr Siebeck, Berlin.
Schwartz, Howard (1998): *Reimagining the Bible. The Storytelling of the Rabbis*. Oxford University Press, New York.
Schwartz, Howard (2009): *Leaves from the Garden of Eden*. Oxford University Press, New York.
Sedláček, Tomáš (2012): *Die Ökonomie von Gut und Böse*. Hanser, München.
Selby, Hubert (2011): *Last Exit to Brooklyn*. Penguin modern Classics, London.
Seneca, Lucius Annaeus (2004): *Vom Zorn. II. Buch. Philosophische Schriften*. Marix, Wiesbaden.
Shakespeare, William (1959): *Hamlet*. Reclam, Stuttgart.
Shakespeare, William (1986): *Macbeth*. Reclam, Stuttgart.
Simmel, Georg (2008): *Philosophische Kultur*. Zweitausendeins, Frankfurt am Main.
Singer, Hans Wolfgang; Ansari, Javed A. (1992): Rich and Poor Countries. Consequences of International Economic Disorder. Routledge, London.
Skinner, B. F. (1974): »Superstition in the Pigeon«. In: *Journal of Experimental Psychology* 121 (3), S. 273.
Smith, Adam (1999): *Der Reichtum der Völker*. UTB, Tübingen.
Smith, Adam (2010): *Theorie der ethischen Gefühle*. Meiner, Hamburg.
Stadermann, Hans Joachim (1994): *Die Fesselung des Midas*. Mohr Siebeck, Berlin.
Stähli, Urs (2013): »Epistemologie der Angst«. In: Koch, Lars (Hrsg.): *Angst. Ein interdisziplinäres Handbuch*. Metzler, Stuttgart.
Stange, Manfred (Hrsg.) (2011): *Die Edda. Götterlieder, Heldenlieder und Spruchweisheiten der Germanen*. Marix, Wiesbaden.
Stein, Rob (2010): »Reports accuse WHO of exaggerating H1N1 threat, possible ties to drug makers« In: *Washington Post* vom 04.06.2010.
Stiglitz, Joseph E. (2008): *The Three Trillion Dollar War. The True Cost of the Iraq Conflict*. W. W. Norton, New York.
Strange, Susan (1998): *Mad Money*. Manchester University Press, Manchester.
Strobel-Koop, Regina (2008): *Geschichte und Theorie des italienischen Futurismus. Literatur, Kunst und Faschismus*. VDM Verlag Dr. Müller, Saarbrücken.
Strotzka, Hans (1972): *Sozialpsychiatrie heute*. Zsolnay, Wien
Suchsland, Rüdiger (2009): »Die Napola hat mir in der Wirtschaft geholfen«. In: *Telepolis* vom 06.12.2009.
Tanzer, Oliver; Taus, Josef (2011): *Umverteilung neu*. styria premium, Wien.
Terlau, Clement (1998): *Grundlagen der angewandten Makroökonomie*. Vahlen, München.
Thomas von Aquin (2013): *Über die Wahrheit. Questiones disputatae de veritate*. Marix, Wiesbaden.
Thukydides (1829): Die Geschichte des Peloponnesischen Krieges. *Metzler, Stuttgart.*
Veblen, Thorstein (2009): *The Theory of the Leisure Class*. Oxford University Press, New York.
Vollmer, Wilhelm (1990): *Mythologie der Völker*. Reprintverlag, Holzminden.

Vyse, Stuart A. (2000): *Believing in Magic. The Psychology of Superstition*. Oxford University Press, Oxford.
Waldenfels, Bernhard (1977): *Topografie des Fremden*. Suhrkamp. Frankfurt am Main, S. 44.
Waldron, I. et al. (1977): »The coronary-prone behaviour pattern in employed men and women«. In: *Journal of Human Stress* 3, S. 2–19.
Wallace, Charles (2012): »Keep taking the testosterone«. In: *Financial Times* vom 09.02.2012.
Warhol, Andy (1977): *The Philosophy of Andy Warhol (From A to B and Back Again)*. Harvest, New York.
Weber, Max (2006): *Die protestantische Ethik und der Geist des Kapitalismus*. C.H. Beck, München.
Wolff, Karl Felix (Hrsg.) (1930): *The Dolomites and their Legends*. Ed. Bolzano Vogelweider, Bozen.
Wolfradt, Uwe (1997): »Dissociative Experience, Trait Anxiety and Paranormal Belief«. In: *Personality and Individual Differences* Vol. 23, 1, 1997, S. 15–19.
Wolkstein, Diane; Kramer, Samuel Noah (1983): *Inanna, Queen of Heaven and Earth. Her Stories and Hymns from Sumer*. Harper & Row, New York.
Yamamoto, Tsunetomo (2012): *Hagakure. Der Weg des Samurai*. Angkor Verlag, Frankfurt
Zeit vom 24.05.2007.
Zingsem, Vera (2003): *Lilith. Adams erste Frau*. Reclam Stuttgart.
Žižek, Slavoj (1997): *The Plague of Fantasies*. Verso, London.
Žižek, Slavoj (1999): *The Thing from Inner Space*. Mainview, GB.
Žižek, Slavoj (2011): »Das Ökologische – Neues Opium für das Volk«. In: Grazer Architektur Magazin 7.
Zoja, Luigi (1995): *Growth and Guilt. Psychology and the Limits of Development*. Rutledge, London/New York.

邦訳文献一覧

Adorno, Theodor W. (1967):アドルノ著「アウシュヴィッツ以後の教育」原千史／小田智敏／柿木伸之訳『自立への教育』中央公論新社、2011年所収。

Andersen, Hans Christian (1989):アンデルセン著、大畑末吉訳『完訳アンデルセン童話集』全7冊、岩波文庫、1984年;天沼春樹訳『アンデルセン童話全集』西村書店、2011-2013年。

Arendt, Hannah (2007):アーレント著、森一郎訳『活動的生』みすず書房、2015年。

Arendt, Hannah (2011):アーレント著、大久保和郎訳『イェルサレムのアイヒマン――悪の陳腐さについての報告(新版)』みすず書房、2017年。

Aristoteles (1986):アリストテレス著、高田三郎訳『ニコマコス倫理学』上下、岩波文庫、1971-1973年;渡辺邦夫／立花幸司訳、上下、光文社古典新訳文庫、2015-2016年;朴一功訳、京都大学学術出版会(西洋古典叢書)、2002年。

Aristoteles (1989):アリストテレス著、山本光雄訳『政治学』岩波文庫、1961年;田中美知太郎ほか訳『アリストテレス　政治学』中公クラシックス、2009年;牛田徳子訳『アリストテレス　政治学』京都大学学術出版会(西洋古典叢書)、2001年。

Bacon, Francis (1990):ベーコン著、桂寿一訳『ノヴム・オルガヌム』岩波文庫、1978年。

Bibel, Einheitsübersetzung der heiligen Schrift (1980):『聖書』新共同訳(諸版)、日本聖書協会、1987年。

Block, Walter (1991):ブロック著、橘玲訳『不道徳な経済学――擁護できないものを擁護する』講談社+α文庫、2011年。

Cervantes, Miguel de (1867):セルバンテス著、牛島信明訳『ドン・キホーテ』全6冊、岩波文庫、2001年。

Darwin, Charles (1872):ダーウィン著、浜中浜太郎訳『人及び動物の表情について』岩波文庫、1991年。

Delumeau, Jean (1989):ドリュモー著、永見文雄／西澤文昭訳『恐怖心の歴史』新評論、1997年。

Diogenes Laertios (1998):ディオゲネス・ラエルティオス著、加来彰俊訳『ギリシア哲学者列伝』上中下、岩波文庫、1984-1994年。

Dostojewski, Fjodor M. (1986) : ドストエフスキー著、原卓也訳『賭博者』新潮文庫、1969年。

Drucker, Peter (2000) : ドラッカー著、上田惇生／佐々木実智男訳「時代の予言者―シュムペーターとケインズ」『マネジメント・フロンティア――明日の行動指針』ダイヤモンド社、1986年所収。

Eliade, Mircea (1949) : エリアーデ著、堀一郎訳『永遠回帰の神話――祖型と反復』未來社、1963年。

Freud, Sigmund (1915) : フロイト著、小此木啓吾訳「本能とその運命」『フロイト著作集6』人文書院、1970年所収；新宮一成訳「欲動と欲動運命」『フロイト全集14』岩波書店、2010年所収。

Freud, Sigmund (1919) : フロイト著、中山元訳『ドストエフスキーと父親殺し／不気味なもの』光文社古典新訳文庫、2011年所収；高橋義孝訳「無気味なもの」『フロイト著作集3』人文書院、1969年所収；藤野寛訳「不気味なもの」『フロイト全集17』岩波書店、2006年所収。

Freud, Sigmund (1924) : フロイト著、池見酉次郎／高橋義孝訳「日常生活の精神病理学」『フロイト著作集4』人文書院、1970年所収；高田珠樹訳「日常生活の精神病理学にむけて」『フロイト全集7』岩波書店、2007年所収。

Freud, Sigmund (1926) : フロイト著、井村恒郎ほか訳「制止、症状、不安」『フロイト著作集6』人文書院、1970年所収；大宮勘一郎／加藤敏訳「制止、症状、不安」『フロイト全集19』岩波書店、2010年所収。

Freud, Sigmund (1959) : フロイト著、井村恒郎訳「精神現象の二原則に関する定式」『フロイト著作集6』人文書院、1970年所収；高田珠樹訳「心的生起の二原理に関する定式」『フロイト全集11』岩波書店、2009年所収。

Freud, Sigmund (1982a) : フロイト著、懸田克躬／吉村博次訳「性格と肛門愛」『フロイト著作集5』人文書院、1969年所収；道籏泰三訳「性格と肛門性愛」『フロイト全集9』岩波書店、2007年所収。

Freud, Sigmund (1982b) : フロイト著、小此木啓吾訳「自我とエス」『フロイト著作集6』人文書院、1970年所収；道籏泰三訳「自我とエス」『フロイト全集18』岩波書店、2007年所収。

Freud, Sigmund (1982c) : フロイト著、青木宏之訳「マゾヒズムの経済論的問題」『フロイト著作集6』人文書院、1970年所収；本間直樹訳「マゾヒズムの経済論的問題」『フロイト全集18』岩波書店、2007年所収。

Freud, Sigmund (1982d) : フロイト著、浜川祥枝訳「文化への不満」『フロイト著作集3』人文書院、1969年所収；嶺秀樹／高田珠樹訳「文化の中の居心地悪さ」『フロイト全集20』岩波書店、2011年所収。

Freud, Sigmund (1982e) : フロイト著、中山元訳『ドストエフスキーと父親殺し／不気味なもの』光文社古典新訳文庫、2011年所収；高橋義孝訳「無気味なもの」『フロイト著作集3』人文書院、1969年所収；藤野寛訳「不気味なもの」『フロイト全集17』岩波書店、2006年所収。

Freud, Sigmund (1982f) : フロイト著、井村恒郎ほか訳「制止、症状、不安」『フロイト著作集6』人文書院、1970年所収；大宮勘一郎／加藤敏訳「制止、症状、不安」『フロイト全集19』岩波書店、2010年所収。

Freud, Sigmund (1982g) : フロイト著、小此木啓吾訳「防衛過程における自我の分裂」『フロイト著作集9』人文書院、1983年所収；津田均訳「防衛過程における自我分裂」『フロイト全集22』岩波書店、2007年所収。

Freud, Sigmund (1982h) : フロイト著、小此木啓吾訳「快感原則の彼岸」『フロイト著作集6』人文書院、1970年所収；須藤訓任訳「快原理の彼岸」『フロイト全集17』岩波書店、2006年所収。

Freud, Sigmund (1982j)：フロイト著、井村恒郎訳「神経症および精神病における現実の喪失」『フロイト著作集6』人文書院、1970年所収；本間直樹訳「神経症および精神病における現実喪失」『フロイト全集18』岩波書店、2007年所収。

Freud, Sigmund (1982k)：フロイト著、西田越郎訳「トーテムとタブー」『フロイト著作集3』人文書院、1969年所収；門脇健訳「トーテムとタブー」『フロイト全集12』岩波書店、2009年所収。

Freud, Sigmund (1982l)：フロイト著、小此木啓吾訳「本能とその運命」『フロイト著作集6』人文書院、1970年所収；新宮一成訳「欲動と欲動運命」『フロイト全集14』岩波書店、2010年所収。

Freud, Sigmund (1982m)：フロイト／アインシュタイン著、浅見昇吾訳『ひとはなぜ戦争をするのか』講談社学術文庫、2016年；中山元訳『人はなぜ戦争をするのか』光文社古典新訳文庫、2008年（フロイトの返信のみ収録）。

Freud, Sigmund (1982n)：フロイト著、森山公夫訳「戦争と死に関する時評」『フロイト著作集5』人文書院、1969年所収；田村公江訳「戦争と死についての時評」『フロイト全集14』岩波書店、2010年所収。

Freud, Sigmund (2007)：フロイト著、小此木啓吾訳「集団心理学と自我の分析」『フロイト著作集6』人文書院、1970年所収；藤野寛訳「集団心理学と自我分析」『フロイト全集17』岩波書店、2006年所収。

Freud, Sigmund (2013)：フロイト著、田中麻知子訳「欲動転換、とくに肛門愛の欲動転換について」『フロイト著作集5』人文書院、1969年所収；本間直樹訳「欲動転換、特に肛門性愛の欲動転換について」『フロイト全集14』岩波書店、2010年所収。

Friedman, Meyer; Rosenman, Ray H. (1974)：フリードマン／ローゼンマン著、河野友信監修・新里里春訳『タイプA 性格と心臓病』創元社、1993年。

Fromm, Erich (1997)：フロム著、作田啓一／佐野哲郎訳『破壊――人間性の解剖』紀伊國屋書店、2001年。

Furet, François; Ozouf, Mona (Hrsg.) (1996)：フュレ／オズーフ編、河野健二ほか監訳『フランス革命事典』みすず書房、1998年。

Goethe, Johann Wolfgang von (1971)：ゲーテ著、池内紀訳『ファウスト（第一部）』集英社文庫、2004年；ほかに相良守峯訳、岩波文庫；高橋義孝訳、新潮文庫；手塚富雄訳、中公文庫；柴田翔訳、講談社文芸文庫、などがある。

Grimm, Brüder (1999)：ヴィルヘルム・グリム／ヤーコプ・グリム著、金田鬼一訳『完訳グリム童話集』全5冊、岩波文庫、1979年；橋本孝／天沼春樹訳『グリム童話全集』西村書店、2013年。

Hare, Robert; Babiak, Paul (2007)：ヘア／バビアク著、真喜志順子訳『社内の「知的確信犯」を探し出せ』ファーストプレス、2007年。

Hayek, Friedrich August von (1945)：ハイエク著、一谷藤一郎／一谷映理子訳『隷従への道――全体主義と自由』新装版、東京創元社、1992年；村井章子訳『隷従への道』日経BP社、2016年；西山千明訳『隷属への道』春秋社、1992年（新装版『ハイエク全集 I－別巻』春秋社、2008年）。

Heidegger, Martin (2011)：ハイデッガー著、川原栄峰訳『形而上学入門』平凡社ライブラリー、1994年。

Herodot (2001)：ヘロドトス著、松平千秋訳『歴史』上中下、岩波文庫、2006年。

Hobbes, Thomas (1970)：ホッブズ著、水田洋訳『リヴァイアサン』全4冊、岩波文庫、1982-1992年；永井道雄／上田邦義訳、全2冊、中公クラシックス、2009年；角田安正訳、光文社古典新訳文

庫、2014年。
Homer(1979):ホメロス著、松平千秋訳『イリアス』上下、岩波文庫、1992年;松平千秋訳『オデュッセイア』上下、岩波文庫、1994年。
Jevons, William Stanley(1871):ジェヴォンズ著、小泉信三/寺尾琢磨/永田清訳、寺尾琢磨改訳『経済学の理論』日本経済評論社、1981年。
Joyce, James (1975):ジョイス著、丸谷才一/永川玲二/高松雄一訳『ユリシーズ』全4巻、集英社文庫ヘリテージ、2003年;柳瀬尚紀訳『ユリシーズ1-12』河出書房新社、2016年(18話のうち12話まで)。
Jung, Carl Gustav (1911):ユング著、野村美紀子訳『変容の象徴——精神分裂病の前駆症状』上下、ちくま学芸文庫、1992年に包含。
Jung, Carl Gustav (1977):ユング著、神田紘一訳『結合の神秘 I・II』(ユング・コレクション5・6)、人文書院、1995-2000年。
Jung, Carl Gustav (1993):ユング著、林道義訳『ヨブへの答え』みすず書房、1988年。
Kernberg, Otto F. (2013):カーンバーグ著、西園昌久監訳『重症パーソナリティ障害——精神療法的方略』岩崎学術出版社、1997年。
Keynes, John Maynard (1930a):ケインズ著、小泉明訳/長澤惟恭訳『貨幣論1』(ケインズ全集第5巻)、東洋経済新報社、1979年;長澤惟恭訳『貨幣論2』(ケインズ全集第6巻)、東洋経済新報社、1980年。
Keynes, John Maynard (1930b):ケインズ著、宮崎義一訳「わが孫たちの経済的可能性」『説得論集』(ケインズ全集第9巻)、東洋経済新報社、1981年。
Keynes, John Maynard(1963):ケインズ著、宮崎義一訳「わが孫たちの経済的可能性」『説得論集』(ケインズ全集第9巻)、東洋経済新報社、1981年;山岡洋一訳『ケインズ 説得論集』日本経済新聞出版社、2010年。
Keynes, John Maynard (1973):ケインズ著、塩野谷祐一訳『雇用・利子および貨幣の一般理論』東洋経済新報社、1995年;間宮陽介訳『雇用、利子および貨幣の一般理論』上下、岩波文庫、2008年;山形浩生訳『雇用、利子、お金の一般理論』講談社学術文庫、2012年。
Keynes, John Maynard (2009):ケインズ著、塩野谷祐一訳『雇用・利子および貨幣の一般理論』東洋経済新報社、1995年;間宮陽介訳『雇用、利子および貨幣の一般理論』上下、岩波文庫、2008年;山形浩生訳『雇用、利子、お金の一般理論』講談社学術文庫、2012年。
Kierkegaard, Soren (1981):キェルケゴール著、斎藤信治訳『不安の概念』岩波文庫、1979年;キルケゴール著、田淵義三郎訳、中公文庫、1974年;氷上英広訳『キルケゴール著作集10』新装版、白水社、1995年所収。
Kindleberger, Charles P.(2011):キンドルバーガー著、吉野俊彦/八木甫訳『金融恐慌は再来するか』日本経済新聞社、1980年。
Koch, Klaus (1988):コッホ著、荒井章三訳『預言者 II』教文館出版部、2009年。
Kundera, Milan (1984):クンデラ著、千野栄一訳『存在の耐えられない軽さ』集英社文庫、1998年;西永良成訳『世界文学全集(I-3)』河出書房新社、2008年所収。
Le Goff, Jacques(1988):ル・ゴッフ著、渡辺香根夫訳『中世の高利貸——金も命も』法政大学出版局、1989年。
Leibniz, Gottfried Wilhelm (1996):ライプニッツ著、河野与一訳『単子論』岩波文庫、1951年;清水

富雄／竹田篤司／飯塚勝久訳『モナドロジー　形而上学叙説』中公クラシックス、2005年所収。
Lévi-Strauss, Claude (1973)：レヴィ＝ストロース著、大橋保夫訳『野生の思考』みすず書房、1976年。
Lobel, Arnold (2013)：ローベル著、三木卓訳『ふたりはいっしょ』文化出版局、1972年、ほか。
Longinus (1890)：ロンギノス著、小田実訳『崇高について』河合文化教育研究所、1999年所収。
Longinus (1988)：ロンギノス著、小田実訳『崇高について』河合文化教育研究所、1999年所収。
Lorenz, Konrad (1963)：ローレンツ著、日高敏隆／久保和彦訳『攻撃——悪の自然誌』みすず書房、1985年。
Luhmann, Niklas (1986)：ルーマン著、庄司信訳『エコロジーのコミュニケーション——現代社会はエコロジーの危機に対応できるか？』新泉社、2007年。
Marshall, Alfred (1890)：マーシャル著、馬場啓之助訳『経済学原理』(原書第9版訳、全4冊)、東洋経済新報社、1965-1967年；永澤越郎訳、(原書第8版訳、全4冊)、岩波ブックセンター信山社、1985年、ほか。
Mead, Margaret (1970)：ミード著、畑中幸子／山本真鳥訳『サモアの思春期』蒼樹書房、1976年。
Mill, John Stuart (1848)：ミル著、末永茂喜訳「第四篇第六章　停止状態について」『経済学原理』第4分冊、岩波文庫、1961年。
Molière (1987)：モリエール著、鈴木力衛訳『守銭奴』岩波文庫、1973年、ほか。
Nietzsche, Friedrich (1954)：ニーチェ著、氷上英廣訳『ツァラトゥストラはこう言った』上下、岩波文庫、1967-1970年；佐々木中訳『ツァラトゥストラかく語りき』河出文庫、2015年；手塚富雄訳『ツァラトゥストラ』中公文庫、1973年；吉沢伝三郎訳『ツァラトゥストラ』上下（ニーチェ全集9・10)、ちくま学芸文庫、1993年；丘沢静也訳『ツァラトゥストラ』上下、光文社古典新訳文庫、2011年；竹山道雄訳『ツァラトストラかく語りき』上下、新潮文庫、1953年、ほか。
Nietzsche, Friedrich (1978)：ニーチェ著、木場深定訳『善悪の彼岸』岩波文庫、1970年；信太正三訳『善悪の彼岸 道徳の系譜』(ニーチェ全集11)、ちくま学芸文庫、1993年；中山元訳『善悪の彼岸』光文社古典新訳文庫、2009年；竹山道雄訳、新潮文庫、2008年、ほか。
Nietzsche, Friedrich (2013)：ニーチェ著、木場深定訳『道徳の系譜』岩波文庫、1964年；中山元訳『道徳の系譜学』光文社古典新訳文庫、2009年；信太正三訳『善悪の彼岸 道徳の系譜』(ニーチェ全集11)、ちくま学芸文庫、1993年、ほか。
Ovid (2013)：オウィディウス著、中村善也訳『変身物語』上下、岩波文庫、1981-1984年；田中秀央／前田敬作訳『転身物語』人文書院、1966年。
Pascal, Blaise (1978)：パスカル著、塩川徹也訳『パンセ』全3冊、岩波文庫、2015-2016年；前田陽一／由木康訳、中公文庫、1973年；田辺保訳、教文館、2013年、ほか。
Platon (1926)：プラトン著、久保勉訳『饗宴』岩波文庫、2008年；山本光雄訳、角川文庫、2012年；中澤務訳、光文社古典新訳文庫、2013年；プラトーン著、森進一訳、新潮文庫、2006年、ほか。
Platon (2013)：プラトン著、岸見一郎訳『ティマイオス／クリティアス』白澤社、2015年；種山恭子／田之頭安彦訳『プラトン全集12　ティマイオス／クリティアス』岩波書店、1975年所収、ほか。
Popper, Karl (2003)：ポパー著、久野収／市井三郎訳『歴史主義の貧困』中央公論新社、1961年；岩坂彰訳、日経BPクラシックス、2013年。
Reinhart, Carmen M.; Rogoff, Kenneth S. (2009)：ラインハート／ロゴフ著、村井章子訳『国家は破綻する——金融危機の800年』日経BP社、2011年。
Samuelson, Paul A.; Nordhaus, William D. (1999)：サムエルソン／ノードハウス著、都留重人訳『経

済学』上下、岩波書店、1992-1993年。

Sartre, Jean-Paul (1962):サルトル著、松浪信三郎訳『存在と無――現象学的存在論の試み』全3冊、ちくま学芸文庫、2007-2008年。

Schiller, Friedrich (2003):シラー著、濱川祥枝訳『ヴァレンシュタイン』岩波文庫、2003年。

Schumpeter, Joseph A. (2005):シュムペーター著、中山伊知郎/東畑精一訳『資本主義・社会主義・民主主義(普及版)』東洋経済新報社、1995年;シュンペーター著、大野一訳『資本主義、社会主義、民主主義』全2冊、日経BPクラシックス、2016年。

Schumpeter, Joseph A. (2006):シュムペーター著、塩野谷祐一/中山伊知郎/東畑精一訳『経済発展の理論――企業者利潤・資本・信用・利子および景気の回転に関する一研究』上下、岩波文庫、1977年。

Schumpeter, Joseph A.(2009):シュンペーター著、東畑精一/福岡正夫訳『経済分析の歴史』上中下、岩波書店、2005-2006年。

Sedláček, Tomáš (2012):セドラチェク著、村井章子訳『善と悪の経済学』東洋経済新報社、2015年。

Selby, Hubert (2011):セルビーJr著、宮本陽吉訳『ブルックリン最終出口』河出文庫、1990年。

Seneca, Lucius Annaeus (2004):セネカ著、兼利琢也訳『怒りについて 他二篇』岩波文庫、2008年所収。

Shakespeare, William (1959):シェイクスピア著、小田島雄志訳『ハムレット』白水Uブックス、1983年;松岡和子訳、ちくま文庫、1996年;河合祥一郎訳、角川文庫、2003年;野島秀勝訳、岩波文庫、2002年;福田恆存訳、1967年、ほか。

Shakespeare, William (1986):シェイクスピア著、小田島雄志訳『マクベス』白水Uブックス、1983年;松岡和子訳、ちくま文庫、1996年;安西徹雄訳、光文社古典新訳文庫、2008年;木下順二訳、岩波文庫、1997年;福田恆存訳、新潮文庫、1969年、ほか。

Simmel, Georg (2008):ジンメル著、圓子修平/大久保健治訳「文化の哲学」『ジンメル著作集』7、白水社、新装復刊、1994年。

Smith, Adam (1999):スミス著、水田洋監訳・杉山忠平訳『国富論』全4冊、岩波文庫、2000-2001年;山岡洋一訳、日本経済新聞出版社、2007年、ほか。

Smith, Adam (2010):スミス著、水田洋訳『道徳感情論』上下、岩波文庫、2003年;高哲男訳、講談社学術文庫、2013年、ほか。

Stange, Manfred (Hrsg.) (2011):スタンゲ編、谷口幸男訳『エッダ――古代北欧歌謡集』新潮社、1973年;松谷健二訳『エッダ グレティルのサガ』(中世文学集3)、筑摩書房、1986年。

Stiglitz, Joseph E.; Bilmes, Linda (2008):スティグリッツ/ビルムズ著、楡井浩一訳『世界を不幸にするアメリカの戦争経済――イラク戦費3兆ドルの衝撃』徳間書店、2008年。

Strange, Susan (1998):ストレンジ著、櫻井公人/櫻井純理/高嶋正晴訳『マッド・マネー――カジノ資本主義の現段階』岩波現代文庫、2009年。

Thomas von Aquin (2013):トマス・アクィナス著「真理論第1問　真理について」花井一典訳『真理論』(中世哲学叢書Ⅱ)、哲学書房、1990年所収。

Thukydides(1829):トゥーキュディデース著、久保正彰訳『戦史』上中下、岩波文庫、1966-1967年;トゥキュディデス著、小西晴雄訳『歴史』上下、ちくま学芸文庫、2013年;トゥキュディデス著、藤縄謙三/城江良和訳『歴史』1・2、京都大学学術出版会(西洋古典叢書)、2000-2003年。

Veblen, Thorstein (2009):ヴェブレン著、小原敬士訳『有閑階級の理論』岩波文庫、1961年;村井章

子訳、新版、ちくま学芸文庫、2016年；ソースティン・ヴェブレン著、高哲男訳、増補新訂版、講談社学術文庫、2015年。

Vyse, Stuart A.(2000):ヴァイス著、藤井留美訳『人はなぜ迷信を信じるのか――思いこみの心理学』朝日新聞社、1999年。

Warhol, Andy (1977):ウォーホル著、落石八月月訳『アンディ・ウォーホル　僕の哲学』新潮社、1998年。

Weber, Max (2006):ヴェーバー著、大塚久雄訳『プロテスタンティズムの倫理と資本主義の精神』岩波文庫、1989年；ウェーバー著、梶山力訳・安藤英治編『プロテスタンティズムの倫理と資本主義の《精神》』未來社、1994年；ウェーバー著、中山元訳『プロテスタンティズムの倫理と資本主義の精神』日系BPクラシックス、2010年。

Yamamoto, Tsunetomo (2012):山本常朝著、和辻哲郎／古川哲史校訂『葉隠』上中下、岩波文庫、1940-1941年；佐藤正英校訂・吉田真樹監訳注、ちくま学芸文庫、2017年、ほか。

Žižek, Slavoj (1997):ジジェク著、松浦俊輔訳『幻想の感染』青土社、1999年。

注

序章

1 新古典派の経済学者の幾人かは、人々の救済は可能だと明らかに心から信じていた——それも、見えざる（神の）手を通じて救済が可能だと、なおも信じていたのだ。

2 ……あるいは、一般的に「ネオリベラル経済学」として表現される。しかし、どの経済学が「ネオリベラル」でどの経済学がそうでないかという概念および査定は定まっていない。同方向の「放任主義リベラリズム」の概念が、正確な定義に役立つ可能性もある。

3 経済学のそもそもの起源は、明らかに人文科学にあった。最初の経済学的論文は、倫理学者や哲学者や神学者によって書かれていた。アダム・スミスやデイヴィッド・ヒュームはもちろん、古いところではトマス・アクィナスやフィレンツェのアントニヌス、プラトンにアリストテレスまで遡ることができる。

4 フロイトの手紙の原文は次の通り。「All this may give you the impression that our theories amount to species of mythology and a gloomy one at that! But does not every natural science lead ultimately to this—a sort of mythology? Is it otherwise today with your physical sciences?」「Why War?」: The Einstein-Freud Correspondence (1931-1932), Arizona University: www.public.asu.edu/~jmlynch/273/documents/FreudEinstein.pdf.

5 ジークムント・フロイトは別のところで「経済」の概念について考察をしている。フロイトは魂(Seele)を、情動を調整する場所としてとらえていた。フロイトによればそれは、猛る興奮を全体としてはできるかぎり低く、「まるで何事も起こっていないかのように」抑制するシステムだ。そうした原理はじつは、経済の交換原則——つまり、適切なケースでは、最終的に参加者双方にバランスの取れた満足がもたらされるはずだという原則——に即しているという。Freud 1982c, p.241 以下を参照。

6 この文章はキケロのものと言われるが、出典の文書は不明。 Morgenthau 1970, p.189 より。

7 ケインズの「アニマルスピリット」という言葉はドイツ語では「animalische Instinkte（動物的直観）」と翻訳された。これはミスリードだ。なぜなら、ケインズが語っているのはリビドーについてでも、低次の衝動的欲求についてでもなく、もっとはるかに高次の動因であるからだ。そ

の高次の動因が、企業家を——ひいては経済を——保持するというわけだ。引用元の文章は次の通り。「投機による不安定性以外に、人間の天性が持つ特徴からくる不安定性もあります。人々の積極的な活動の相当部分は、道徳的だろうと快楽的だろうと経済的だろうと、数学的な期待よりは、自然に湧いてくる楽観論によるものなのです。たぶん、かなりたってからでないと結果の全貌がわからないようなことを積極的にやろうという人々の決断は、ほとんどがアニマルスピリットの結果でしかないのでしょう——これは手をこまねくより何かをしようという、自然に湧いてくる衝動です。定量的な便益に定量的な発生確率をかけた、加重平均の結果としてそんな決断が下されるのではありません。目論見書に書かれた内容がいかに率直で誠意あるものだろうと、事業はそれに従って動いているふりをしているだけです」(Keynes 2009, p.137)(山形浩生／訳：ポット出版　2011年)。

8 Keynes 2009 同上。

9 Midgley 2011も参照。

10 ブラック＝ショールズ方程式とは、金融上のオプション料の算定に用いる金融数学モデルの一種だ。そのもともとのモデルには、完全な資本市場についての理想的な仮定が次のように描かれている。資本取引の費用がゼロ。カラ売りや鞘取引にいっさいの制限がない。利回りは一定と仮定。株の配当の支払いはなし。利率は一定。

11 多くの経済学者が少なくとも間接的には、心理学の役割を経済学という学問の中に予感していた。ここではその中から代表的な3人を例示する。

・ヨーゼフ・A・シュンペーター：「他方、私にできる唯一のことは、[精神分析の]応用可能性の多大さを示唆し、将来の発展において明らかになるだろう国民経済学を指摘することだ。フロイト的な政治社会学(経済政策の社会学も含む)はおそらくいつの日か、フロイトの教義の他分野への応用よりも、大きな重要性をもつことになるだろう」(Schumpeter 2009)。

・ジョン・メイナード・ケインズ：ケインズは著作の中で精神分析について明言しておらず、精神分析を引き合いに出してもいないが、それでも彼の著作の中には、心理学やそうした分析がさまざまな局面で垣間見える。とくに金銭に関わる部分ではそれが顕著だ。「所有物としての金銭に対する愛情は、いささか嫌悪すべき病的状態であり、犯罪性と病性が半分ずつ入り混じった傾向として、身震いとともに精神病の専門家に引き渡すようなものだと認識されるだろう」(Keynes 1963)。注7で言及した「アニマルスピリット」にも、ケインズが人間の行動の非合理的な要素に関心を寄せていたことが表れている。

・アルフレッド・マーシャル：「むろん経済学を正確な物理科学と比肩させることはできない。なぜならば、経済学とは人間の自然というつねに変わりゆく、微妙な力を扱うものだからだ」(Marshall 1890)。

12 文中の精神的疾患および失調の分類は、アメリカ精神医学協会の分類をもとに作成した。同協会は2013年に、「精神障害の診断と統計マニュアル：Diagnostic and Statistical Manual of Mental Disorders (DSM) 5」を発行している。そこに確立されている疾患の区別および分類は、WHOが作成するICD−10とほぼ一致する。ICD（＝International Statistical Classification of Diseases and Related Health Problems「疾病及び関連保健問題の国際統計分類」）とはWHOが発行する、医療の分野においてきわめて重要な、国際的にも定評のある診断分類システムである。現在、国際的に使われている版(英語改訂版)は、2012年に発行された第10版(ICD−10)である。

13 こうした角度から見ると、「許したまえ。私たちは、自分たちがしていることをわかっていなかったのだ」という言葉は、金融界のトップの無言の祈りのように思えてくる。あるいはハンナ・アーレントの『イェルサレムのアイヒマン――悪の陳腐さについての報告』を思い起こす人もいるかもしれない。同作でハンナ・アーレントは、法を順守する善き市民が、同胞に対して信じがたい非道を行うという事態を探究している。もちろん、銀行の支店長と戦争犯罪者をいっしょに考えることはできない。だが、どちらにおいても、個人の責任についての「集団的忘却」の原則および反応は似通っている。たくさんの銀行家が、金融危機が起きた後、まるで酩酊状態から覚めたような気持ちがしたと語っている。「いったいなぜ、あんなことができたのだろう？」と。危機が起きる前の状況全般は、多飲のすえに人々が意識不明に陥る巨大な宴会にもしばしばたとえられる。

14 「見えざる手」が人間の行動を操っているという考えは、一種の祈りと科学的な理論のどちらに近いのだろうか。仮にそれを「(システム上の) 祈り」として見ると、まったく新しい興味深いやり方で多くのものごとを説明できる。

15 1637年にオランダで、有名な「チューリップ・バブル」が発生したとき、中間層の上の人々の大部分は、現代の私たちからは非合理的に見える投資をチューリップの球根に対して行った。この「チューリップ・バブル」はほどなくはじけ、投資者の財産は無と化した。この危機に、社会的な環境――すなわち社会――はどのように反応したのだろう？　アムステルダム市立美術館に今も残る資料には、誤った投資に参加した「有閑階級」の人々が美食や享楽に浮かれ騒ぐ様子が、サルの姿を借りて描かれている。こうした描写は、不動産や金融危機の「責任者」の様子とよく似ている。私たちは毎週もしくは毎月のように銀行家や不動産業者を、あるいは保険会社や格付け会社をスケープゴートとして情報の大通りの上で追い回しているのではないか？　だが、システムに絶対の信頼を置き、システムから「安全だ」と言われた約束を信じた愚か者はいったい誰だったのか？　アメリカやアイルランドやスペインで、不動産やそれに関連する保険媒体を未来へのスーパー投資として、あるいは老後の安心のための投資として、さらには枯れることのない成長の泉のための投資としてとらえていたのは、いったい誰だったのか？　すべてが信じるに足るのかどうか考えるのを拒否していたのは、私たち自身ではなかったのか？

第1部　第1章

1 Jung, 1911, p.45.

2 Wolkstein/Kramer 1983. 本書で以降引用するギルガメシュ叙事詩の引用はすべて同じ出典・翻訳。リリスにさらに興味をもった読者には、レクラム社から出版されているヴェラ・ツィンゼムの『リリス：アダムの最初の妻』(未邦訳) をすすめる。リリスの神話がさまざまな文化の中にどのような形で現れ、どのように受容されてきたかが検証されている。

3 人間とはタブラ・ラサ (＝白紙状態) である (あるいは、そうでない) という主張が、哲学にはある。だが、哲学そのものをタブラ・ラサとは見なすことはおそらくできない。哲学とはいうなれば、人間の信念や偏見を認識する試みだが、その目的はそれらを私たちに認識させることではなく、別の信念や偏見に置き換えることにあるからだ。

4 善悪の絶対的価値は数学的に見れば同じだという流れもある。つまり、ゼロからの隔たりは善も悪も同じで、そのベクトルの大きさも同じであり、方向性だけが違うということだ。ユダヤ・キリスト教の時代になって初めて、そうした考え方はマニ教として異端視された。ユダヤ教や

キリスト教は神や善を存在論的に、悪より非常に高い位置に置いたからだ。

5 さらにややこしいのは、神話の中の創造者がしばしば人間の論理を受けつけない、混乱した存在であることだ。言い方を変えれば、神の行為や性質を描写するために使われてきたイメージは、私たちの目にはまるで不可解だということだ。

6 ウトゥについての詳細は、先のWolkstein/Kramer 1983を参照。

7 同上。

8 イナンナが出現するウルクの時代は、紀元前4000年～3100年ごろにあたる。イナンナの名は、シュメールの天の女王「ニン=アンナ」に由来する。イナンナはヴィーナスともつながりが近い。

9 旧約聖書　創世記2章9節
(聖書、全訳版、シュトゥットガルト・カトリック聖書協会、1980年)

10 他の創造神話の中にも、これとよく似た伝説が存在する。とくにゲルマン圏の伝説にはフルップの木とよく似たエピソードが登場する。北欧神話の世界樹であるユグドラシルの根を齧るのは蛇で、梢に巣をつくるのは鷲だ。Böldl 2013, p.117を参照。

11 Schwartz 1998, p.71.

12 旧約聖書　創世記1章27節
(聖書、全訳版、シュトゥットガルト・カトリック聖書協会、1980年)

13 旧約聖書　創世記2章20節
(聖書、全訳版、シュトゥットガルト・カトリック聖書協会、1980年)

14 従順な女の創造には高い価値があった。なぜならば、リリスのような女ではおそらく蛇のいうことにまるで耳を貸さなかっただろうからだ。アダムとちがい、イブは少なくとも蛇と言葉を交わした。

15 ミドラーシュの一部。律法にまつわるものではなく、民間伝承の助けも借りて広まった歴史にまつわる物語である。「ベン・シラのアルファベット」はこうした「ミドラーシュ・アッガーダー(語りのミドラーシュ)」の一部である。

16 それぞれ異なる性質をもつヘブライ語の詩や格言が22個盛り込まれている。そのうちの半分はタルムードから来ている。

17 詳細は、Börner-Klein 2007を参照。

18 イザヤ書34章14節　(国際標準版)

19 聖書の注解書「プルピット」には次のような記述がある。「ユダヤのある伝説では、アダムの最初の妻はリリスとされる。リリスは神の名を魔術として用い、悪魔に変容させられた。彼女は、幼い子を殺めることに無上の喜びを感じた」。別の注解書「ジョン・ギルの聖書全体解説」にもリリスについての言及がある。「リリスの名のもと、一羽のフクロウが身を隠し、夜の世界に属することになる。ユダヤの人々はそれを悪魔と呼ぶ。言い伝えによれば、それは人間の顔と翼をもっており、生まれたばかりの赤子を殺す」。

20 Naveh/Shakked 1998, p.145.

21 緑の党が言いそうな批判だ。

22 マルクス主義と新マルクス主義をさしている。共産主義は実際には、経済と対立するものではない。共産主義もまた経済成長に依存しているし、時によっては、資本主義よりも共産主義のほうが経済はうまくいくこともある。ジジェクをここに含めるのは難しい。彼はあらゆる形のイデオロギーに反対しているからだ。

23 ギルガメシュ叙事詩についてのさらに深い分析は、セドラチェクの2012年の著作『善と悪の経済学』を参照。

24「あなたが裸であるのを、誰があなたに教えたのか」旧約聖書、創世記3章11節（聖書、全訳版、シュトゥットガルト・カトリック聖書協会、1980年）

25 ヨブ記の神はヨブに対して倫理的にきわめて弱く、卑小だが、物理的には極めて強大だ。神のすさまじい怒りの中には、しかし、無力感が聞き取れる。そこには全能と無力との混交が示されている。現代の経済も含め、すべてのシステムは同様の法則に従うのだろうか？　旧約聖書のヨブ記41-43章を参照（聖書、全訳版、シュトゥットガルト・カトリック聖書協会、1980年）。Jung 1993.

26 ミルチャ・エリアーデはこの表現を、黄金の時代について表すときに用いている。人々は黄金の時代をふたたび手にしたいと何度も願い、儀式や象徴的な行為を行う。

27 Keynes 1963, pp.358-373.

28 この「新しいアダム」をケインズは何度か自身の小文のテーマに取り上げている。ケインズはアダムと楽園について具体的に語るとき、ある家政婦の墓石に彫られていた次の格言を引用している。「友よ、私のために悲しまないでください。私のために泣かないでください。私はようやくここで、永遠に何もしなくてよくなったのですから」。

29 旧約聖書におけるこの点についての批判は、かなり控えめだ。むろん新約聖書に登場するいくつかの文章の中も、「カイザルのものはカイザルに」のように、階級的なシステムについてのコンセンサスに支配されている。

30「なぜなら、この世の知恵は、神の前では愚かなものだからである」コリント人への第一の手紙3章19節

31 理性や論理的思考の矛盾を嘆く記述は実際、無数に存在する。たとえばルターは、理性を「悪魔の娼婦」と呼んだ。

32「今はこの世がさばかれる時である。今こそこの世の君は追い出されるであろう」ヨハネの福音書12章31節。「この世の神（＝悪魔）が不信の者たちの思いをくらませているからである」コリント人への第二の手紙4章4節（ともに全訳版、シュトゥットガルト・カトリック聖書協会、1980年）

33 神とのつながりは実際、簡単には保つことができない。そのためには文字通り絶え間ない若返りが必要であり、（人間の側からの）信仰と（神の側からの）血という形の不断のエネルギーが必要になる。

34 ドイツ語の翻訳版のタイトルは『Vita Activa oder Vom tätigen Leben』。München, 2007.

35 Arendt 2007, p.127.

36 純粋に性的な見方をすると、今日的な習慣とは正反対のものがここには示されている。現代人は子どもよりも性行為を望むが、リリスは性行為よりも子どもを望んだ。

37 リビドーの刺激を通じて、ポルノグラフィーもまた同じような働きをする。

38 もうひとつの、時代的にはもっと古いがたいへんすばらしい例が、スタニスラフ・レムの小説『ソラリス』だ。小説の中では、有機的な海が人間の記憶や夢を具現化する（これは多かれ少なかれ、ユングのいう無意識や集合記憶や影［シャドウ］に重なっている）。アンドレイ・タルコフスキーは1972年にこの作品を映画化した。

39 ストルガツキー兄弟の『路傍のピクニック』は、ハーモントという町の住民が経験した出来事を

つづった物語だ。ハーモントは何年も前に、高度な文明をもつ地球外生命の「来訪」を受けた。そして6つの「ゾーン」と呼ばれる場所には、来訪者が残していったテクノロジーが、まだ一部は機能したまま存在していた。これらのテクノロジーはさまざまな、そして時には危険な作用を人々にもたらしたが、人々は何年もの歳月が経った後もなお、その仕組みを理解することができなかった。そのため、人々はゾーンを立ち入り禁止にし、軍事的な封鎖地域のように監視した。だが、地球外生命の置き土産を人々はぜひ手に入れたいと願い、それらは人々の日々の生活の中に徐々に組み込まれていった。経済、軍事、密輸などさまざまな利害に合わせてこれらの地域の生活は形成された。6つのゾーンのうちのひとつを小説『路傍のピクニック』は綿密に描いていく。そのゾーンは人々からいつも「ザ・ゾーン」と呼ばれるようになる。主人公のロデリック・シュハルト（オリジナルでは「レデリック」。略称「レッド」）は宝探し屋（オリジナルでは「ストーカー」と呼ばれる）であり、無許可でゾーンに侵入する命知らずの男たちの一人だ。彼らがそんな危険を冒すのは、地球外生命の“置き土産”を探して外に持ち帰り、闇市場に売るためだ。小説が進むにつれ、宝を掘り出す仕事は徐々にロボットが行うようになり、お株を奪われた伝統的な宝探し屋は大幅に減少していく。シュハルトは最後に「ゾーン」に入ったとき、伝説の「黄金球」を掘り出そうとする。「黄金球」には「すべての願いを叶える」という言い伝えがあった。

40 あるいは、俳優ならこんなふうにいうかもしれない。「やつがずたずたにされる前に早くなんとかしなくては」。

41 Žižek 1999.

42 フロイトは自身の著作の中で幾度もこの問題を扱っている。ここではその代わりに、のちに“Warum Krieg?（なぜ戦争を？）”という題で出版されるアインシュタインとフロイトの往復書簡の一部を引用した（邦題『人はなぜ戦争をするのか』）。その中には「理想の状態とはもちろん、人間の衝動生活が理性の支配下に置かれている共同体だ」という文章がある（Freud 1982m, p.284）。この抑圧の作用については本書の中で、この後も何度か触れることになる。

43 Midgley 2011, p.1.

44 ユングの視点からすると、リリスは無意識の闇の部分をあらわしている。ジークムント・フルヴィッツはこれを「ダークフェミニン」と呼んだ。

45 ハワード・シュワルツ『聖書を再イメージする』（未邦訳）には次の文章がある。「奇妙なことにリリスは、嬰児殺しを非難されるいっぽうで、欲望の具現においてたいへん重要な役割を果たす。リリスは男性を夢や想像の世界の中で追いかけまわすとされる。性的な夢を見たり性的な想像をしたりするたび、男性はリリスと交わっていると信じられてきた。リリスとの性交の結果つくりだされるものは、半分は人間、半分は悪魔のミュータントであり、それらは人間からも悪魔からも拒絶されるといわれた」（Schwartz 1998, p.60）。

46 リリスに言及するほぼすべての文章には、欲望と恐怖という二つの強烈な動機が潜んでいる。幼い子どもをリリスに殺されるという恐怖と、リリスを性の対象そのものとして考える欲望の動機だ（Schwartz 2009, p.10）。

47 純粋に功利主義的な視点からすると、次のような疑問が浮かんでくる。リリスは（そしてイブも）費用便益計算をしてもなお、あのように行動するのだろうかという疑問だ。現実の世界と同じように神話の世界の中でも、最後には「自由の代価」という問題が出てくる。

48 そしてこのある意味での減退が生じ、窮乏下で人々は、奴隷の生活に戻りたいとさえ思うよう

になった。

49 次代に対するこうした気遣いは、動物と人間が共有する自然の原則だとも言える。にもかかわらず――あるいはだからこそ――こうした気遣いは経済的な関心となり、さらに、産業国家の経済はそれをもとに、歴史を経済面において大きく転換させることができた。

50 Schwartz 1998, p.64.

51 旧約聖書　コヘレトの言葉3章1–8節
（聖書、全訳版、シュトゥットガルト・カトリック聖書協会、1980年）

52 いわゆる人工頭脳学は、1とゼロとで仕事をする。そしてコンピュータのユーザーならよく知っているように、問題のあるコンピュータをふたたび機能するようにするためのもっとも単純でもっとも健全なやり方は、「電源を切って、ふたたび入れること」つまりは「再起動」だ。それが意味するところは、コンピュータをひととき死なせ、ふたたび生き返らせることにほかならない。

53「古い時代のウロボロスのイメージには、わが身をむさぼり食うことで自ら循環のプロセスをつくるという思想があった……この〈フィードバック〉プロセスは同時に、不死のシンボルでもある。なぜなら、ウロボロスは自分を殺し、自分を再生し、自分を孕み、自分を生むと言われているからだ。ウロボロスは一なるものの象徴だ。それは対立物の衝突から発生し、ゆえに、第一質量の秘密の一部をなす……それが人間の無意識から生まれたものであることは明らかだ」（Jung 1977, p.513）。

54 Platon 2013.

55 Nietzsche 1954, p.372.

56 Schumpeter 2005, p.134以下。

57 Schumpeter 2006, p.459.

58 シュンペーターは、危機について真剣に考えた数少ない経済学者の一人だ。彼は熟考の末、ややユートピア的ではあるが次のような結論に達した。「次のようなことが言える。どんな危機の際も、こうした形の崩壊は阻止されるだろうし、実際にその種の崩壊が起きた危機についても、やり方しだいでそれを防ぐことはおそらく可能だったはずだ。それができるかどうかは大部分が、経済主体にかかっている……自分ばかりが助かりたいという誘惑に抗し、訓練された兵士のように動じず己の道にとどまれば、パニックは起こらない。全面的に崩壊するような深刻な必然は、そうした人々のもとでは生じない。知的にも道徳的にも秀でた企業家からなるすぐれた市場組織は、危機を阻止するか、ごく狭い範囲にとどめてくれるはずだ」（Schumpeter 2006, p.461）。

59 学問上の「革命」の性格も、トーマス・S・クーンが指摘したのと類似の法則に従っている。すなわち、その浮き沈みはほぼ予測不可能であり、非常に多くのエネルギーを必要とし、（学問自身にとって）阻害的に働く。すべてをひっくるめて考えると、次のような疑問が浮かび上がる。GNPの上昇をもたらす原因は何なのだろう？　革新か、あるいは経済そのものなのか？　その経済は二級のものではないのか？

第1部　第2章

1 Kundera 1984, p.284.

2 すでに述べたようにジョン・メイナード・ケインズはかつて、経済というカテゴリーで思考する

必要のない幸福な社会の到来を夢見ていた。その社会において経済は、社会につき従う従属的な役目を果たすと考えられていた。だが、ここで読者に問いかけたいのは、そういう社会が過去の歴史の中に、あるいは神話の中にさえ、存在するかということだ。

3 エロスの神話は、さらに古い創造神話の一ヴァージョンだ。ただ、神々の名前はちがう。エウリュノメーのように海を支配する女神はテティス、蛇の神オピオーンのように宇宙に巻きつく神はオケアノスという。カオスから生まれた闇の女神エウリュノメーは空と陸を分離し、裸の姿のまま北風に吹かれながら波の上で踊った。風をとらえて手でこすると、それは蛇、オピオーンになり、エウリュノメーはオピオーンに巻きつかれ、受胎した。エウリュノメーは鳩に姿を変えて卵を産み、それに蛇のオピオーンが7回巻きつき、卵をあたためると、その卵から、太陽、月、惑星、星、大地、そして木々が生まれた。そしてアルカディアの大地から、原初の人間であるペラスゴスが誕生した。この神話の中には、聖書の創世記と類似する部分がたくさんある。たとえば、海と空の分離、創造にまつわる七という数字、原初の人間が土から作られたという点などだ。

4 Ranke-Graves 2007, p.25以下。情報元: Homer 1990, pp.201, 261。

5 伝説によると、アスタルテはアッティスと仲睦まじく暮らしていたが、アッティスが王女を娶ることになった。裏切られた女神アスタルテは、祝いに集まった人々を怒り狂って殴り殺した。アッティスは荒野で自ら去勢し、出血多量で死んだ。ゼウスはアッティスが生き返るのを許さなかったが、アッティスの亡骸をけっして腐らないようにしてアスタルテに贈った。アスタルテは大地の神となり、のちにローマのパンテオンの中に、重要な神々の一人として祭られるようになる。アッティスの血は豊穣のシンボルを意味するようになった。パンテオンには往時、アッティスに敬意を表するために、飾りを施した松の木が毎年飾られたという。これがクリスマスツリーの原型なのか否かは、想像するほかない。アスタルテの役割と、彼女がマリアの原型ではないかという説には異論がある。情報元: Haarmann 1996, p.127以下、Carroll 1994, p.90以下。

6 ローマ世界の物語の中にはもうひとつ、ぜひここで引用したいエピソードがある。オウィディウスの『変身物語』に登場するヘルメスとアフロディーテの息子、ヘルマプロディートスの話だ。ニンフのサルマキスは一度ヘルマプロディートスに追い返されたが、隙を見て彼にきつく抱きつき、そのまま放さなかったため、二人の体はひとつになったという。Ovid 1958, Viertes Buch, Vers 345以下、p.206.

7 Böldl 2013, p.100以下、Stange 2011, p.13以下。

8 ミドラーシュとは、タナハ（キリスト教の旧約聖書にあたる）およびタルムード（聖書の注釈をまとめたもの）の解釈書である。そこに収められた文書は黙示録的なものではなく、ふつうの教えの解釈である。だが、そこに用いられている考えは、私たちにとっては当たり前の論理的推論（三段論法）に沿っていない。言葉の配置や反復や言葉の内なる意味をもとに聖書を解釈するのがミドラーシュだ。

9 Cooper 1997, p.54以下。

10 Midrash Rabbah 8.1によれば、原初の人間アダムは男と女の両性具有者だった。創世記の説明と一見矛盾するこの主張は、創世記1章27節の最初の文章から疑念を引き出す。「神は自分のかたちに人を創造された。すなわち、神のかたちに創造し、男と女とに創造された」。ユダヤの律法学者によればそこからは、こんな疑問が浮かぶ。つまり、男と女は最初から分かれていたの

か、あるいは、両性具有だったのかという疑問だ。この点については、ミドラーシュの中でほかにも議論が行われている。「だが、イブはアダムのわき腹から作られたのではないのか？」。聖書でこの「わき腹」に該当する語「Tzela」を、ミドラーシュ・ラバは聖櫃の二つの側面と解釈している。

11 Platon 1926, p.26以下。

12 同上。

13 King 2007.

14 Fromm 1979.

15 ドイツ語の「創造（Schöpfung）」という言葉を子細に見るのは、なかなか興味深い。「schaffen」「erschaffen」はどちらも「創造する」という意味の動詞で、「schöpfen」もまた「創造する」を意味する（その名詞形が「Schöpfung（創造）」だ）が、「erschöpfen」という動詞は「創造」とは逆の意味になるのだ。「Schöpfung」は何かを創造し、作り出すことだが、「Erschöpfung」は力を使い果たした状態の「疲労困憊」を意味する。

16 創世記1章3-25節。ルター聖書（ドイツ福音主義教会認可。ヴュルテンベルク聖書協会発行）、p.5。人間の創造の場面からして、神の処置のしかたは異なっている。神は命令せず、誰かにそれを提案しているように見える。「人間をかたち作ろう。われわれと同じかたちに」。そして神は、名づけをも行わないようだ。だが、本書は経済の本であるゆえ、むろんこの件は純粋な脚注だけにとどめておく。

17 ここからは、おそらく次のような疑問が浮かんでくる。アダムとイブの楽園追放は、ティアマトの追放と同じ論理に従っているのではないだろうか？　そして、文明の同じ段階を描いているのではないだろうか？　知恵の木や善悪の知識は、最初の都市国家に生まれたおきてと関連してはいないだろうか？　文明に大きな飛躍をもたらした都市国家は、エデンの園の自然原則と相いれないのではないだろうか？　神が人間に与えた「呪い」、つまり労働は、その実、農業と計画可能な収穫への祝福とは読めないだろうか？　だが、これについてはきわめて慎重に論じる必要がある。こうした見方に反対する人々も、少数ではあるが存在するからだ。

18 Lévi-Strauss 1973, p.270以下、Eliade 1949.

19 Assmann 2005.

20 進化も同じクロノトープをもっており、決定的に異なるモデルをもたない。進化は線的な発達であり、その最高位にあるのは「最適なうえにも最適な」人間である。ただ、それは当面のあいだはということだ（さらに最適なものが現れれば、進化は永遠に続く可能性がある）。楽園はいずれにせよ地上に存在する。

21 Schumpeter 2006, p.125以下。

22 社会学者のハルトムート・ローザはこの現象に精力的に取り組んでいる。Rosa 2012も参照。

23 Freud 1919, pp.297-324.

24 Hobbes 1970.

25 Smith 2010, I. II. 1.

26 Smith 1999, IV. ii. 9.

27 さらに詳しい情報は、Tanzer/Taus 2011, p.87以下を参照。

28 Hayek 1945.

29 Böhm 2009, p.228以下の文章も参照。

30 ジークムント・フロイトによるノイローゼの教義の根底には、次のような考えがある。それは、文化の進歩が起きるのは、人間が自然の衝動や本能を抑圧できるようになった場所だけだという考えだ。経済のシステムにおいては、そうした抑圧は節制という形で、あるいは将来の目的のために現在の消費を控えるという形で表れる。言い換えれば、未来のために今、苦しみに耐えるということだ。こうして数百年以上のあいだ、資本と豊かさが生み出され、フロイトによるならば、文化も生み出されてきた。フロイトのいうシステムの中の人間があらゆる抑制や禁令を放り出したら、それは、文化の大部分が終わることにほぼ等しい。資本主義についてもおそらく同様のことがいえる。節約をしなければ、人は資金を借り入れなければいけなくなる。そしてそれは国家や銀行や未来の担い手に対する“借り”にほかならない。これは、資本主義におけるいちばん重要なパラダイムシフトだ。資本主義の資本とは、今日では借金のことだ。

第1部　第3章

1 Homer 1990.

2 ホメーロスの活動拠点については、コロフォンとスミルナの両説がある。正しい出身地は知られておらず、没した場所も不明だ。その博識ゆえ貴族階級の指導者層に知遇を得ていたことは、おそらく事実のようだ。

3 ホメーロスについての情報は不確かな点が多いため、ある意味、彼自身が叙事詩の神話の一部と化してしまっている。もし実在していたとしたら、最新の情報では紀元前800年ごろに生きていたと推測される。トロイア戦争がほんとうにあったのだとしたら、それが起きたのは紀元前1200年ごろとされる。だが、これらは現在のところ、学問的に獲得された知識というよりは、信じるか否かという問題に近い。

4 ホメーロスの文学がギリシャ人にとっていかに重要かを示しているのが、紀元前500年ごろから『イーリアス』がすでにアテネの学校で若者たちに、自国の偉大さを自覚させるために教えられていたという事実だ。

5 Homer 1990, p.455以下。

6 1949年に締結されたジュネーブ条約は、以下の4つの条約から構成される。「戦地にある軍隊の傷者および病者の状態の改善に関する条約」(第1条約)、「海上にある軍隊の傷者、病者および難船者の状態の改善に関する条約」(第2条約)、「捕虜の待遇に関する条約」(第3条約)、「戦時における文民の保護に関する条約」(第4条約)。トロイア戦争でのアキレウスは、4つの条約すべてに抵触している。

7 殺人に取りつかれていたアキレウスは、戦場で自分が殺したある女性戦士の亡骸に恋をし、屍姦を犯した。このエピソードはむろん、後世の編者によって物語から消し去られたが、いくつかの別の作家による描写にはそれが残っている。

8 Freud 1982n, pp.57–59.

9 Freud 1982l, p.52.
フロイトは攻撃を「死への欲望(タナトス)」という概念に結びつけた。タナトスは、生命維持に関わるエロスと対極にある人間の本能であり、ネガティブなエネルギーを集積させ、他者や自分自身への攻撃という形で爆発する。支配的な衝動であるエロスは、タナトスのエネルギーを外へと向かわせる。そのエネルギーは攻撃的・破壊的な行動になる。フロイトはタナトス的な衝動を、意識の中に存在する一種の生物学的機能をもつ原理だと考えていた。タナトス的な衝

動の行き着く先は、フロイトによれば、死だ。この考え方はのちの世代からは疑問視された。そのほかにも攻撃についての定義は山ほどあるが、本書の目的のためには、1969年にアレクサンダー・ミッチャーリヒが作った次のおおまかな定義で十分だろう。「行動と、まずは筋力を通じて内面の緊張を解放しようとする行為は、すべて攻撃である」(Mitscherlich nach Nolting, 2005, p.12)。

ロートラウド・A・ペルナーもまた著作の中で、社会の発達の攻撃的なゆがみについて繰り返し言及している。Perner, 2013, 2012.

10 Lorenz 1963.

11「闘争か・逃走か(ファイト・オア・フライト)」とは、アメリカの生理学者、ウォルター・キャノン(1915)が考えた概念である。この言葉はドイツ語圏でも、専門家の世界では英語のまま使われている。それはウォルター・キャノンがハンス・セリエと並ぶストレス研究のパイオニア的存在だったからだ。ファイト・オア・フライト反応とは、危険な状況に陥ったとき生き物の心身の両面に急速に起こる適応反応だ。反応が起きると脳は突然肉体に、アドレナリンの放出量の増加、脈拍の増加、筋力(筋緊張)や呼吸数の増加を指示する。こうした準備のうえで蓄えられた力が、それぞれの状況のストレス度に適合した、生き延びるための行動へとエネルギーを提供する。それがファイト・オア・フライト反応だ。

12 専門的な言葉を使えば、「ネガティブな誘発性がより低い」ということになる。

Gudehus/Weierstall 2013.

13 Nunner-Winkler 2004, p.21以下。

14 多くの演出家が、映画の暴力シーンを効果的にするために、こうした知覚の変調を利用している。それがきわめて印象的に表れているのは、2000年にアメリカとイギリスで公開されたリドリー・スコット監督、ラッセル・クロウ、ホアキン・フェニックス、コニー・ニールセン、オリヴァー・リード出演の映画『グラディエーター』だ。

15 フーリガンも、戦場の英雄と同様の体験をしている。彼らがいちばん効率的な動きができるのは、何も考えず、ひたすら行動しているときだ。日本の侍も、戦いの時にはすべての邪念から自由になることを求められる。侍の入門書『葉隠』には次のような記述がある。「決闘に勝利することばかりを考えていると、行動するための正しい瞬間を逸してしまう」。古い秩序における戦場の英雄は、行動のために生きるのではなく、存在自体が行動そのものだった。これは言い換えれば、英雄とは自身の行動の結果を考えていないということでもある。アキレウスはたしかに、犠牲者の心にまったくといっていいほど無関心だった。犠牲者とは戦闘の後に数え上げる数にすぎなかった。どんな損害が引き起こされるかを考えたら、英雄的な行為はたちまち力を失ってしまう。英雄とは、自身がもたらす損害や外部性をいっさい考慮しない。そこからは、なぜ現代の英雄が古代の英雄とまったく違う性質をもつのかが説明される。

16「競争」をあらわすドイツ語「Wettbewerb」自体がすでに、法の支配という意味合いを含んでいる。「Wette」とはゲルマン語で「結ぶ」を意味する「wedan」に由来する。「Wettbewerb」とは、決まりにつながれた争いということだ。これは、野放図な「市場の自由」についての議論に、いうなれば語源の方面からの寄与をしてくれるだろう。

17 文法からも、競争を読み取ることができる。「より速い」ひとは、だれよりも速くなければならない。「より速い」人間は自分だけでなくてはならないのだ。

18 Heidegger 2011.

19 Goethe 1980, p.11.

20 Ovid 1958, p.27.

21 同上p.28。

22 Fromm 1997, p.192以下。

23 「エスキモー」は固有の名称ではなく外から見た呼称であったため、一部にそれを軽蔑的と感じる人々がおり、「エスキモー」という言い方は全般的に「イヌイット」に置き換えられることになった。「エスキモー」の使用は後退的ではあるが、「イヌイット」と「エスキモー」は完全に同義ではない。それゆえカナダ北西部やアラスカ、チュクチ半島では今もなお、「イヌイット」への置き換えは完全には行われていない。この問題にはまだ議論の余地があると私たちは考える。本書の「エスキモー」の呼称に軽蔑的な意味はない。

24 Fromm 1997, p.194.

25 フロムによる体系が否認されたり敵視されたりしていることも私たちは十分認識している。とりわけ、マーガレット・ミードとデレク・フリーマンのあいだでミードの著作『サモアの思春期』を巡っておきた衝突は、数年越しの議論を招いた。これについてどんな意見をもつかは、読者自身にお任せしたい。文献は次の通り。Mead 1970, Freeman 1983.

26 Gerbnerその他の研究より、1978.

27 利用行動には明らかな性差が認められる。暴力的なゲームのユーザーは約70パーセントが男性なのだ。Gudehus/Christ 2013, p.291より。

28 Melzer 2013, p.289以下。

29 Hennigan/DelRosario 1982, Feldman 1985, p.305以下に引用。

30 まさにここで私たちは、市場経済の最古の怠慢のひとつに遭遇する。一般的に経済とは、物と物との交換で成り立つと考えられている。アリストテレスの『オイコノミカ』にもそうした記述がある。アリストテレスの解説の中で後世の興味をおおいに引いたのは、窃盗もまたふつうの生業のひとつだと見なされていることだ。だがこれはある意味、まったく正しいのではないだろうか？　経済は、その教義の中から「交換が不可能」という状態をあまりに長いあいだ締め出してきたのではないだろうか？　品物を手に入れるために窃盗をしなければならない人を、経済はあまりにもすみやかに「いないこと」にしてしまったのではないだろうか？　「有産者」だけでなく、交換可能なものに攻撃によってしか手を届かせられない「無産者」をも経済が考慮に入れていたなら、品物の分配を巡っていったいどんな議論が展開していただろうか？

31 Feldman 1985, p.300.

32 Strobel-Koop 2008.

33 近年、ハンス・ヴォルフガング・シンガーはこのテーマを現代化してまとめた。Singer/Ansari 1992を参照。

34 UBS銀行の調査は2009年8月に発表された。14の職種の税引き後の時給を判定し、それで製品の価格を割るという計算をした。

35 「暴力」とは伝統的に、個人もしくは集団が行う意図的な破壊行為と解釈されてきたが、拡散的かつ責任を帰すことが不可能な暴力の次元について、ガルトゥングは補足をしている。「構造的な暴力とは、人間の根本的欲求の回避可能な妨害である。ひらたく言えばそれは、生活の妨害であり、潜在的に可能である欲求の満足度を現実的に引き下げるものだ」。この広義の解釈に従えば、個人の素質や可能性を存分に広げることを阻むものは、すべて暴力の一種とされる。あ

らゆる種類の差別、所得の不平等、そして南北の格差も、すべて広義の暴力である。

36 Friedman/Rosenman 1974, Feldman 1985, p.265に引用。

37 Carver/Humphries 1982, Feldman 1985, p.272に引用。

第2部　第1章

* 本章の調査を担当してくれたヴァレンティン・ウンガーに感謝する。

1 Nietzsche 2013, p.57.

2 Ranke-Graves 2007から。Diodorus Siculus III, 58-9, Apollodorus I, 4,2 Plinius, Naturgeschichte XVI, 89.

3 とくにハインツ・コフートの（精神分析的）自己心理学派は、心理的健康に欠かせないモデルとしてナルシシズムの評価を転換させた。そこでのナルシシズムはリビドーに占拠されたシステムを表す。ただし、両親や恋人などの対象ではなく、自身の内面精神機関がリビドーに占拠される。

4 Kernberg 2013, pp.268, 280−281. ナルシストは自分にとって不快なことをひとつの対象や一人の人物のせいにし、よいことはすべて自分に関連づけて考える。強く理想化した自画像は邪魔な要素を否認し、他者の作品や思考を吸収して同化し、他者が持つものや他者に与えられるものを壊したり価値を下げたりする。ナルシストのいきり立つ自我は、自己破壊、自己を含めた善や価値あるものへの憎しみ、リビドーと攻撃欲の悪質な融合へ向かったり、果てしない強欲や攻撃性となって現れる自己崩壊に至ったりすることがある。対して「健康的なナルシスト」は推進意欲、競争意欲、自己の関心を貫く意欲が調和している。

5 リヒャルト・フリードリーン・ヨゼフ・フライヘル・クラフト・フォン・フェステンベルク・アウフ・フローンベルク、通称フォン・エビング（1840 〜 1902年）は、神経科医としての実証的な手法により後世の基準を作った。

6 サディズム、嗜虐：マルキ・ド・サドの作品に関連してリヒャルト・フォン・クラフト＝エビングがつけた名称で、性欲動の解放が他者の虐待や陵辱と結びつく性的倒錯を意味する。こうした行為には、かむ、引っかくといったものから、殴る、むちで打つ、さらには重傷を負わせる、殺す、遺体を切断するなどがある。
サドマゾヒズム：サディズムとマゾヒズムが同時に存在した状態で、個人を支配し服従することを望む。フロイトによると、どちらの欲動方向もそれぞれの割合で人間の社会関係に影響を与えている。

7 Fromm 1997, p.327.

8 同上。

9 Seneca 2004, p.140.

10 Fromm 1997, p.323.

11 神話では、他者に対する権力欲求から自己の生存基盤、そして経済的な生存基盤の破壊に至る略取型の英雄を目にする。アポロドーロスは『イーリアス』についての記述で印象深い例を挙げている。ギリシャの船隊が物資の補給のためにデロス島に立ち寄る。この島を治めるアニオス王には、エライス、スペルモー、オイノーという3人の娘がいた。3人は人類が何千年と従事してきた農業の恵みを象徴する存在で、ディオニュソスの加護を受けている。望めば触った物をそれぞれ油（エライス）、穀物（スペルモー）、ワイン（オイノー）に変えられる力があった。そ

のため、娘たちは島で「ワインを作る者」とも呼ばれていた。アニオス王は快く物資の補給に協力すると、戦いのあいだ、食料と宿を提供すると申し出た。しかし、ギリシャ軍の大将アガメムノンはそれで満足しなかった。彼はオデュッセウスと自分の弟メネラオスを王の元へ送り、奇跡の力を持つ娘たちを差し出すよう迫った。アニオス王が拒絶すると、オデュッセウスは3人をさらう。娘たちは最初おとなしくしていたが、ギリシャ軍の宿営地へ送られそうになり、ディオニュソスに助けを求める。ディオニュソスは3人をハトの姿に変えて救った。その姿のまま、3人は神の恵みの力とともに飛び立っていく。アガメムノンの行為は経済の寓話としても読め、対象や資源に対する権力を欲する絶対的な願望がうかがえる。優越と所有を求める強い欲は、何年も軍をまかなえたはずの財産を結果的に破壊する。アガメムノンの強欲に見られるサディズム的傾向は、現実政治の所有願望の無意味さと一致する。そのままでも手に入るはずだったものを暴力で奪おうとして、すべての人間にその先も約束されていた娘たちの恩恵を結局は消滅させてしまう。

12 フロイトが展開した、生物は未知のものを破壊することで自己の生命を維持するという考えは、不安に突き動かされるサディストが実際はどれほど不憫な存在かということもよく表している。フロイトはアインシュタインに宛てた手紙でこう記した。「だが、もう少し破壊欲動について考えたい。この傾向は世間でますます広まり重要性も増している。思索を費やして、私たちはひとつの見解に到達した。それは、破壊欲動はあらゆる生物の内部で働き、生物を崩壊させ、生命を生のない物質の状態へ戻そうとするということである。この欲動はまさに死の欲動の名にふさわしく、他方、エロスの欲動は生きようとする努力を表している。死の欲動は、特別な器官の助けをもって外部や対象に向かい、破壊欲動に変わる。生物はいわば未知のものを破壊することで自己の生命を維持する」(Freud 1982m, p.282)。

13 Kernberg 2013, pp.268, 280–281.

14 同上p.220。

15 これは、サディズム的心情の基本要素を創造性の欠如と想像力の不足とするエーリッヒ・フロムの見解と関連づけられる。

16 Freud 1982h, p.249.

17 Löchel 1996. レヒェルの論文をもとにヨヘン・エーラースは詳細な分析を行い、学位論文として1995年に発表した。Ehlers 1996.

18 Freud 1982h, p.250.

19 Freud 1982b.

20 以下も参照。Fromm 1997, pp.329以下、332以下、488以下。

21 フランク・ロイド・ライト(1867–1959年)は米国の建築家、著述家、美術品蒐集家。Lasko 1995, p.202から引用.

22 Suchsland 2009. 驚きはナチスだけでない。米軍の行動規範第1条にはこうある。「私は米国民として、わが国とわれわれの生きる姿勢を守る軍に奉仕する。私はその防衛に生命をささげる覚悟がある」。

23 http://www.goldmansachs.com/investor-relations/corporate-governance/corporate-governance-documents/revise-code-of-conduct.pdf {日本語では「経営理念」より http://www.goldmansachs.com/japan/who-we-are/business-principles/index.html}

24 https://www.globalbanking.db.com/docs/Code_of_Conduct_Okt2005_DE.pdf

25 オーストラリアン・インスティテュート・オブ・マネージメント。www.aim.com.au/blog/worked-death

26 エドゥアルト・エルネ、クリスティアン・シュナイダーによるドキュメンタリー番組「支配者たる子どもたち――ナチスエリート校のシステム」より。UAP-Leipzig 2010.

27 Mörtenhammer 2009. 引用はアリストテレスの『政治学』をもとに、改変して使われている。出典ではまずアリストテレスの以下の文を引用している。「正しく支配したい者は、まず支配され」て正されねばならない。「すなわち、支配する者と最高の家臣の徳は同じものであり、まず被支配者となってから統べる側に回るべきである。その上で立法者は、どうすれば家臣がよくなるか、いい換えればどのような行為の結果としてよい家臣ができるか、そして何が人生の目的となるかに取り組まねばならない」(Aristoteles 1989, p.355)。つまり原典で書かれているのは自分自身を善とする支配ではなく、支配よりも優先されるべき善の探求である。

28 Adorno 1967, p.117.

29 この概念は1915年のフロイトの論文「欲動と欲動運命」による。Freud 1915, p.126.

30「欲動と欲動運命」では以下のように書かれている。「自己自身への向け換えは、自我へ向かったサディズムがマゾヒズムだと考えるとよくわかる。(…) 分析観察から考えても、マゾヒストが自己への怒りを (…) 味わっていることは疑いようもない。すなわち、この現象の本質は、目的は変わらず対象が変化していることである」。サディズムからマゾヒズムへ欲動が変化するのは、「能動から受動への逆転、自己自身への向け換えによる。(…) 欲動変化のプロセスが非常に目を引くとしても、古くからある能動的な欲動は、新しくできた受動的な欲動と共にいくらか残っている」(Freud 1982l, p.90)。

31 Glass 1977, Waldron他、1997。Feldman 1985, p.272に引用。

32 Flugel 1965, p.102以下。

33 Weber 2006, p.151.

34 Konrath 2011, pp.180–198.

35 Hare/Babiak 2007.

36 同上。

37 Gottschalck 2011.

38 Hildebrandt 2007.

39 Gibney 2005.

40 Board/Fritzon 2005, p.17.

41 Strotzka 1972, p.34.

42 Wallace 2012.

43 Luyendijk 2012.

44 窃盗を他の職業のように収入源のひとつとして考えた最後の哲学者はアリストテレスである。アリストテレスの書には、泥棒や盗賊がひとつの職種として書かれている。

45 Kasper/Volz 2003, p.222以下。

46 Homer 1988, pp.482–491.

第2部　第2章

1 Luhmann 1986, p.240.

2 カール・グスタフ・ユングは集合的着想やイメージの遺伝的伝達を神話の伝達にも関連づけた。子どもは「何も書かれていない白紙」として生まれてくるのではなく、脳が個別化され事前に決定した状態で誕生する。外界の刺激に対する受け入れ能力を個別に備える。この能力は受け継がれた本能で形成されている。子どもはこのような遺伝したイメージを新しい印象よりも強く段階的に体験していくという。

3 Chandler 2005, p.3.

4 Reghunathan/Pham 1999, pp.56–57; Stähli 2013.

5 Samuelson/Nordhaus 1999, p.574.

6 旧約聖書、創世記3章1–24節
（聖書、全訳版、シュトゥットガルト・カトリック聖書協会、1980年）

7 Shakespeare 1959, p.88.

8 Epiktet（刊行年の記載なし）。

9 Freud 1926.

10 フロイトはこの関係を1926年の論文「制止、症状、不安」で完璧に著している。「もし自我が抑圧などによって危険な欲動を防ぐことができた場合、エスのこの部分は制止され傷つくが、同時にいくらか独立し、統治されなくなる。これは、実際は逃避である抑圧の性質から生じることである。抑圧されたものは『鳥のように自由に』自我の大きな組織の外にいて、無意識の領域を支配するルールだけに従う。危機状況が変わり、再度現れた類似の抑圧された欲動を防ぐ動機が自我にない場合、自我を制限した結果が姿を出す。新たな欲動は自動症——私の好むいい方をすれば反復強迫の影響を受けて進む。克服した危機状況がまだ存在するかのように、以前抑圧した欲動と同じ道を進むのである」（Freud 1982f, p.303）。
不安には多数の定義がある。関心がある読者には、歴史家ツキディデスによるギリシャ式の不安解消法をお薦めする（ハーバード・ギリシャ研究センターのグレゴリー・ナージ著『古代ギリシャの言葉に反映する恐怖の主観性』〈未邦訳〉から）。ツキディデスは不安による恐怖に対して「Deos」（ラテン語の「dubium」）という語も使っている。これは、二つの選択肢から選ぶためらいを意味し、ホメーロスのギリシャ語では不安という言葉は「二重の感情」を表す。ツキディデス（3/11/2）がこの種の決定の不安を指すのは、政治的同盟について述べるときだ。「互いに対する不安は、同盟の唯一確かな基盤である」。とすると、「Deos」は20世紀の冷戦時にアメリカとソ連が生んだものでもある。つまり、ひとつの抑止だ。「Explexis」という言葉によって、ツキディデスは激しいパニックになりうる硬直——フロイトの恐ろしい不安を指している。「夜が更けると、マケドニア軍と蛮人は急に不安になり、大きな軍にはよくあるようにパニックに陥った。そして予想以上の数の敵が自分たちを攻撃しようとしていると思い込み、すっかり度を失って故郷の方角へ逃走した」（ツキディデス 4/125/1）。Thukydides 1829, pp.257–258, 475, 660.

11 これはチャールズ・ダーウィンの不安についての記述と驚くほど関連している。「不安が極度に高い点に達すると、恐ろしい叫びを上げてパニックが襲う（…）」。Darwin 1872, XII, p.291.

12 ユングはアフリカのいくつかの部族では、精神障害やパニックに陥った者は浄化の儀式を受けなければいけないことに言及している。ジェームズ・ジョージ・フレイザーもまた、精神的ショックを治療するための一種の隔離について報告している。現代の投資家やブローカーに対してこの種の措置がないことにはここでは触れない。トラウマを受けた後の「神経質な市場」であれば、こうした節制を行うのもそう悪いアイデアではないだろう。

13 Kindleberger 2011.

14 ユングも元型の中に「ポジティブ」と「ネガティブ」な面を発見し、両者が合わさってひとつとしている。

15 情報元：Furet 1996; Lefebvre 1932.

16 Herbert 2003, p.90.

17 Borgese 2015, p.3.

18 Cohen/Carter 2010; Stein 2010.

19 情報元：ドイツ政府サイトwww.bundesregierung.de、およびwww.forumwaschen.de。製品名はすべて変更されている。

20 Nanto 2005.

21 Nationalprioritiesproject.com/costofwar.com; Stiglitz 2008.

22 フランク・フレディは2002年、備えや不安を重視する私たちの社会について『恐れという文化』（未邦訳）を著し、市場におけるこの問題に先駆的な名称を授けた。

23 Žižek 2011, pp.42-43.

24 Waldenfels 1997, p.44.

25 Keynes 1930a.

26 Amin 2012から引用。

27 ドイツの文学者Maren Lickhardt（2010）による表現。

28 フランスの歴史家ジャン・ドリュモーは恐れと不安をわけて考えている。この区別には議論の余地があり同調はできないが、ドリュモーの考えは面白い。彼によると、中世と近世にはさまざまな脅威や危険があったにもかかわらず、基本的に完全な秩序があったという。キリスト教救済史の説話をもとに、不安から恐れへのいい換えはまだ広く機能していた。総体的な不安はこうしていくつかの不安に分解され、それぞれは恐ろしいものだったが、「名前をつけて」説明できるものだった。これは、教会関係者がそれについて考え、解説していたからである。悪魔や魔女、悪霊を秩序からの逸脱の代役に立て、種々の危険や災難の責任を押しつけることができた。

29 Pascal 1978, p.115.

30 Kierkegaard 1981, p.60.

31 ドイツ語の「自由」（Freiheit）はもともと所有を表す概念だったことに触れておくべきだろう。インド・ヨーロッパ語の「peri」は「私のそばにあるもの」、つまり個人の所有を意味する。ゲルマン語ではさらに直接的な表現を用いて、「Fri-halsa」、「自分の首を所有する者」という。今日でも中世ヨーロッパの複数の地域でひとつの共同体が所有する土地を「Freiheit」と呼び、境界石や里程標で確保している。聖書で言及する自由も、最初は神の所有地に対するイスラエル民族の権利だった。これは、神がシナイ山でモーセに約束した土地である。神はモーセに、すべての罪人の罪を50年に1度取り消し、他者に貸した自分の土地へ誰もが帰るよう任務を授けた。罪のある下僕も自由になり、罪を抹消されるという。「50年目の年を聖なるものとし、すべての住民の自由を宣言せよ。これは聖年である。誰もが自分の土地へ戻り、自分の部族へ帰るのだ」。

32 Nietzsche 1978, Band II, p.563.

33 Sartre 1962, p.75.

34 Bauman 2008, p.29.

35 Frisch 1985, pp.157–158.

第2部　第3章

1 Schiller 2003.

2 ピュティアの予言は500以上が伝承されている。デルフォイは紀元前8世紀から紀元362年まで機能していた。背教者ユリアヌス帝の代になって閉鎖されている。デルフォイは、地中海領域に住む全住民にとって、戦争もなく征服も占領も許されない中立地帯だった。デルフォイの神託、あるいは神託を得るための自由な通行を巡って、3度の聖戦が起きている。そのうちのひとつが紀元前5世紀にデルフォイへ向かう巡礼者に通行税を課した都市クリッサとの戦いである。クリッサはこれによって征服され滅ぼされた。

3 Herodot 2001.

4 詩作の予見的要素は近東の神話だけに見られるものではない。ゲルマン神話を伝える『エッダ』でも、詩の蜜酒によって詩人と神々、超自然的力がつながっている。

5 J・R・R・トールキンは『指輪物語』でガンダルフとサルマンの形で賢者とその対の存在を記した。

6 Hood 2011, p.47.参考文献：Wolfradt 1997; Vyse 2000.

7 Skinner 1974, p.273.

8 http://derstandard.at/1356427446405/Immer-mehr-Manager-holen-sich-Rat-bei-Astrologen

9 Freud 1924, p.201.

10 一度の間違いだけでジェヴォンズを中傷するつもりはない。反対に、ジェヴォンズは数学的思考力と専門にまたがる教養で知られた人物だった。彼の著作は、今日も通じる独創的なアイデアにあふれている。著書『経済学の理論』は学術的傑作であり、読書の快楽に満ちた一冊である。経済学上の古典派の問題をとらえ直し、効用と数学を結びつけた。その価値理論ではメンガーよりも先に限界効用を論じ、「最終の効用」と名づけている。彼の「労働の限界苦痛」に対する戒告はいまだに完全に知られていない。これは、達成のための努力が適切な効用と釣り合うこともあれば、それを超えることもあるとする理論だ。もしこの考えを徹底的に追求していたら、今日、燃え尽き症候群や「ワーキングプア」について論じる必要はなかっただろう。そんなものはまず存在しないはずだ。

11 Hood 2013.これについてはもう少し考える必要がある。市場の急激な上昇下降、私たちが恐れる「根拠なき熱狂」（ロバート・シラー）は、解き放たれた迷信や本能が原因ではないだろうか。危機に襲われた私たちが集団神経症という特異な状態に陥り、次の危険の兆しにとっさに反応してしまうのは、迷信や本能のせいではないのか。ドイツ語で「幽霊を見る」（転じて「取り越し苦労をする」の意）という成句が、迷信の行動パターンを正確に反映しているのもうなずける。人は存在しない危険を信じ込み、実在するかのように反応することで自ら現実にしてしまう。この障害が体系的に広まると、精神病学でいう「慢性単純妄想症」の症状を呈する。大きなショックを経験することで圧倒的な悪の力を信じる気持ちが高まり、ゆっくりと明確な障害に発展していく。

12 Freud 1982k, p.289.

13 Freud 1924, p.19.

14 水晶玉はもともとごくありふれた仕事道具だった。クオーツやスモーキークオーツからできた

透過性の半球で、修道士がテキストの上に置いて聖書を読むために使った。いつしか、盲信者の目にゆがんで映る賢知がこの物体に転写されるようになる。水晶自体が超俗的な力の媒介、魔術の物神となったのである。冒涜的にいえば、そこに経済学の歴史も読み取ることができる。経済学は人間の経済行為を体系的に把握し処理する学術的道具から、あっという間に幻視やイデオロギー的対立の舞台に変わった。

15 Neuerer 2009.

16 Brodbeck 2002.

17 フロイトはその際、主にスコットランドの学者ジェームズ・ジョージ・フレイザーの研究を引いている。フレイザーは19世紀に原始宗教の儀式、信仰動機に関するあらゆる報告や証言を集め、魔術、呪術、宗教のメカニズムを描写した。今日、フレイザーは前科学的とされているが、儀式に関するそれぞれの話は現代社会にも参考になる。手かざしで治療する例では、フレイザーは魔術的儀式（触れる魔術）から科学（薬学）への発展について記している。フロイトの『トーテムとタブー』では、「以上を総合すると、魔術、アニミズム的思考法を制御する原則とは、『思考の全能』の原則であるといえる。（…）思考の全能の残存がもっともはっきり現れるのは、強迫神経症のときである。この原始的思考法の産物はそのときもっとも意識に近くなる」。

18 ホメオパシーと学問的医学の論争を見れば、迷信と学問がどれほど近いかがわかるだろう。

19 ピーター・ドラッカー（2000年）がこれについて小論で触れているので、ぜひ一読を勧めたい。

20 哲学者シノッペのディオゲネスについて、ディオゲネス・ラエルティオスが書いた逸話を少し改変した。シノッペのディオゲネスがランプをかざして市場を歩き回り、何をしているのか問われて「人間を探している」と答えたという話。情報元：Diogenes 1998.

21 トマス・アクィナスは『真理について』で予言者の主な職能条件を記しているが、これはある程度、経済学者にも当てはまる。アクィナスによると、予言者には完璧な魂、明快な思考力、高度な想像力が必要だという。これが当てはまるのは、学者もいくらか迷信を信じることがあるからだ。この一見矛盾した説にまつわる逸話は多数ある。西洋で最初の数学の天才ピタゴラスは、足跡に釘を刺すのを息子たちに禁じたという。足跡を突き刺すと、ブードゥー教の魔術師のように他者に不幸をもたらすと当時は信じられていた。偉大な物理学者のニールス・ボーアは、同じく物理学者のヴェルナー・ハイゼンベルクに縁起を担ぐか聞かれてこう答えている。「私の別荘の近くに住んでいる男は、玄関ドアに蹄鉄を飾っているが、これは古くからの民間信仰によると幸運を呼ぶらしい。知人がその男に、そんなに験を担ぐのか、本当に蹄鉄が幸運を運ぶと信じているのかと尋ねたら、男は信じていないが、それでも何かしらご利益はあるというからと答えたそうだ」。

22 この例話は道徳的側面だけの話にとどまらない。カサンドラとアポロンの間には奇妙な取引が行われている。両者は最終的に対価を支払おうとしない、あるいは受け取らないものを求めている。カサンドラが共寝を拒むと、アポロンはキスさえしようとせずにそれを呪いに使う。カサンドラの役目をゆがませて、誰も真実を信じなくさせる。この二重の違約は両者に大きな不満を抱かせて終わる。

23 聖書では、神の送った触媒はネヘミヤ記の時点ですでに賄賂の利くいかがわしい存在になり、神の怒りを向けられている。「（…）預言者や不純な魂の持ち主も片づけよう。（…）ヤハウェの名で偽りを語ったおまえは両親に殴り殺されることになる」Koch 1988より、聖書、ゼカリヤ書13、pp.2–7。

24 元はラジオドラマ。『銀河ヒッチハイク・ガイド』1979～1992年。

第2部　第4章

1 Bacon 1990, pp.89–99.

2 フロイトの快楽原則は精神分析の歴史でさまざまに現代化し、改変されてきた。現在でもこの現象を示す用語としてもっとも知られているが、「快楽」という言葉にあまりにポジティブな意味合いがあるため、ブロイラーやユングはもっと広い意味の言葉を用いた。フロイト自身、当初は一次的・二次的原理という表現を使っている。ユングは「直接的」思考と「空想的」思考を区別し、のちに「直観的」と「能動的」と名づけた。ブロイラーはこの現象を「自閉思考」と呼び、「非現実」傾向を表したため、これがもっとも適切な分析なのではないか。本書ではフロイトの定義に従いながら、ブロイラーの解釈を取り入れた。情報元：Jung 1911, p.120; Freud 1982i; Freud 1959; Bleuler 1912, p.14. 神経症と精神障害の現実喪失に関するフロイトの論文では、「外界変容的」と「自己変容的」という概念も登場する。自己変容的過程では自分を環境に合わせ、外界変容的過程では環境を自分に適応させる。

3 Peters 1997による定義。フロイトは暗示を、対象との幼児的な関係の再生と説明した。暗示を与える側と与えられる側の関係は、親子の権力関係と同一視される。自我と外界が入れ替わり、自我理想へ向かう。

4 この用語はジェームズ・ブレイドによって作られたもので、催眠のある段階で患者に言葉で影響を与えることを示す。のちの定義では、意志や意識の迂回を指す。

5 こうした映画がナチス直後のドイツで作られたのは単なる偶然ではないだろう。明らかな役割パターンが至るところに見られる。マブゼはヒトラー的悪を体現し、絶対的な悪、全能の魔力であり、哀れな市民は催眠にかかったようにヒトラーに従った国民である。国民はヒトラーの道具、実行者——罪のない実行者とされる。マブゼ博士が暗示するこの視点は、戦後のドイツ人、オーストリア人にとっても非常に快適なものだったろう。私たちはこれを、自らの責任との対決を避ける自己暗示と呼びたい。

6 Andersen 1989, p.151.

7 ナルシシズムの心理学的解釈は、基本的に個人の自己に対する関係を示す。悪性ナルシシズムの場合、その承認欲求は満たされなかった親子関係に起因するとされる。自己愛性人格障害は、治療が必要なほど神経症的に人格構造が変容した状態である。他者との関係はゆがんでいる。この障害を持つ者は自己との関係が倒錯し、専門的にいえば「リビドーで自己を占領」している。これはさまざまな人格特性やそれに対する防御となって現れる。功名心、誇大妄想、劣等感、称賛依存、退屈と虚無感、そして金銭と権力と外見の美しさを求める努力。全能的な管理傾向。対象への病的な関係は、自我と超自我の成長をゆがませる。情報元：Peters 1997。

8 Binswanger 2006, p.39.

9 貨幣数量説では、キャパシティに余裕がない状態で貨幣量が増えると、一定の製品供給と高い需要が衝突するため価格の上昇が起こる。これが貨幣インフレである。流通速度が一定の場合、すなわち国民経済における貨幣の流通速度が一年のうちで一定を保つ場合、製品の取引はほぼ同程度で推移する。情報元：Terlau 1998.

10 Keynes 1930b, pp.321–332.

11 他の経済学者の引用はこの目的の道具に使われ、自分に不都合な見解がどう支持できないかを

証明するために用いられている。経済学の認知的不協和について、シュンペーターはこの概念の発見前に認識して糾弾していた。「資本主義についてこれまでいわれてきたまったくばかげた考えに固執しているのは、国民経済の専門家たちである」。

12 アフロディーテは古代の神々の中でも非常に重要な存在で、アスタルテ、メソポタミアのイシュタルなど豊饒の女神と同源もしくは密接な関係が見られる。ローマ神話では大きな改変もなくヴィーナスとして引き継がれている。

13 Lotter 2013, p.90.

14 Thomas von Aquin 2013, p.57.

15 Freud 1982k, p.376.

第2部　第5章

1 Shakespeare 1986, p.32.

2 罪の浄化という荘厳な構想は、原始教会の創設以来発展し、はっきりと示されてきた。神の正義により大罪には2つの結果がある。ひとつが永遠の断罪と神からの乖離（culpa／ラテン語で罪）。告解の秘跡で公式に赦免されることで罪は取り除かれる（赦罪）。危急の場合は神の前で悔悟の念を示すだけでもよいが、のちに必ず告解を行う。もうひとつが罰と死後の贖罪（poena／ラテン語で罰）。自己の善行または他者の善行の余剰分によって、罰を現世で取り除くことができる。教会は自らをキリストや聖霊による救済（賜物）という共同遺産を管理する者と見なし、この功労から神よりも先に罰の免償（贖宥）を申し渡す権限があるとしている。

3 カラインとは「罪の行い」の包括的な赦免を意味する。ヨハン・テッツェルという人物については不明な点が多い。1460年ごろピルナに生まれたとされる。1489年、ライプツィヒでドミニコ会修道士になる。ハルバーシュタットとマグデブルクの辺りで免罪符の販売を行っていたことは証明されている。1519年、ライプツィヒにて死去。

4 引用は、16世紀に書かれたテッツェルの弾劾文書から。www.es.flinders.edu.au/~mattom/science+society/lectures/illustrations/lecture19/tetzel.html

5 Le Goff 1988, p.85.

6 スケープゴートのイメージは聖書でも不可思議な箇所から来ている。レビ記16章では、神こそがモーセとアロンに贖罪の生贄を要求する。「その2頭のヤギのためにくじを引かなければならない。くじのひとつは主のため、もうひとつはアザゼルのためである。アロンは主のくじに当たったヤギを連れて、贖罪の生贄としてささげなければならない。アザゼルのくじに当たったヤギは生きたまま主の前に立たせ、贖罪に用いて、砂漠のアザゼルの元へ送らなければならない。（…）アロンは生きたヤギの頭に両手を置き、イスラエル人のすべての罪、すべての罪業、過ちをそこに告白しなければならない。すべての罪をヤギの頭に乗せたら、手配しておいた男に砂漠へ連れていかせ、ヤギはすべての罪を背負って荒野へ向かわねばならない」。アザゼルというのは、カナンやエジプト、メソポタミアの伝説に登場する砂漠の悪霊である。のちにアザゼルは悪魔、または神のもうひとつの姿を意味するようになる。私たちにとって重要なのは、頭にすべての罪を乗せられ、悪にささげられるヤギの機能に着目することだ。免罪の最初の形は生贄であり、告解の最初の形はこの生贄への単純な投影であり、生贄は善ではなく悪にささげられている。

7 ナチスもまた「実体」経済と金融経済をはっきり分離させた中世の経済概念で動いていたことに

ここで触れておこう。ユダヤ人は投機家、世界経済危機の張本人とレッテルを貼られ、宗教的共同体から有害な存在に降格された。この「高利貸」への対策としてナチスは、血筋、土地、耕地と農作物への回帰、そして文化や建築に至るまで広く採用した労働の力への回帰を仕組んだ。「千年王国」の金銭は外部へ向かって働く必要はなかった。金銭と価値は、誠実に汗をかいて働く生粋のドイツ人の手によってその地に呼び戻された。

8 Freud 1982j, p.359.「精神病」という言葉はその歴史において何度も意味を変えている。現在、臨床心理学ではこの言葉はほぼ使われない。国際疾病分類のICD-3では、1980年には「障害」という言葉を用いて、精神器官の一時的不全を表している。

第2部　第6章

1 Goethe 1971, p.78.

2 英国の小児精神科医メラニー・クラインはフロイトと同じくこの愛を幼児的な自己愛の第1形態としている。Klein 2011も参照。

3 ここですでに経済学とのつながりを見ることができる。「求める愛」を英語でいうと経済用語でもあるdemandingが使われる。これが病的になると、abusive（虐待的、いいなりにする）という形容詞がつく。この種の愛は、表面的には愛する者である相手ではなく、自分にばかり向けられる。世界のことをまだ何も知らない、根源的でむき出しのエロスである。

4 Freud 1982i, pp.101-102.

5 Ovid 1994, p.453以下。

6 Ovid 1958.

7 この例話は、本書の冒頭で挙げたイナンナとフルップの木の神話と構造が非常によく似ている。ここでも樹は聖なる者が住む自然の場であり、豪華な物を作るために樹が倒され、斧が大きな役割を果たす。違うのは樹を倒すのが高位の太陽神ではなく、低位の欲深い人間だということだ。

8 ペータースによる依存症定義。Peters 1997も参照。

9 威圧行動もまた精神分析の観点からは人間の文化的進歩に分類される。現代人は誰かを気に入ったからといって突然襲いかかることはしない。文化を獲得し、フロイト式にいえばその対価を抑制と神経症であがなっている。すなわち現代人は衝動を、筋力や原始林の威圧行動ではなく仕事や社会での承認欲求で放出するようになっている。今日、一般に名声と呼ばれるものを守るのは、労働や消費だ。これらは、かつての身体的攻撃や完全な暴力に対して大きく進歩したことの表れである。もちろんこうした衝動は残存する。けれど、現れ方が変わって象徴的になった。もし車に立派なマフラーを2本望むならば、比較的ワイルドな衝動の表れである。人によっては高級な靴やスーツで身を飾ったり、最上のシャンパンを注文したりする。これ自体はまったく悲劇的でもなければ、病的な行為でもない。しかしコントロールを失うと、それまで自由に使えていたもの、つまり環境を使い果たすことになる。

10 Gombrich 1991, p.94以下。

11 指数的成長とは、ある要素の基本的数量が一定の期間に変動する数学的プロセスを示す。これにはインドの学者セッサ・イブン・ダヘルの良例がある。64マスあるチェス盤で最初のマスに小麦を1粒置く。2つ目には2粒、3つ目には4粒と、数字が倍になるように置いていくと、64マス目の小麦は1845京を超える。

12 米国の経済学者ソースティン・ヴェブレンは『有閑階級の理論』で適切に核心を突いている。「富の増大は財産を蓄積したい個人の願望を満たさない。(…) 効率性によって、少ない労力でよりよい生活環境を獲得し維持することはできるが、勤勉な社会の一員のエネルギーはつねに顕示的消費の増加へ向かう」(Veblen 2009)。その際、ヴェブレンは、同じ懐疑を示した経済学者ジョン・スチュアート・ミルを引き合いに出している。「これまでに成された機械的発明のすべてが人間の日々の苦労を軽減してきたかは、今のところ疑わしい」(Mill 1848)。

13 Homer 1979, p.559.

14 同上。

15 同上。

16 情報元：data.worldbank.org/indicator/SH.XPD.TOTL.ZS

17 情報元：www.bloomberg.com/news/2012-06-13/health-care-spending-to-reach-20-of-u-s-economy-by-2021.html

18 肥満は1948年からWHO(世界保健機関)に認識されていたが、35年前、米国と英国で最初の議論があったにもかかわらず重要性の低い要素と見なされた。1995年になり、WHOが初めて工業国の過体重を低体重よりも上位の問題に分類した。「2000年疾病負担分析」でついに過体重と脂肪過多が、医療費を世界的に高騰させる対処の難しい問題と認められた。

19 Freud 2007, p.82.フロイトは同じ箇所で、ファッションの統合的作用、個性化作用についても述べている。その際、フロイトは歌手を例にして語った。「歌手やピアニストに夢中になって、作り出された世界に群がる女性たちのことを考えてみる。きっとお互いに嫉妬心はあるのだろうが、とにかく数が多くてどうにもならないことから恋心の達成をあきらめている。髪をつかみ合ったりする代わりにひとつのかたまりのように行動し、歌手を信奉し、共通の行動に熱中し、彼の髪飾りをわけ合ってうれしそうにする。実際は恋仇である彼女たちは、同一の対象を同じように愛することでお互いを同じものとして扱っている」(同上)。ファッションショップの衣服が置かれたテーブルも似たようなものだ。そこには人が集まり、服を買って着ることでお互いや社会を同じものとして扱う。そもそもファッションの機能とは、私たちを独創的、最新の姿にして見せ、他方では共同体の一部として描き出すことだ。仮の姿を装ったり、本当の自分をわからなくさせたりできるのも、すべてをさらに惑わせている。

第2部　第7章

1 Warhol 1975.

2「性的要素がない」というときはふつう、狭義の性愛を指している。ジークムント・フロイトはこの概念を拡大し、幼児期の発展で大きく感情の収支に関係する快と不快、すなわち口唇欲求(空腹)や他の欲求(温かみ、安心感、思いやり)の充足なども広く含めた。この観点からすると、スクルージがしばしば行う「金貨のプールで泳ぐ」行為は、理解可能な倒錯した身体的快楽に当てはまり、精神分析の枠内では性的要素の扱いになる。「去勢」もまたフロイト的広義の解釈に収まり、個人の快楽の根本を奪われるつらい経験を示す。

3 フェティッシュは精神分析では倒錯の一部とされ、快楽が外部の特定の枠組み条件や物体と否応なく結びついたものである。Laplanche/Pontalis 1972も参照。

フロイトはフェティシズムにも言及した後期の著作『防衛過程における自我の分裂』(Freud 1982g, pp.389–397) で、その複雑性、また神経症、精神障害、倒錯が混じり合う可能性につい

て書いている。「精神障害」には、被害妄想など、偏執的に妄想と結びついた感情状態も含まれる。

4 Simmel 2008.

5 フランスの経済学者マルセル・ドラシュは、この関連で貨幣の「2つの魂」について語っている。ドラシュによると魂の一方は適度だが、もう一方は過度である。主体は、金銭に具現される文化的超自我に従う。金銭の量から財産の質を推し量り、貨幣という単なるシンボルは財産の代用品になる。「ルーズベルトの貨幣コントロール（赤字国債発行による赤字支出）は、（とくに福祉国家で）過度に向かう」というドラシュの推論が適切かは言うまでもなく議論が必要だろう。

6 「経済学と精神分析的行動」に関する書籍に金銭を扱ったものがあり、2013年にドイツのKlett-Cotta出版から発刊されている。論文を集めたこの書籍は、タイトルを『金銭の空想的力』（未邦訳）という。その中にデイヴィッド・タケットの興味深い論文があり、そのタイトルは「金銭を理解する」とつけられている。

7 「神経症」という言葉には最大の注意を払っており、解決の難しい内部の抗争から生まれ、願望とその防御が折衷する形で症状を示す精神障害の意味で使っている。ここでは、ユングの定義のほうが、多様に改変されたフロイトの定義よりもわかりやすい。ユングによると、無意識には、概念が明瞭でないために意識に上らない内容が存在するという。しばしば相当な量になるこのエネルギーが目立たない意識内容に移動し、力を増して病的なものに変わる。すると、一見理由のない恐怖症や強迫観念が生じて、社会的、宗教的、政治的に表出する場合がある。

8 「自分の代わりにお金を働かせよう」というスローガンは、金融危機の前、ドイツやオーストリアのいくつもの銀行で顧客開拓に使われた。

9 Keynes 1963.原文はインターネットでも検索可能（www.aspeninstitute.org）。

10 Grant 2009; Vollmer 1990; Ranke-Graves 2007. 銀行システムと統制の歴史について1994年にMohr Siebeck出版から面白い論考が出ている。Stadermann 1994.

11 Molière 1987, p.76以下。

12 Simmel 2008, p.464.

13 同上。

14 これを認識するには、経済学のセミナーを受ける必要すらない。ちょっとした映画を見れば十分だ。たとえばJ・R・R・トールキン原作の『ロード・オブ・ザ・リング』がある。この英雄譚では善と悪が戦い、友情、忠誠、騎士道、そして何人かの小さなホビットが登場し、自然を破壊して大量生産を行う、魂のない工業的に統率されたサウロンの闇の権力に打ち勝つ。この英雄譚でも魅力的なキャラクターがスメアゴルだ。二重人格的なホビットで、指輪の力で心身共に変容している。スメアゴルは他の者のように指輪の「力」を望まず、フェティッシュとしてただ愛したいだけだ。スメアゴルは指輪を優しく「いとしい人《しと》」と呼ぶ。指輪を所有する（そして指輪に所有される）ためには、誰かを殺したり欺いたりすることもいとわない。市場経済の推進者にはスメアゴルと酷似した症状を示す者がいる。功名心のために他を顧みず、競争によって残酷で、利益と特別報酬のために腐敗している。

15 Freud 1982a, p.23. Simmel 2008, pp.243, 247; Faust（刊行年の記載なし）も参照。

16 Freud 2013.

17 Brüder Grimm (1999).

18 心理学者と精神分析家から、金銭と排泄物の関係についていくつか引用する。

テオドール・ライクの『金と便』。「1519年にエルナン・コルテスが発見したとされるアステカでは、金《きん》をTeocuitla（神の排泄物）と呼んでおり、この名称は現在も使われている。ドイツ語、英語、フランス語の慣用と比較してみてほしい」(Reik 1951, p.183)。

エジプト学者のパーシー・E・ニューベリーによると、スカラベ（フンコロガシ）はのちに印章などに使われ、硬貨システムの発展に重要な役割を果たした甲虫である。金銭の根源は太古の肛門愛に求めることができる。

エルネスト・ボルネマンの『金銭の精神分析』。「私の考えから推論できるのは、所有欲がそもそも人間特有の本能として存在すると仮定した場合、所有と関係する習慣や行動様式の形成において、所有欲にたいして重要な役割はないということである。所有感情は間違いなく非常に複雑なものだ。セックスや食事などの原始的欲求、親や社会や倫理から来る欲求、そして状況をどう認知するかという関心が所有感情を構成し、この構造は顕示欲、自己の展示、競争、権力欲によって確立し強まる」(Borneman 1986)。

ジンメルは貨幣と排出について語っている。「自我とのこうした密接な関係は、所有をいわば勢力範囲や表現として示し、所有が続くかぎり所有だけに結びつくことはない。むしろ所有とはいくつもの行為が積み重なったものという私たちのイメージのほうに符合し、交換にしろ贈与にしろ価値を渡すことこそが個人感情を高める。自己放棄や自己犠牲につながる刺激であり、減らすことで自己を高める刺激である。しばしば人は譲渡のときに初めて所有を感じる。これは身体の要素を排出の瞬間にもっともエネルギッシュに感じるのと同じである。所有の刺激は譲渡の瞬間に強く先鋭化する。つらく、または甘美に高まり、この対価なしには譲渡は行われない」(Simmel 2008, p.549)。

19 Baldwin 2004; Vollmer 1990; Ranke-Graves 2007.

20 聖書、出エジプト記31章18節～33章6節。旧約聖書はこれによって、権力や富、多産の象徴として雄牛をまつった近東の異教（ヒッタイト人、クレタ島の住人など）を指している。「子牛」としているのは評価の低さの表れと思われる（聖書、全訳版、シュトゥットガルト・カトリック聖書協会、1980年）。

第2部　第8章

1 Freud 1982d, p.260.

2 新約聖書　マタイによる福音書5章29節
（聖書、全訳版、シュトゥットガルト・カトリック聖書協会、1980年）

3 Morford/Lenardon/Sham 2010.

4 Longinus 1890, p.4.
（本書のドイツ語は）英語版からの直訳である。通常のドイツ語版では、「信じる（Glauben）」の語が間接的に訳されている。ドイツ語版の文章は次の通り。“Die Wirkung des Überzeugenden hängt von uns ab, während das Großartige unwiderstehliche Macht und Gewalt ausübt” (Longinus 1988, p.7).

5 Longinus 1988, p.5.

6 アリストテレスも『ニコマコス倫理学』の中で幸福についての分析を行っている。
Ethik I 1094 b p.11以下、Ethik I,5. Ethik X,6, 7 1176a, 1177a.

7 ここでもまた、（本書のドイツ語は）英語版からの翻訳である。シェーンベルガーによるドイツ

語版は原書から大きく逸脱しているからだ。

Longinus 1890, p.5. "That which is admirable ever confounds our judgement, and eclipses that which is merely reasonable or agreeable."

8 Longinus 1890, p.74:"…rendering them almost beside themselves and full of an orgiastic frenzy."

9 ここでの説明は、ICD-10（疾病及び関連保健問題の国際統計分類）のF30.1にもとづく躁病の定義を利用した。「（躁病患者の）気分は状況に合わせて高揚し、注意を欠いた陽気とほぼ制御不能な興奮とのあいだを揺れ動くことがある。気分の高揚とともに欲望も増加し、過活動、饒舌、睡眠欲の低下などを引き起こす。通常の社会的抑制が失われ、注意深さも失われる。代わりにしばしば、非常に気が散りやすくなる。自己評価がふくらみ、巨大なアイデアやとてつもない楽観を気ままに外にあらわすようになる。色が特別に鮮やかに見えたり非常に美しく見えたりするなど、認識の変調も起こる。そして構造物の表面や織物の非常に細かい部分に気を取られたり、主観的な聴覚過敏が起きたりもする。躁状態の人は、突拍子もない計画やとても実現しそうにない企てに手を出し、軽率にお金を使い、不適切な時に攻撃的になったり、夢中になったりふざけたりしてしまう。躁状態のあいだ、心は高揚するというよりも、むしろ怒りっぽくなったり、疑い深くなったりしている。躁状態は少なくとも一週間は継続し、程度がひどければ、職業的・社会的な活動を多かれ少なかれ、いったんは休止せざるをえなくなる。気分が高揚しているときには欲望が増加するほか、饒舌や睡眠欲求の低下、巨大なアイデアや過度な楽観などの症状があらわれてくる」(Dilling 2014, p.162) より。

10 Banett/Smoller 2009.

11 Dilling 2014, p.160.

12 www.patient.co.uk

13 言い添えておかなければならないのは、人間の場合、すべての躁の症状が崩壊に終わるわけではないことだ。経済についても同様で、躁よりもやや穏やかな形の〈軽躁病〉に類似した症状のほうが多く認められる。そしてもうひとつ言及しなければならないのは、躁病の症状の中には、目に見えるような形で経済には移し替えられないものもあることだ。神経過敏、注意散漫、饒舌、不可解で突発的な言動、異常な（往々にして過剰な）性行動などがそれにあたる。これらは経済においては、繊細で思索的なレベルのみにあらわれる。

14 これではまるで、同じ金額のカネを二倍勘定しているかのようだ。ホテルを建てるために1000万のカネを借りて、ホテルと1000万の両方が手にできるものだろうか？

15 ジョージ・ガーシュイン「ポギーとベス」1935年より。

16 旧約聖書　サムエル記2巻1章19節
（ヘルダー聖書、全訳版、1980年、p.303）

17 旧約聖書　創世記41章1-57節
（聖書、全訳版、シュトゥットガルト・カトリック聖書協会、1980年）

18 U2, "Some Days Are Better Than Others" *Zooropa*, 1993.

19 「双極性障害（躁うつ病）」の精神病理学的な概念は、ICD-10, F31による次の定義にもとづいている。「双極性障害は症状の反復を特徴とし、患者の気分および活動レベルに明らかな失調をもたらす。失調が起きているあいだは、気分が高揚して欲望や活動が増加する時期（躁期、もしくは軽躁期）と、気分が沈んで欲望や活動が低下する時期（うつ期）が順番に訪れる。特徴的なの

は、躁期とうつ期のあいだに完全に症状が良くなる時期が存在することだ。他の情動性失調と異なり、罹患率の性差はほとんどない。躁病の症状だけが出るという患者はむしろ少ない。そうした患者は、少なくとも散発的にうつの症状も出る患者に類似点があれば、双極性障害として分類される。躁の時期はだいたいが突然始まり、2週間から4カ月程度持続する。うつ期の持続期間はもっと長い傾向があるが（平均で6カ月程度）、高齢者でない限り、1年以上継続することはほぼない。躁期もうつ期もしばしば、非常に辛い人生経験をしたりその他の心理的トラウマを経験した後で起きる。だが、そうした精神的な重荷が今もあるかないかは、疾患の診断において重要ではない」（Dilling 2014, p.164）。

20 Zoja 1995.

21 ヨーロッパを批判する人々の大半がヨーロッパの中に存在するというのは、しかし奇妙なことだ。たとえばアメリカの場合、アメリカを批判する人々は国外にはいても、国内にはいない。私たちは中国の成長力をおそれているかもしれないが、中国の人々はそれを誇りに思っている。同じことはロシアについても言えるし、他の新興国家についても言える。いっぽうヨーロッパは、他国から仰ぎ見られている一大権力でありながら、ヨーロッパ人はそのことに熱狂できずにいる。言葉を換えていえば、こういうことだ。もし仮にロシアやウラジーミル・プーチンとの対立がなければ、アンチ・ヨーロッパの声は純粋にヨーロッパのみの現象ということになるのだ。ヨーロッパ以外の国々のおおかたでは、ナショナリズムや愛国主義はポジティブな意味合いを持っている。ヨーロッパでは、そうではない。ヨーロッパにおいてナショナリズムはおそらく、不安をかきたてる最大の原因のひとつだ。EU懐疑論は、もっとも成功したヨーロッパ的潮流とすらいえる。おそらくヨーロッパ人は、独自の否定的な物語をもちあわせているのだ。

22 U2, *Pop*, 1997.

23 Keynes 1945.

24 逆の推論から次のような問いかけができる。経済はまだ、幼年期にあるのだろうか？　そう思わせるような兆候はいくつかある。システムとしての経済は、「自分一人でやっていける」と主張するくせ、つねに庇護や援助を頼みにしているように見える。そして、自由にさせてほしいとつねに主張するいっぽうで、そのための理想の条件はまわりに整えてもらおうとするのだ。

25 これはもちろん新約聖書の、たいへん解釈が難しい箇所の引用だ。「おおよそ、持っている人は与えられて、いよいよ豊かになるが、持っていない人は、持っているものまでも取り上げられるであろう」（新約聖書、マタイによる福音書13章12節〈ヘルダー聖書、全訳版、1980年、p.1103〉）

26 当然の帰結としてマルクスはこの時点から、システムに対するイデオロギー的な攻撃に乗り出すことになった。マルクスは個人として、資本主義が大衆の貧困をもたらすのは自然のなりゆきに等しく、その流れを止めることは誰にもできないと信じていた。もし、ひときわ「人間的な」一人の資本家が貧しい労働者の給料を引き上げたとしても、他の資本家たちはそれについてこないだろう。「人間的な」資本家の敵は競争上有利な立場になり、彼は遅かれ早かれ滅びることになるだろう。

27 旧約聖書　ヨブ記1章1節
（聖書、全訳版、シュトゥットガルト・カトリック聖書協会、1980年）

28 同上　ヨブ記1章3節

29 旧約聖書　ヨブ記1章 6-12節

（聖書、全訳版、シュトゥットガルト・カトリック聖書協会、1986年）

30 旧約聖書　詩編39章14節

（聖書、全訳版、シュトゥットガルト・カトリック聖書協会、1980年）

31 旧約聖書　ソロモンの格言25章16節

（聖書、全訳版、シュトゥットガルト・カトリック聖書協会、1980年）p.710

32 新約聖書　ルカによる福音書16章19-25節

（聖書、全訳版、シュトゥットガルト・カトリック聖書協会、1980年）

33 旧約聖書　箴言30章7-9節

（聖書、全訳版、シュトゥットガルト・カトリック聖書協会、1986年）p.714

34 旧約聖書　コヘレトの言葉1章および2章より引用

（聖書、全訳版、シュトゥットガルト・カトリック聖書協会、1980年）

第2部　第9章

1 Haller 1993, p.39.

2 同上。

3 同上。

4 Haller 1993, pp.37-42.

5 Dostojewski 1986, p.41.

6「運命に挑み舌を出してやろうと、賭けて、運命のようにルーレットが回る瞬間の興奮は、危険の快感、金銭ではなく危険と不安の感情で定義される快感を表している」と、英国の心理学者ジョン・カール・フリューゲルは『人、モラル、社会』（未邦訳）で記している（Flugel 1965）。

7 Dostojewski 1986, pp.54-56.

8 グラスゴー大学の心理学者ゲルダ・リースは「ギャンブル」と「ネオリベラリズム」について多数の著作を発表している。Reith 1999; Reith 2007.

9 Meyer 2013.

10 Reinhart/Rogoff 2009.

11 Büchter/Henn 2005.

12 Keynes 1973, pp.297-298.

13 Kampmann 2012, p.16.

14 Keynes 2006, p.135. ここでは、ケインズ自身が投機を行い、いくばくかの財産を成したことに触れておくべきだろう。この引用はちょっとした自己批判だと思える。

15 Strange 1998, p.3.

第2部　第10章

1 Simmel 2008, p.607.

2 www.unodc.org/unodc/en/human-trafficking/faqs.html#How_widespread_is_human_trafficking

3 Cervantes 1867, pp.231-233.

4 Cantor/Cox 2009, pp.135-137; Block 1991, pp.19-21も参照。

5 Popper 2003, pp.126-127.

6 Meyer 2013, p.416.

7 http://www.unodc.org/unodc/human-trafficking/

8 Jelencic 2006を参照。

9 Honegger/Neckel/Magnin 2010, p.160以下。

10 同上。

11 Jung 1991, p.139以下。

12 Selby 2011, pp.83–86.

13 Joyce 1975, pp.696–697.

14 Blaschke 2004, p.175以下を参照。

15 Joyce 1975, p.715.

第2部 第11章

1『ドロミテ山脈と伝説』(未邦訳) より。